献给我的导师吴松教授！

清水才华

关于乡土与艺术的风雅笔记

王新 著

人民东方出版传媒

东方出版社

图书在版编目（CIP）数据

清水才华：关于乡土与艺术的风雅笔记 / 王新 著 . — 北京：东方出版社，2018.10
ISBN 978-7-5207-0594-3

Ⅰ. ①清…　Ⅱ . ①王…　Ⅲ . ①社会科学—文集　Ⅳ . ① C53

中国版本图书馆 CIP 数据核字（2018）第 219982 号

清水才华：关于乡土与艺术的风雅笔记
（QINGSHUI CAIHUA：GUANYU XIANGTU YU YISHU DE FENGYA BIJI）

作　　者：王　新
策　　划：陈　卓
责任编辑：张永俊
出　　版：东方出版社
发　　行：人民东方出版传媒有限公司
地　　址：北京市东城区东四十条 113 号
邮　　编：100007
印　　刷：北京市楠萍印刷有限公司
版　　次：2018 年 10 月第 1 版
印　　次：2018 年 10 月第 1 次印刷
开　　本：880 毫米 ×1230 毫米　1/32
印　　张：10.75
字　　数：223 千字
书　　号：ISBN 978-7-5207-0594-3
定　　价：48.00 元
发行电话：（010）85924663　85924644　85924641

目录

自序　我们为什么要附庸风雅

如果说二十世纪下半叶以来，中国有一位最具原创性的思想家，那就非李泽厚莫属；而李泽厚思想的原创力来源于附庸风雅，这是我的一个判断。

多年前，第一次读李泽厚的《中国思想史论》，读到其关于中国文化"实用理性""乐感文化""巫史传统""儒道互补"等论断，霎时，我就直感这些看似抽象的思想，其实都积淀着滋润的感性品质，恰如他论述中国文化的"实用理性"一样，即总在抽象逻辑中浸润着疏影横斜、杂花生树的具体经验，真真豁人心智。这样灵心独具的洞见，显然远非一般思想者所赖的纯逻辑思辨可办，而是源于思的锐敏的直觉。及至后来，读到其师宗白华极其欣赏他对艺术的欣赏，读到《美的历程》，读到"以美启真、以美储善"，就恍然明白，他的这种思的直觉洞见，深深扎根于人类浑厚华滋的艺术土壤。

毫无疑问，艺术是诸种文明中最风雅的部位，附庸风雅就是接受文明中"风雅"的召唤、熏习和化育，从而变得风雅，乃至创造新的风雅，在这个意义上，附庸风雅就是最好的教育。教养气韵生动的人格，涵育健康淳厚的生命底色，在这个底色上熏习出来的高雅品位，才是真正创造力的源头活水。

人类文明，归纳而言，有三种创造：其一，健康生命的自我实现，即高峰体验，普通如你我，皆可具有；其二，一般性的专业创造，即发现新问题，解决新问题，皆为创造，一般须经专业训练；其三，卓越的原发性创造，即革新一个学科，乃至一个文明、一个时代的思维与世界观，是少数的天才"妙手偶得之"的结果。前一种创造，往往是后两种创造的人格前提与基本氛围；心理学家马斯洛就曾区分"特殊天才的创造性"与"自我实现的创造性"，指出后者强调的是人格，而非成就，"成就只是人格放射出来的副现象"，亦即此意。所以教养气韵生动的健康人格，熏习高雅的艺术人文品位，就是诸种创造生发的前提。

这样一来，就不难理解李泽厚思想的原创力来源于附庸风雅了。

这里我还想举一个自然科学的例子。我的忘年交张喜光教授，是一位著名的古生物学家，在国际顶尖的 *Nature* 和 *Science* 等杂志上，发表过不少创见，是个清淡如水的纯正学者，有着极其不错的品位。他很喜欢跟我这个搞艺术研究的人聊天，喜欢把我写艺术的书丢在枕边，睡前信手翻翻，陶冶人文情操。他讲起话来，表情生动，忘我投入，讲什么都妙趣横生，比如他提到，在几亿年前的化石里面，经常会发现一些生物的有意思的形式美学规则，比如左旋啊，不对称啊，等等；他说，这些有趣、有味的地方，往往会隐含着新的发现，值得反复追索。

有一次，他提到，科学创新跟品位养成紧密关联。他举例：多年前，世界古生物界的一位泰山北斗，曾给一位非常出色的后起之秀写推荐信，评价道：这个年轻人，在科学上，有着极好的品位——往往在研究之初，就对问题的解决有着异乎寻常的预见。张喜光认为这是对一个科学家学术能力的最高评价。果然，几十年过去，这位青年今天已经成了该专业领域数一数二的权威。

可见，无论人文还是科技，好品位都是创造力之源。

为什么名师出高徒？

因为名师能把发现问题、研究问题的好品位，在口传心授的氛围中，传"染"给学生。在这个意义上，追随名师，趋附名师，也就是附庸风雅。

风雅，语出《诗经》，溯其本义："国风"，即民间的风雅；"大雅、小雅"，即精英的风雅。所以我也认为风雅可以有两种：民间的风雅与精英的风雅。狭义而言，风雅皆与古典美的教养关联；广义而言，对美的人、事、物锐敏有情地亲近、欣赏乃至创造，皆可为风雅。这也是为什么本书在最是斯文的教授、孤往雄心的画家，在煌煌赫赫的艺术人文经典、诗画笔墨的品位之外，还要独标乡土社会里"柔软"爱美的疯子、民间民国的秀才、花草柴门上的审美。

风雅始于感性的锻炼，终于品位的养成。

书中，我们湖南乡下流沙河这个地方的"癫子"望年，不想不看，其用瓦罐山椒煨大肉的、恰到好处的火候分寸，就是凭着锐敏的感觉把握，这样的分寸感，就是艺术的微妙感。词学大家顾随先生妙品晚唐诗人韩偓"此生终独宿，到死誓相寻"：几乎全为唇齿音，似咬牙切齿说出，有破壁飞出的力量，可见韩偓非惯常以为的轻薄之人。顾随先生这种细腻入微的艺术直感，不异望年，正得风雅三昧，让人信服，引人深味。

至于品位，我信我手、我眼与我心，如书中所述，湘中乡下老师寅海先生遒媚流美的书法，画家全显光磅礴厚重的钟馗，编辑家林建法检视当代文坛的巨眼，作家沈从文"薄薄的凄凉"，小津安二郎欲说还休的"余味"，皆是风雅正道、艺中一流。而且品位的极境，必化身素朴，有如清水，无味之味，是为至味。

风雅与促迫为敌，与粗糙为敌，与势利为敌。

不幸的是，我们这个时代就恰恰弥漫着躁嚣、粗糙与功利主义的风气。做博士论文的时候，随手翻开晚明的诸多笔记、小品，真让人神往——文人陈继儒《幽远集十七令》殷勤讲述如何在日常之物中，寄情为雅：

一、香令人幽，二、酒令人远，三、石令人隽，四、琴令人寂，五、茶令人爽，六、竹令人冷，七、月令人孤，八、棋令人闲，九、杖令人轻，十、水令人空，十一、雪令人旷，十二、剑令人悲，十三、蒲团令人枯，十四、美人令人怜，十五、僧令人淡，十六、花令人韵，十七、金石鼎彝令人古。

范濂甚至不无愠怒地讽刺底层皂快，不读书而精心置办书房，"庭蓄盆鱼杂卉，内列细棹拂尘"。

然而，想想，连底层皂快也追求伪雅的时代，该是一个多么风雅的时代！

正是缘于此，本书追求优雅清新的笔调，清素动人的情肠，从容易忽视的边缘视角，捕捉、深描乡土人事与艺术人文中的"风雅"意象。书中有乡土风雅、学人风雅、艺术风雅、思想风雅与大学风雅五大内容，为风雅赋形，替时代招魂。在亲近、叙写与论析中，我自觉贯穿着一种精致、从容、清洁的"风雅精神"，我相信，这是我们这个时代业已失落的精神，是需要我们永恒凝望的乡愁。

附庸风雅，朴素致远。

是为序。

辑一　乡土：素朴的风雅

红月亮

一个人一辈子如果能被一轮红月亮朗照着，那该是一件多么幸福的事情啊。

父亲死得早，小时候娘带着我种家里的田。田是我们的命，它长出壮实的谷子，不光养活我跟娘，还能用来卖钱供我读书，买好看的课本。收割时节，娘就会提前几天趁着好月光去割禾，娘不想落在人家后面，娘也从来没有落在人家后面。

娘割禾的时候，我坐在垄头的竹箩里，仰着鼻子捕捉空气中各种夏天的味道：晒过的泥味、稻秆味、臭虫味、水味，一并钻进我的小小心里。我还能看见远处白晃晃的水湾子，水蛇一样扭入远方黛青色的山影里……我心里有点儿怕。

"崽，念首诗给娘听听。"

"念哪首？"

"前些天老师夸你的那首。"

前些天，我们的幼儿园老师，就当着娘夸我绝顶聪明，一首《静夜思》，只两遍，就能倒背如流。娘一直记着。"床前明月光，疑是地上霜。举头望明月，低头思故乡。"

果然，月光就白得像霜一样了。

月光下的地里，其时一片热闹。近处娘割禾的唰唰声，细碎的流水声，窸窸窣窣的稻穗声，远处雨点般的蛙鼓，纺织娘涩涩的锯子……各种声音远远近近高高低低，织就一张舒服的网，我一头扎在这网里睡过去了……

不知什么时候醒来，身上已盖着娘那件蓝灯芯绒衣了。模模糊糊地，见田里的禾已割了大片，娘白色的瘦小身影，正弯在田那头晃动。

"娘——"

"崽，你醒了？"

再不作声，四周一片白。

一抬头，只见远处田头涌起的穗浪上，就吐出了一轮红月亮，薄薄地、莹莹地透明着，水洗过一样干净，铺一天柔柔的宁静。那红要比红领巾淡一点儿，又比邻桌小女孩的两颊浓一点儿，匀称清爽，红得恰到好处……不知怎么的，我就想起了别的孩子吃的那种咬在嘴里就"咯嘣嚓"的酥油饼，我当然也想吃，但我没钱，我不敢告诉娘。

"崽，你冷不？饿了吗？"

"娘，我不冷，也不饿。"

接着我就想起那个叫父亲的男人，他为什么不来帮娘割禾，不给我买油饼，他到那个叫死的地方（阿婆说的）为什么还不回来……

当娘的额发上挂满亮晶晶的水珠的时候，我开始冷了，我们回家。

"月光光，夜光光，骑马走湘乡，一觉睡到大天光。"我并没有睡到大天光，我的睡眠很顽皮。睁开眼睛的时候，一伸手，就能抓一大片照在床头的雪一样的月光。忽然我听到娘低低的哭声。

"娘，你怎么哭了？"

“好崽，娘没哭，只是鼻子塞了。”

娘一把紧紧握住了我要给她擦泪的小手。娘其实是哭了，娘在人生最艰难的日子里哭过很多，可是她从来都不会让我看见。

“娘，我给你念诗吧。”

“床前明月光，疑是地上霜。举头……”娘就紧紧把我抱在心窝里……

很多年后，当我和女友在都市的月光里散步时，我告诉她，我看见过世界上最美的红月亮，红月亮底下最美丽的是我娘……

（原载于《中国青年》2002年第7期）

书声中的爱情

我很笨，也不浪漫，而我的爱情却很浪漫。

我的女朋友是个乡下女孩，花开时伺候花，果圆时伺候果，我的女朋友很美丽。她不要我陪她逛街进舞厅，只要陪我读书，让我念好听的句子给她听。我读书的时候，她就会鼓着水莹莹的黑眼睛看我。

"看我干啥？"

"你好看。"

我当然不好看，只是我爱读书，经常跟美丽的书在一起，而她念的书少，我有些心酸。

"你才好看呢！"我顺手就在开春的田垄上捋了一把紫云英，把花瓣撒在她乌黑的鬓发上……

我把自己珍藏的那本《钢铁是怎样炼成的》，送给了一个新认识的聋哑朋友，我在扉页上写了这样的话："我的兄弟，钢铁是这样炼成的：在苦难之火中，焚烧，铸炼，千锤万击，永不放弃。"天哪！那天傍晚，她竟在我额头上，狠狠亲了一下，我们相处一年多了，我最多只敢牵牵她的手。这下，我真的成傻瓜了，瞪直眼，张着嘴，半天没回过神来。

"这是对你的奖励。"

"奖励？为啥？"

"因为那本书。"

"你这奖励太重了。"

"一点都不，因为你读书把自己读成了一个好人。"

啊，真的，永远读书，把自己读成一个好人，才会有那么美好的人爱我。

"春日游，杏花飞满头。陌上谁家年少，足风流。妾拟将身嫁与，一生休，纵被无情弃，不能羞。"我故意大声把这首大方的词读给她听，她很聪明，脸上就开出两朵桃花。

我很神圣地告诉她，等我念完书，等桃红杏白时节，我就要用大红花轿来娶她。她有些高兴，也有些忧伤。后来当我给她念《边城》中最后的句子："那个在月下唱歌，使翠翠在睡梦里为歌声把灵魂轻轻浮起的年青人，还不曾回到茶峒来……这个人也许永远不回来了……"她就哭了，她说了一句让我一辈子都不会忘记的话：要是真能一辈子陪你读书，就好了！

可我还是掉在了冰窖里，在最后的夏天。她要走了，我也要走了；她要南下打工，我要去远方上大学。我没有考上自己梦寐以求的名牌大学，我沮丧得像块木头，漠然地让一向喜爱的书，在大好的时光里荒废着。她见劝我无果，只好偷偷地陪我哭。在她临走前那个傍晚，她恳求我到原来陪我读书的小河堤边一见，并且带上一本书。

她给我唱了支歌告别，那悠悠长长的歌声，流水的歌声，奶香的歌声……娘的歌声啊，把我缠在摇篮里蛊我入梦的歌声……

我想念书给她听，我随手翻开了《诗经》，那是《凯风》。

"凯风自南，吹彼棘心；棘心夭夭，母氏劬劳。"这是悼念亡母的句子，我娘当然没有死，她艰难地平安着。

"凯风自南，吹彼棘薪；母氏圣善，我无令人。"我对不起娘。

"答应我，以后还是要读好多好多的书。"

她盯着我，那噙着泪水的期许眼神透进了我的骨髓。我一头扑进了她绿色的怀里……

我哭了，我觉得她像我娘。

（原载于《中国青年》2001 年第 13 期）

夜雨打书窗

在外面城市晃了几年以后，我窝回了乡下的小屋，手里是一卷弘一大师清洁得不染纤尘的书法集。很随意地，就翻到了他的临终偈语"悲欣交集"，很明显，对于我这个年纪的人来说，它的味道还太深。

细细咀嚼，不觉，夜色苍然而来，来的还有风和雨，都是窗前的绿竹告诉我的。

雨落在窗前，落在明净的秧田，落在布谷声里，再过去就是远方的青山，就是古老的书卷了。

一段水意，就这样从远古接来了我的檐间心上：老杜刚刚在满天风雨里，翘着他的萧萧白发，由湘水向北望，再往后就是李贺，他还在瘦驴背上秋雨里，弄他那些石破天惊的句子，此后李商隐或许正坐在巴山的夜雨里，想他的爱人，"何当共剪西窗烛，却话巴山夜雨时"……雨中黄叶树，灯下白头人，都是秋雨，都落在他们白发惊心的年龄，而今夜是春雨，我的鬓发犹青，我的桌上也有蜡烛。乡下常停电，蜡烛是母亲给我准备的。

我走了那么久，蜡烛只剩了浅浅一截，多半是被那些顽皮的老鼠和时光给吃掉了。

不知怎的，这蜡烛，这少时就伴我读书的烛光，总让我想起归有光。

外公黄金山人文寅海行书"风雅世家"，2011 年他写过一篇《项脊轩志》，里面记的是他已故的祖母、母亲和妻子，她们都希望他刻苦读书，然后做官，她们都爱他。我的母亲也爱我，她不希望我做官，只想我能读好书，受人敬重。以前很多的风雨之夜，当我没有光的时候，母亲就会送来蜡烛，点上，再默默出去，什么也不说……

《项脊轩志》最后的句子，我一直记得："庭有枇杷树，吾妻死之年所手植也，今已亭亭如盖矣。"

如今，我的母亲也已经老了。

听雨，我累了，也有些寂寥，"寂寂寥寥扬子居，年年岁岁一床书"，我也有一床书，乱堆着的。

于是便枕着书卷，枕着书卷上流走的日子，听雨，我想着自己走了不长也不短的一段路，伤过痛过坚持过也放弃过，现在只想简单一点。

"一蓑烟雨任平生……回首向来萧瑟处，归去，也无风雨也无晴"，是老苏的句子，无情的不能是我。

随手摸了一本书，打开，竟是陈与义的诗，他是个雨水诗人，一辈子走在雨里，写雨，爱雨，也是一个多情的人。

"客子光阴诗卷里，杏花消息雨声中"，雨打着书窗，杏花就开了。

母亲最喜欢的山茶花，肯定也开了，早点睡觉，明天大清早，缠着母亲，就陪她去看看那一山满是雨水的山茶花……

（原载于 2002 年 6 月 11 日《云南日报》）

祖父和书

我心里装着祖父和书。

祖父在农村种地，我在城里读书。我读书的时候，常常想起祖父。

祖父不识字，当然不会读书。但他会干很好的农活，他能把锄头使得得心应手。

祖父第一次看见书，是在小县城厕所的手纸里，那时候我还小，他在城里做苦力。他拍着我的瘦脑瓜说："孙，使劲读书！"同时叹了口气。

从此，祖父不再进城。

我家穷，但祖父给我买过许多童话书，因此我本来饥瘦的童年，却像花朵一样，开出了许多美丽的梦想。祖父最喜欢看我读书，我读书的时候，他成了孙子。他蒲扇般的大手，天真地托着腮帮，看我，很幸福地笑着。

这时，不知祖父生长艰辛也生长快乐的胸中，有没有生长梦想。

而我喜欢看祖父劳作。他劳作的时候，我还是孙子。我坐在田垄上，用嫩乎乎的小手，托着腮帮，看祖父沾满泥土的铜油脊背。

告别祖父，我走进城里最好的高中。祖父不送我，只说："孙哪，使劲读书。"

祖父有些高兴，有些忧伤。

不久，我寄回了自己得奖的文章和证书。听祖母说，正在犁地的祖父，倒拿着文章，乐颠颠地盯了好久，并且叨叨："孙的文章俊着呢，好！好！"那一天晚上，他就揣着我的文章和证书，拎一壶黄酒，坐在桂花香里，很欢喜地喝着。

寒风割脸的时候，祖父终于进城了。他吃力地扛着一个大蛇皮袋，里面是书，这是他四处收废品时一本一本攒起来的。

"孙，人家都说这可是些好书呢！"祖父盯着我，很神圣的样子。这些书大多是些小学、中学语文教科书，后来我都仔仔细细地读过了，就因为祖父那个神圣的眼神。

那天，祖父说山路上多石多刺，不好走。不过，我喜欢读书，他心里就欢喜。这时，我见祖父的袜筒上剐了个洞，凸着嶙嶙的踝骨，干黄的皮肤上，还残留着紫红的血迹。

我想象着种田的祖父，扛着一大袋书，在坑洼多刺的山路上，怎样欢喜而吃力地走着，背上驮着寒风和岁月……

我的心揪紧了。

如今，我到了更远的城市读书，祖父还是一个人在故乡种地。

（原载于 2000 年 9 月 10 日《都市时报》）

花草柴门

　　乡下的柴门，多半是用竹篁和枝条做的，夹着些花草和莓苔，草当然是乱长的，花则是乡下常见的花，春天的油菜花，夏天的南瓜花，秋野菊冬蜡梅，从不间断。

　　这些花草究竟是怎么来的？

　　乡下人懒得费脑筋去想。或许就是某只路过的野雀在柴门上歇气时，嘴里落下了一粒种子，一场雨水过后，自然发芽开花，这没什么奇怪。也或许是哪个爱美的婆娘费心插上去的，这些乡下的娘儿们总是懂得在最好的时候，恰到好处地打扮自己和家园。

　　乡下的柴门连着篱笆，篱笆上簪着太阳，篱笆下种着萝卜白菜，还有南瓜藤苦瓜藤，沿着篱笆，爬满四季，有时候，篱笆上还会没有来由地透出几枝火红的木芙蓉，于是这篱笆就活了。

　　路过的男人多半会看上三两眼，三两眼心里就有底了：哪家的日子丰实，哪家的婆娘麻利。有时也会暗自羡慕：这家小子真有福了，用柴门和篱笆圈住那么多的好瓜菜，那么多的好牛羊，而且还圈住了一个那么健康而美好的女人！

　　其实乡下的篱笆不圈什么，乡下的柴门也不挡风、不挡雨，在细水

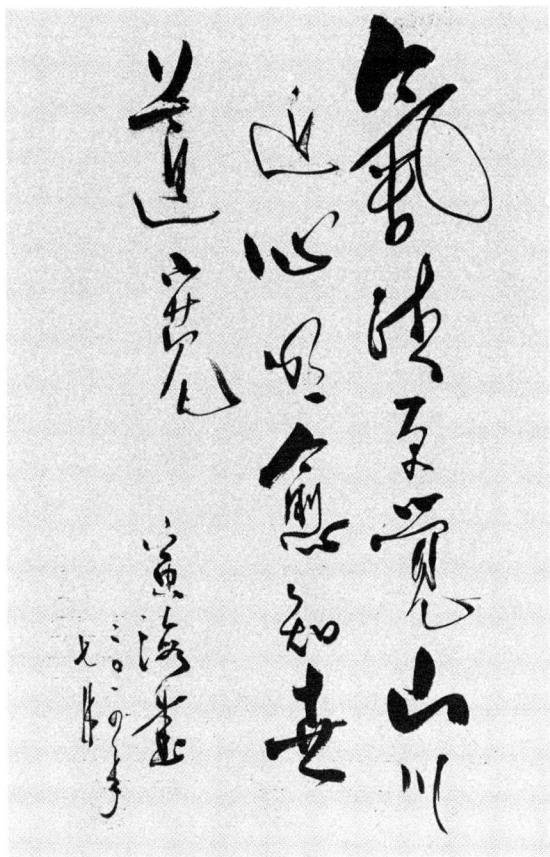

文寅海行草"气清更觉山川近，心明愈知世道宽"，2014 年

长流的日子里敞开着：亲戚呀，朋友哇，鸟雀猪狗哇，大大咧咧地常来常往，天地就阔了……

柴门前面是山和水，山明水秀；是天和地，天长地远。

敞开的柴门就在浅浅的篱笆间，接来天地山水，让为农事而辛劳的人们，为婚嫁而焦心的人们，熨帖一下心窝；于是就心气平和了，操起农具抬起嫁妆，花照样开，水照样流。

柴门背后是人家，结实的男人撑着千山万水，健康的女人照顾着瓜果花菜，照顾着炊烟和孩子，收拢来就是一个温暖的家。

在天地和家园之间，乡下的花草柴门就这样谦卑地敞开着，提醒每一个心里藏着狮子而远足的男人：进来，就是回家……

（原载于 2002 年 6 月 3 日《都市时报》）

雨水中的城市与花朵

春城一夜雨，卖花的人就多了，城市就更像城市了。

我赶紧出门，趁着这雨水随便走走。这也是我们乡下祖传的习惯，一有雨水，叔伯父老便喜欢溜到田头垄上走走看看。

出门的时候，我偶然瞥到对门一向深居简出的老丁，今晚也悄悄侧身而出了，而且打着一把美艳的伞，嘴角挂着神秘的微笑。

我不由得笑了。想起这个晚上楼层深处的许多人，肯定都中了窗棂上雨水秀指轻弹的蛊了，于是一心只想往外走，也不为别的什么。

这妖一样的雨水……

一出门，便是伞的天下，花的天下，蘑菇的天下了：红的、绿的、白的、蓝的……雨水中的花朵和蘑菇，从街道上，不，从童话里，冒出来，星光般闪烁。它们来得好快，好随便啊，就像乡下的雨水过后，野花随便从田垄上长出来，蘑菇随便从莓苔里冒出来一样。

红花枝白蘑菇下的人们，干燥了许久的人们，今晚终于在脸上泛起了潋滟的波光。

我也打着花朵和蘑菇，绕着一汪水，左走了三步，右走了三步，路过的车灯，恰好不时在它里面开出朵朵金色莲花。此刻我有理由，把自己想象成一尾笨而爱美的红蜻蜓，款款飞舞或者栖止在某片金色荷塘，恰如莫奈当年以一尾红蜻蜓的眼睛，来看阳光怎样从睡莲上燃起满塘的火⋯⋯

前面不远处，就有卖花人和满车的花。

这个晚上，那个五大三粗的山东卖花人，没有平时满嘴豪放的"操"，而是在雨中守着他的花，一脸柔顺的妩媚。当然，这个晚上的花都含着水珠，吐着嫩唇，鲜美而滋润，我想起我也许该买一束花，果然就买了。

走出了一段，忽然记起附近住着的一个朋友，这种含蓄的花配她应该最合适，于是隔着雨水喊她，她竟然来了。

她捧着花，就在我旁边，我今晚特意多看了她两眼，发现她好看了许多，她也是雨水中盈盈待嫁的一枝花，只等大胆的好男人，来把她娶回家⋯⋯

我这个爱美的乡下人，在这样的好雨水里，没有理由不带一把好花枝回家。

（原载于 2002 年 6 月 5 日《都市时报》）

红泥小火炉

晚来天欲雪，孩提时的天空说下雪就下雪，雪落千山，雪满江湖，天地之间梨花开了。

吃雪，看花，是我们乡下的孩子，山野里踏雪，看雪花淹没脚印，看雪下白黑夜。

母亲也在雪地里，鬓发青青，她以焦心的调子喊我，喊我回家加衣裳，于是回家，回家就是满身风雪走近一只小火炉……

果然，黄泥糊的小火炉里，生满了蔚蓝色的火花，家里人早已围在了炉边，父亲让着母亲，祖母让着祖父，而最后大家都让着曾祖母，曾祖母挨火最近。家里人敬爱曾祖母，况且自曾祖父早早死后，曾祖母就撑持着家，一个人经过了那么多的冬天和大雪，她更需要火。

那只一贯懒在曾祖母黑围兜里的猫，也紧贴着火炉，它知道，今天下雪，好日子，劳累了一冬，也该好好休息一下。祖父搂着我，握着我冻僵的小脚板，以惯有的威严，跟父亲闲扯，扯雪后的土地，春天的麦种。看得出来，今天下雪，他语气缓和了很多。而祖母和母亲则在叨着明天大清早，扒开大雪，去雪地里挖猪菜。

当然，我的心不在炉边，在大雪里。

眼皮有点打架了，但我不会去睡觉。

"吱呀"，板门开了，风雪削进来，炉火乱了，进来一个人，祖父起身相迎。

"来了？"

"来了。"

"好大的雪！"

"是呀，酒都冻成冰了。"

再不说话。两人围着火炉，煨酒。

这人是个石匠，骨骼粗糙，无妻无子，不爱说话。自我记事起，他就一个人住在对门山上的茅屋里，听风听雨，也不知道有多少日子。每年落大雪，他便会携一壶黄澄澄的好米酒，摸下山，踏雪而来。

就着桐油灯盏，看那酒，果然冻了，冻成一壶澄黄透明的冰。炉火劲足，屋子里酿满了酒香，天地一片白。

多年以后，石匠死了，祖父伤了心，很费力地告诉我，这个人是他一辈子的朋友和弟兄。当年大运动，几乎所有朋友都落井下石，只有他站出来说直话；他性格刚烈，为了祖父，被打掉了一颗牙齿……

如今我每读到"一片冰心在玉壶"的时候，我就明白，一片冰心，在玉壶的，是一种棱角分明的质地。当然，不会是玉壶，只是瓦壶，乡下常见的用来插花煨酒的瓦壶。

从此，只要故乡下雪，人都睡后，祖父就会守着火炉，他在等那个踏雪而来围着火炉不说话，却跟他喝了一辈子酒的弟兄。

（原载于 2002 年 6 月 6 日《都市时报》）

奶香

有些东西是浸入了骨髓的，比如奶香。

"桃之夭夭，灼灼其华。之子于归，宜其室家"，读这些句子的时候，就想起了娘，我有些悲伤。

娘有两个儿子，一个是我，一个是二狗。二狗有两个娘，一个是他娘，一个是我娘。

我和二狗都是娘的奶水养大的。

村里人当然没读过"桃之夭夭，灼灼其华"，但他们说我娘年轻的时候是枝桃花。

我们的黑亮眼睛，当然不识桃花，我们只会侧着鼻子，捉那一丝丝细细的清清的甜香。娘在几十步外，我俩就会欢舞起花枝般的嫩手，阿婆说："怪呢。"

照例娘先喂二狗，当然不是不爱我，她有足够的奶水，不至于让我饿着。娘环着一怀奶香，抱我的时候，我就缩到她心窝里去了。

娘轻轻哼歌："我的崽哟，困觉觉哟……"我就衔着奶头，在奶香与歌声中沉到梦里去。

那时，我就知道娘的奶子，还会流出歌声。

那时候，穷。村里人都是过着瘦嶙嶙的日子。

我和二狗却壮壮的。娘每天照例喝两大碗米汤，拌些嫩菜根。春天，桃花开，满山的雪，娘就去摘桃花，掐了芯，洗净，甜甜嚼下。所以娘总有极甜极香的奶水，带着桃花的味道。

日子风一样梭过，我们已蹿得老高，在各自的路上奔走着。

村里的桃林，早已死于一场莫测的冰冻。去年二狗添了个白胖的儿子。娘抱着小孙子，欢喜得像当年抱着我和二狗一样。

一次，小家伙突然哭翻了天，他饿。娘没法，最后迟疑地把奶子塞进他嘴里。我的目光绷直了：这褶皱层层萎缩干瘪的，还是娘的奶子吗？

小家伙仍哭，娘叹了口气，我也偷偷地哭了。

娘的奶子，已是只皱麻花，只能流出岁月，流不出歌声……

今天，听说娘病了。

儿在他方，长夜难眠，临窗听风，默诵起"桃之夭夭，灼灼其华"，不觉那极清极细的甜香，就幽幽地播过来了……

而我又缩到娘的心窝里去了。

（原载于 2001 年 2 月 5 日《滇池晨报》）

圆通听花

满天风雨，拥一怀清洁的精神，上圆通山，听樱花。

"圆通"，是为智慧，山满樱花，是为美景，而仁者爱山，山为厚重，如一方镇纸，圆通山稳镇在如画的昆明中央，昆明便少了几分浮滑。

圆通智、美、仁，如果说圆通山是昆明的点睛之笔，那么樱花则是圆通山的灵眸一睐，顾盼流光了。

如今散散淡淡走在山路上，看雨湿苍松，苔痕侵石，满山绿气浮动，偶或有几声鸟鸣，清亮圆润，从绿荫里落下，一一栖落心头，上得山来，胸腑间早已蓄满了鸟声花语。

花语？

听花，灵心听花，花是会说话的：樱花在雨水里打开的声音，在风中碎裂的声音，在淡妆浓抹后说寂寞的声音……是的，在满山头荡漾的香红里，总会有一枝花说寂寞的。

想起王阳明听花妙理：心境圆通，花就明亮；心灵昧蔽，花必寂灭。圆通樱花，樱花圆通，花若无知音，花必寂寞。

雨润樱花，落英鲜美，走在缤纷的花雨里，看寂寞余花落更红，想花之悲壮，花也深情，开了又落，落了更开，纵然世间生死苍凉，岁云暮矣，生命却一往而情深，自惜自爱，真是"一花一天国"啊。

而芸芸我辈，一生匆迫，汲汲于物欲虚华，满心浮躁，两肩负累，谁能看花，谁曾看花？

而今，一起看花的人已不在。

年年岁岁花相似，只相似，花不同，人亦非。

记得当年，人在花下，红灼灼的花瓣落上伊人新沐的发丝，她曾好奇悬问：大千万象，花树无数，何独这些樱花瓣，唯一的花瓣，于此时此地落上鬓发，莫不是缘分？我告诉她，正如你在彩云的云南，我在流水的江南，然后能相遇相惜一样，缘分牵人，人生有缘啊。

当然现在我们虽然同在一个城市，偶然相遇，也只淡然一笑，匆匆而过，然而珍惜每一份缘，憬悟每一份缘，温馨在心，感伤在心，淡然一笑中，花开花已落，云卷云还舒。

消消停停，来到孔雀园那株樱花树下，静静栖坐。

寂寞听花，把自己也冥想成一株花树。

不辜负生命，自开自落，妖娆地栖居在这片大地上……

（原载于 2002 年 6 月 11 日《都市时报》）

文寅海《松鹤延年》，国画，2015 年

风吹野草花

活得累的时候就想起老乾。

老乾有副让种田人羡慕的黑壮身材，但老乾从不种田，他早已习惯让田地长草长野花。

老乾喜欢夹着一支油光水滑的自制唢呐，村东村西，四处游走，瓜田李下，累了就睡，睡足便走。莫名其妙的时候，就用结实的腮帮子，鼓出一段悲悲喜喜的旋律，搅活小村庄的三两个黄昏。

当然，老乾从不碰别人的瓜果花菜，他的手脚很干净。

可是村里人并不因此就看得起他，因为在大家看来，种田人不种田，那就是懒，就是一种等于挖人祖坟的罪孽。

老乾才不在乎这些呢，照样在村里人鄙夷的目光里，夹着他的老唢呐，走得面不改色心不跳。据说，有一次，他的结巴哥哥和老母亲实在恨他不过，就叫来族家，五花大绑，把他捆个结实，准备淹了这个给祖宗抹黑的东西。

老乾呢？他有的是力气，但他一声不吭，任他们摆弄，冷静得像个乡土哲学家。

其实大家也只是想吓吓他，结果自然不了了之。毕竟，种田人花草禾苗爱惜惯了，手软心软，他们爱护老乾这副好身躯。

而且老乾还有副好肠胃，他能三天不吃东西，光喝井水，照样神气十足。他从不求人，从不低三下四，就是饿得喝井水，也不乞不偷。

老乾当然有所有男人都有的那个好色的品性，但村里的大小婆娘，他从来不瞟一眼，他喜欢的是我那个桃花一样好看、菜花一样大方的小学老师。

那时候，他每天都会来小学校对面山坡上的竹篁下，拉一段二胡，无论刮风下雨，总是同一段缠得人伤心的曲子，苦涩，渺茫，恰到好处地传来，既不吵到我们上课，又能蛊走人的心。

有时候，我靠着讲台，从窗口望过去，每次都只能望到他的侧影，隐约而孤单……

那么恰到好处的位置和距离，常令我疑惑：老乾究竟凭什么度量出来的呢？

当然，他每次拉完了就走，从不走近，从不声张。

这段曲子究竟缠了我们多久，什么时候消失的，我都不记得了。只是多年以后，我进城读书，才惊讶地发现，那段曲子竟是《二泉映月》。我一直奇怪：老乾从未出过村，他怎么会拉那么悲凉的曲子，而且是对他喜欢的女人。

今年暑假，老乾找我来了，他说他是挑了个认真的天气、认真的心情来找我的，他要学写文章。

我有些为难，村里谁都知道，老乾读了五年书，其中念了三个一年级。据说当年某天上课，年纪颇大的老乾，霍地站起来，严肃而有礼地对老师说:"这个,我听不懂,我不受这洋罪了。"

说完,他就一头钻进竹篁里,削他的笛子,对着绿影里常有的"大肚婆"鸟,吹好听的歌。老乾那些做笛子、唢呐、二胡,吹吹拉拉的好手艺,就是那时练成的。

以后要是谁认真跟他谈与书有关的东西,哪怕是村俗野史,他都会愤然离去。当然,谁不认真听他吹吹拉拉,他也是要生气的。

冲着老乾那份认真劲,也怕他生气,我于是就答应下来了,我叫他先找小学二到五年级的课本,然后随手送了本破《成语词典》,叫他多翻翻。

老乾很神圣地捧着书,欢喜地走了。

有个月光很好的晚上,我遛到了他家。他正伏在一堆破旧的小学课本上睡觉,一只结实的蚊子,正叮在他已不年轻的脸上。

我注意到了一本他用散纸线装的作文本,于是悄悄翻开来:哥哥病了,妈妈老了,我没用,日头叫(照)不到我家门口。

人要自己的尊严(字大而歪,估计是查字典查出来的),人要有文化,像新牙(伢)子……

那大晚上,我睡不着。

说老实话,我不懂老乾。

很多人都不懂。

二

村边有一片水,水边是一大片荞麦花,唱癫子就是在这水与花之间吓癫的。

水为泉水,来自深山,照活一大片花;花则是苦荞麦花,苦而白净,像落了一场雪。水和花虽被四山的篁竹、头顶的天空星月围着，却也被一条瓜秧似的路，将气脉精神接到各家各户的门口。

四阿公就常扁着他关不住风的嘴巴，叨叨：那才是长鬼长精的好地方呢。

这地方也确实怪，当年闹虫灾，村里庄稼几乎被啃个精光，唯独这片荞麦花秋毫无损，反而开得更好看。

当然，好看归好看，但毕竟不能填肚子，因为苦荞涩得割喉咙，也可以用来酿酒治风湿，但一般是用来喂猪的（猪是公家的），更何况从开花到结籽，有一段说短不短的时日，总会有一些人熬不过的。

果然，在啃完糠饼，挖尽菜根后，有一些老人就撒手西去了，有一些汉子也撒手西去了。于是亲戚朋友天昏地暗地哭上一场，七邻八舍陪上几把眼泪，以尽可能庄严的仪式，送他们入土。尽管遭了太多的天灾人祸，死人是司空见惯的事，但乡下人不失起码的情义，该挪的就挪，该借的就借，说什么也得让死人去得体面有尊严。

当然哭归哭、笑归笑，张三上午葬了娘，下午还是会打趣李四："看你打屁都不干脆了，明天是不是轮到抬你了。"

"你这砍颈的，哈哈。"

村里最喜欢这样打趣的人，就是唱癫子了。当时他并不癫，只是穷，穷得屋里能饿死老鼠，而且他还有一个瞎眼的娘。为了不饿着娘，他每天都要把公家分的饭，多匀一半给他娘，偶尔还上树掏鸟，下水摸鱼，穷得快活。

他自己要是饿得实在不行了，就去看荞麦花。

"当年那花好看得很呢！"每说到这里，他都要半眯着眼，摇头晃脑，一脸神气。所以他往往知道：哪棵荞麦是娘，哪棵是崽，哪棵惹的蜂蝶多，哪棵昨夜又落了几片蕊。

他常逗小孩：看花，就不饿了。

一天晚上，月光下了一地银。

荞麦花烟茫茫一片，水也把花照得透明。唱癫子看了一夜的花，第二天大清早就躺在荞麦花里，真癫了。

他逢人就说："那花全是人呢，全是妖一样好看的女人呢。"

要是无人搭理的话，他就自个儿哼哼：好看的花儿，好看的人。

反反复复，缠绵悱恻，让人心碎。

有人说，他是中了花邪，也有人说，他是被那些美得吓人的花和水吓癫的。

究竟怎么回事？没人知道。

唱癫子现在还活着，他仍旧喜欢旁若无人地躺在别人的花菜地里，哼着他的歌，晒月光。

好心的朋友啊，如果你哪天碰到一个躺在花里唱歌的癫子，请不要害怕，那只是一个爱美的苦命人……

（本文于 2003 年获《人民文学》中国校园文学全国征文大赛一等奖）

柔软的癫子

人们常用"江山如画"来赞美好山好水，而这话对我生长的村庄来说，却不恰当，我们村子偎山临水，身后南岳七十二峰逶迤而来，峰峰蔚然深秀，至此则起顶开面昂首而为一莽峻峰头，而后左右各分一支，状如弯月，将我们村子紧紧拥怀。山中泉脉兴旺，清流如练，聚首成溪后，在村头宛转处，绣出一碧色深潭，潭边多桃树、李树，暮春三月，潭面就为落英覆盖；挟带着花瓣的水流，从从容容，绕村取径，流入湘江。有时一夜春水，潭中花面之下就挤满了自湘江吊水而来的鲤鱼、鲫鱼。因此若咬文嚼字必得用"画不如江山"来形容这地方，才称意。

曾有风水先生途经此地，大为诧异，称平生未见此等好山水，然这里聚气蓊郁，过于灵秀，易长特出人事。细细想来，这话只对了一半，这地方百十年来，不出文人，不出武将，却是出了好些癫子。然而就我生长于斯的十八年经验来看，这些癫子也并无多少特出，只不过是一些人由于过于靠近花花果果，而把心地养得要眇脆弱，在一些生而自有的不测里，把心悄然颠碎了……

一

山里多水多云，在绿草丰茂的长流水里，终年活跃着脚板大的鲤鱼、鲫鱼，由于水好，所长之鱼芬芳鲜美。水草游鱼与山里人，与牛羊鸡豕，甚或林中雀鸟，皆缘水相连，各于日光月影中俯首清波，滋长得亲切动人。山里的水，尤其活花，无论急流奔驶，抑或细水蜿蜒，时常在垄头堤岸窗前檐后，毫无来由地活发一片桃花，妖娆明亮，摇曳在岁月深处。

黄瓜三（阿婆）的家就安在一大堆桃花里，由于花多而健旺，她那两间房子就衬托得过于孤零了。小时候，我们就被告知黄瓜三得了一种与桃花有关的病，是个花痴，花开发病，花落痊愈，年年如此。这种病，在见惯了花木虫鱼生老病死而满怀勤辛的山里人看来，跟感冒咳嗽伤风发汗一样，自有荣衰，毫无大惊小怪，所以黄瓜三的生活倒也过得宁静熨帖。只是照祖传说法，桃花如酒，如果花期酿酽已深，会醉人心肠，所以她实实不宜独居在这样的桃花深处。有好心者，多方劝说她斫伐前后桃林，或是搬回院落聚众而居，黄瓜三总会白眼相向："无花就不活人！"他们只好悻悻作罢，随她去了。若遇乱风乱雨，大家惦着，跑去招呼两声，只要能听到隔窗传来黄瓜三那两句中气十足的惯常应答——"好着呢，好着呢"，心里也就有了数，不进屋便悄然回转了。

相分相离而又相亲相近，日子就是这么过来的。

布谷三声，柳条柔软；布谷五声，桃枝就冒芽了。一向深居简出的黄瓜三，把发髻梳洗得水滑光亮，着一身清整的蓝布衣裳，出门了。出门的时候，她必绕着前后桃林左走三圈，右走三圈，柔声自语两句："今年花更好呢，今年花更好呢！"然后她就穿过秧田，到村头山脊走风的关口，终日凝望，在乍暖还寒的风中，不冷不饿，从不间断，究竟望什么呢？

此后的日子，她就天天出门，出门的动作一例照旧，只是待她一身草绿，桃花就打苞了。再到她换上一身藕黄，桃花就有零星骨朵噙露而开了，有时只是一朵两朵，但她绝不会错落，这点连村里最有农事经验、谙于看风看水的六伯七公，都自叹弗如，说她的衣裳永远穿着桃花的讯息。在喜春公公的印象里，某夜风雨之后，黄瓜三一身大红灯芯绒，款款穿过水汽氤氲的明净秧田，如一团窈窕的火，于是，她身前身后的桃花，便猛然开放了，整个村子随之燃起了一场花火，漫山遍野檐前屋角，花枝红乱。毫无疑问，黄瓜三本身就是焰心中最灼人的那枝，这个时候，她习惯在鬓发上插一枝大清早的桃花，天天两枚花朵，不多不少，晶莹而清亮。待花事皆休，她就褪去红妆，又缩回屋里去了，出作入息，归于平常。

孩提三月，散学归来，每天路过风口，必见黄瓜三，她那时大约五十岁了，边望望，边絮絮叨叨，那大红衣装依然干净清整，却已浆洗得发白，袖口还上了瓷碗大的补丁，我那会儿绝无其他野孩子那种乐于嘲弄谑笑的顽性，而是常常友好地坐在她旁边，半心怜悯，半心好奇，一坐就是半天，天黑时就帮她扛着凳子，一前一后回家，我于是有机会得到她的一些模糊的故事。她曾告诉我，她在等一个叫七哥的男子回来。

"我十六岁就跟七哥下湘阴，给人织网打鱼，湘阴那地方，水多，鱼多。"

"会比我们这里的鱼多？"

"当然，簸箕大的鱼，斗笠大的鱼，多的是。也出绿毛乌龟，大水一发，菜碗大的乌龟爬满树，有时还会爬到锅盖上来。"

"七哥手巧着呢，多乱的麻线，在他手下也要滑溜直畅……他嗓子也活，一喉咙的山歌，多少江边女子迷恋；但他只为我唱，他说，他的心早剜给我了……"

"现在，七哥在哪呢？我怎么不认识？"我曾有此一问，让她顿转号啕。

"都是那个蒋介石，领他跑台湾了……那个千刀万剐的蒋介石，他抢走了我的七哥……七哥呀，你何时回来，你这没良心的，你哪天回来……"

此后，她就是语无伦次地诅咒和呼告。我依稀记得她似乎曾有一回，小心翼翼，从贴心衣服里，摸出过一张相片，墨笔所画，一个年轻军人，眉目清朗，气宇庄严。可惜，只打了一眼，她就急着收回去了。

"细宝崽崽，你将来要长得像七哥，笋子一样俊拔，还要心软，还要手巧，就会有好女子在远处候你。"

"我才不要候我，我要背着好女子闯天下……"这话，着实让她吃了一惊，就不说话了。

我很奇怪，我那时那么小，在这些不三不四的谈话中，居然会生出一种怅然若失的忧愁，失了什么呢？我也说不清，只是把心锻炼得软软的。

村里人有经验，她一发病，要不就是大骂蒋介石，要不就是彻夜唱山歌。我们这地方，从来就不乏天地四时好歌声，雀鸟无分炎凉，长牟哗绿竹影松涛，稻穗在密如雨点的蛙鼓里拔节抽浆，茶果、桐果在秋风里啪然打开的银子样的声音，雪花于涩涩松针层层睡眠的天鹅绒般的声音，皆为好歌好曲。至于水走过土地，风走过天空，总是会走出几度婉转，不容分说，把造化万汇收拢在辽阔的旋律里。故而在这样的地方生活，人就没有理由不发扬出一些人自己的好声音。栽培在胸脯间，热腾腾地跳跃在喉咙里，"山歌好唱口难开，李子好吃树难栽"，这些叫山歌的声音，一吐一朵花。

我们这地方管唱山歌叫"打山歌子"，山歌正面打开是花，是酒杯，盛满山里人结实的福乐；反面打开则是伞，挡风挡雨，挡那些为人自有的焦心和忧愁。

打着山歌了走夜路，打着山歌子拢情人，天地就宽了。

黄瓜三的山歌子在花事繁盛的日子打开。这引得村里那些健康的男人，心揣梦想，自然也并无坏心，在她房前屋后，不知偷偷踩折了多少树杞，撞落了多少桃花。

"月亮出来亮汪汪，直直照进阿妹房。阿妹房里样样有，多个枕头少个郎。"

黄瓜三歌子一出，花潮如怒，山里十分好月光都要被这歌子裁去九分。那歌子像是已在心肠里轮转千回，一出口就缠人，若是绕着山风幽幽播去，凡触男子，必喉口生火，脚底发痒，忍不住想做回傻事，连鬓发零星的老者也不例外。所以村里女人常常恨恨地说她是妖，是桃花潭边的梳头妖。

百十年来，村里代代流传，每每月出东山，桃花潭边，一柔媚女子便坐于树梢，以潭为镜，细细梳头，其青丝如泉，长可委地……

"阿妹园内一板墙，苦瓜丝瓜种两行。郎吃丝瓜思挂妹，妹吃苦瓜苦想郎。"

应答的歌子飞起来，胆大的，就在黄瓜三家的花影里，胆小的，则在对门镶着月亮的山头上。

"日想郎来夜想郎，好比春蚕想嫩桑。春蚕想桑日子短，我想阿郎日子长。"

据说黄瓜三有歌必答，绝无疲倦，且歌喉如月，愈晚愈发滋润光亮。自然那些蠢蠢欲动的火烫心子，不免热望着，照我们这惯例，能唱开她的门。

"天上走云云牵云，山中长藤藤缠藤。郎家锅里碗重碗，阿妹床上人叠人。"

这样略带触角的热情歌子一出，四周花月如水，一片明净，多了许多双耳朵悄悄竖立如兔……有人说，听到了黄瓜三低低的啜泣，也有人说，听到了绿色的呻吟。

究竟有人唱进了那张花影网织的门没有？谁也不知道，倒是每每清晨，哪家媳妇连哭带骂："呜呜，你这砍颈的，呜呜……"大家便心知肚明，准是谁昨夜又沾了一身花蕊回家。

桃花花事最盛的时间，大约二十天。这段时间往常那些散落四野的零星歌子，就如众川归海，各各向花影深处的两间孤房流注，夜夜如此。当然，清露一开，黄瓜三依旧神完气足，别着一枝桃花，款款穿过秧田，去风口凝望。而那些平日健壮如犊的男人，则个个掉了魂，无精打采，无心下种，无心理秧，就盼着月亮上山。这就又逗得不少小媳妇酸酸戏谑：桃花开，月里出，村里男人像过节。

自然，这些都是黄瓜三美妙如花的年龄的事了，然而无论歌声如何渐次稀落，只要桃花盛开，她的歌子就照打不误。我记得自己曾在青涩如杏的年龄，在某个桃花如怒的月夜，听过那歌子，有一种雪水入心抑或炽火焚胸的感觉，让人不忍卒闻。此后，我在人生奔走的歧路，常常询问自己：一个人，究竟凭什么，伴着自然节律，一生如一日，坚守着炽热与冰寒……

今年三月，由于出差，我终于可以在桃花开放的日子回到故乡。凑巧就遇到了黄瓜三的唯一亲妹妹，她远嫁云南，与其姊暌违多年，人老心疼，想回来看看。她带给我一个整个春天都令我恍惚不已的消息：从来就没有一个叫七哥的男人；千真万确，那个人从来没有出现过，不过是黄瓜三十六岁时虚构的……

回城，再过风口，我又见到了黄瓜三，她已然认不出当年那个小小的跟她一起排在风里的孩子。

此时，她那身红装已凋零残破，难觅鲜红之色；而鬓发凝霜，白盈盈的发髻上依然插着一枝大清早的桃花，两枚，不多不少，闪着残忍的光芒。

二

手起刀落，食指就断了，村里男子望年原本有一双比女人还巧的手。

村里赛秧，他年年第一，他拈秧入水，如鹭鸶啄鱼，又快又准，波澜不惊，一点，就是一个绿色的音符，一转身，田中就多一支青青好曲。小孩子也爱缠着他，一管斑竹，山中随处可见，到他手里就能变笛，变筝，变精致的鸟笼。村里哪家婚嫁，做合欢枕，鸳鸯的眼珠都要留给望年来绣。简单的黑线、白线，同样的一管针，他就能把那眼珠变得活活地瞅人。以前也曾有灵巧妇人，试图挑战望年这一位置，虽说有人家愿意冒险，让其一试身手；绣出来，也好，但那眼珠子就是不活，最后，这工作自然成了望年农余桑暇的惯例。

报酬呢？一碗酒，一餐饭，或仅是几句暖心的话，他总招之即来。

自断手指之后，望年跑进山里，旬日未归。我们这里风俗，兽畜受伤，比如狗被蛇咬，它们都会自行进山，觅食草药，待痊愈而返。望年回来时，衣衫褴褛，开始咕咕唧唧，自说自话，由是，他的家就安在了他哥哥家猪圈上层的草料堆里。

我记忆中，第一回见望年，是他来乞讨。背着一个黑旧皮包，四十多岁，头发胡须如两蓬杂草，堆在脸上，只露出两颗愁人的眼珠。至于乞讨，村头村尾每两个月，初一十五他按时来一次。进门时，他喜欢首先看看各家各户张贴的对联，我们这逢年过节，兴请村中耆学作副对联，无非是"耕读传家""风调雨顺"之类，图个生气。望年往往叽咕着迅速把对联上下扫一遍，摇摇头，叹口气，才进门。

他乞讨自有规矩，不要钱，不要衣，只要米，且米无须过碗背；若过了，他定然笑笑，用手平着碗沿，把多出的削回主人米缸。出门时，他还爱再把对联上下扫一遍，摇摇头，叹口气，出十来步，蹦出一句，"诗不好，字还行"，而后咕咕唧唧白去了。

望年连三年级还未上满，当然谈不上念过多少书，但每入深冬，太阳一出，他就爬上别人屋顶，晒书。这些老旧发黄的书，莫知其来，据说其中有1925年的《康熙字典》，还有《增广贤文》《三字经》《推背图》之类。他看过这些书没有？不得而知，确凿无疑的是，他的草窠用书垒成，枕头亦用书块砌成。然而谁也无心留意，他在高出世尘的猪圈之上那些枕书而眠、听风听雨的日子。

然而望年之聪明，山前山后个个认同。自从神神道道以后，他就懒拈绣花针了（也拈不了了），但打麻将桥牌，瓜田李下，抵不住乡里乡亲的热情招呼，偶或为之；其牌风诡谲，五毛钱一场，三场必收，从无失手。打牌时，他习惯借人家炉火煨肉，肉是大肥夹瘦，用鲜红的山椒覆盖；罐子则是乡下常见的瓦罐，长年和米一起背在黑包里。我们小时调皮，多次趁他不备，偷偷扒开他的黑包，确实见一藏青瓦罐，罐里常常有肉。他这种从未见过的做肉办法，极令我们神往，现在回想，想必那味道很是鲜美过瘾。有时，他一眼看明我们小小心子的鼓捣，就得意地翘翘胡子，笑着吆喝："来，来！伢粒，来一块……"

他打牌，但绝不会忘记煨肉，一般三场，他戛然收场，起身，收钱，端肉，肉煨得喷香，恰到火候，然后转身出门，留一路火辣的香气。

唯有一次打牌，山头枫树坳中秋叔打得兴起，便探问道："望年伯，你那手，听说是为你嫂子斩的？"啪！望年牌一甩，霍然起身，满脸青筋，嘴唇哆嗦，扬长而去，肉就煨坏了。

以后所有村里女人都认真教诫孩子，切切莫去触望年那伤疤；多年来，代代山里人都这样，用十二分的好心，远远绕过他的伤口。

望年之聪明而受尊敬，还和公共食堂时一件事有关。有年盛夏，刚收完早稻，天气炎人，山里人都贪恋溪谷里那汪沁凉的泉水，负责管牛的喜根伯，由此自顾赤条条泡泉去了，结果牛从东崖上堕下，坏了一双蹄子。这可成了大事，村里共两头牛，又值农忙，立刻要犁地耙田；更要命的是，当时形势紧，牛伤牛坏，都算破坏社会主义农业生产，邻村有人就因此被抓去蹲了监狱。大家于是挤到刘家瓜棚下合计，有人心直口快，建议如实向公社报告，这话立即遭到反对，山里人起码情义得讲；也有人自告奋勇进山找草药，但时间太长，农忙等不起，最后莫衷一是，一锅粥。这时，望年一路唧唧咕咕走来了，见人多，好奇地看了看，便镶上去，小坐下来，大家急，也顾不上他。忽然，他起身立直，严肃地发了句话，三个字：吃了它！大家乍一惊，继而觉得是个不错的主意。

"田咋办？"望年随手肩起一架犁，三个字：我拉犁！于是月亮底下，热闹了，满田的人静默如牛，负轭俯首，拼命向前，天大的困难就这样为共同肩膀所承负。

由于众所周知的原因，望年作息随意，平常不记工分，那年夏天破例，据算，他总共替牛犁地十亩三分，共计工分二十七分两厘。在那个肚皮贴脊背的年月里，大家像神仙一样，还饱餐了一顿牛肉。

望年似乎并非总是如此勤快，至少我打出生就没见过他种地砍柴，除了按时讨米，平时他似乎就是挟着他那把命一样的自制二胡，四处游走。为了做成这把家伙，他翻遍了周遭九九八十一个峰头，蹚了七七四十九条河，找经霜八十年的檀木、松木，找神采飞扬的好马割马鬃；弦轴啦琴筒啦琴头啦，所有大小物什，他都千挑万选，仔细琢磨，就剩蛇皮，由于不忍剥蛇，他只好央人代劳。

这二胡多年跟他亲近，摩弄成了肉色，人琴合一，有了血脉，霜晨雪夕，夹在腋下，远看去，恰好就是他的一只胳膊，不为多余。

见他这把橙红古艳的好家伙后，我对他的肉罐不复有兴趣，而是常常黏在他身后，一得机会，便轻轻弹叩弦丝，再把耳朵贴上琴筒。一听，天哪！简直装着一筒太阳，清脆得发光。

望年无人前拉琴的习惯，只一个人窝在草窠里，拉长几个山里薄薄的黄昏。

拉给谁听呢？拉给牛听。他那草窠，正对着刘家牛圈，圈里养有一铜黄公牛。十岁那年秋天，一个下午，我曾黏去他那里，听他拉过一回。

"望年阿公，这是什么牌子？听得人揪心呢！"

"莫问，听就好了！"其时，五十多岁的望年，皱纹纵横，眯着眼，柔弱同婴儿。

"望年阿公，牛哭呢！"

我乍抬头，眼睛直了：刘家那头牛，眼里滚出颗颗豌豆大的泪珠子。

"就是这样吧。"再不作声。

鬼知道怎么回事，那年整个秋天和冬天，望年弦歌不辍，那牛就一天比一天瘦，没病，就是怎么喂也不长膘，本来壮硕如虎的身躯，最后一开春，就瘦成了一排骨架。刘家只好一卖了之，至今也没搞清其中原委。

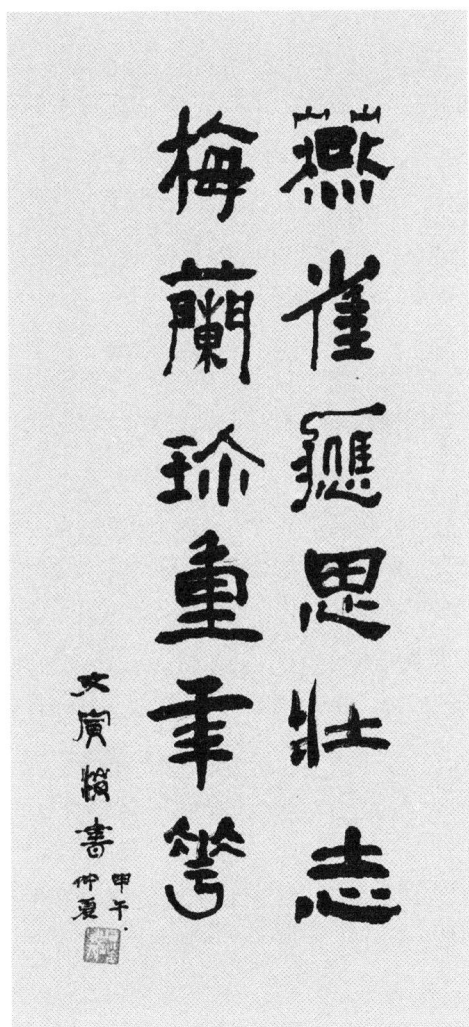

文寅海隶书"燕雀应思壮志，梅兰珍重年华"，2014 年

2002 年，我远在四季飞花的春城昆明，丝毫未曾觉得那年冬天如何漫长。可是，我家那片山野，全为雪花所没，山中林木，一夜开满梨花，继而为菇伞，再而冻出锋芒烁烁的枪戟，万戟擎天，分外壮观。兔子、野鸡、麂子冻得耐不住了，就全不顾人，纷纷往人屋檐下、灶角里钻。娘在电话里告诉我，雪化后，这些小兽物的可怜身体，遍地可捡。而望年那小小草庐，也在某夜为冰雪填没，第二天清晨，发现他时，他已周身覆雪，须发皆成冰晶，面容宁静若春水。

据说，此前三天，他的嫂子，先他撒手西去。

（原载于《大家》2012 年第 3 期）

土气

一天晚上，我陪一位聪明的女友喝酒，我很妒忌她那端着高脚杯的优雅从容。说老实话，这么好看的杯子，我是头一回碰到，紧紧握在手里，我有点害怕，也不舒服。我对她说我很土气，真的，握着杯子的时候，我偏偏想起了祖父那把使了一辈子的锄头，多年前我握过，很重，浸着汗水和泥巴的味道。不知聪明的她会不会懂……

其实如果你见过乡下的泥巴，见过那些长养在泥巴里的朴素庄稼以及我老实的父母，你就会发现他们身上都渗透着一种泥巴的气质，这种东西让我心里舒服踏实。

当然，很多人把它叫作土气。

我当然也是乡下的泥巴里长养的一株庄稼，倔强而脆弱，脱不得泥巴的。已经很多年了，当我穿着锃亮的皮鞋，自卑而又自负地行走在都市的繁华富丽中的时候，我的脚就奇痒难止，我知道它在想念泥巴。泥巴真是个好东西，不光长养壮实的庄稼，还长养健康的人。我的父母就从来没有穿过皮鞋，光脚丫子踩在泥巴里，一辈子，不生病；生病也不用吃药，只要一天好阳光，或者好雨水，就能让他们幸福地健康着。

很多时候，我就想赶快跑完坚硬的水泥路面，到乡下的泥巴里，像我父母一样，做一株幸福而朴素的庄稼，总是在恰到好处的时候，招来阳光和风雨……

朴素的泥巴，其实是个深刻的东西，许多真理就像庄稼一样，在它里面不动声色地荣衰，细心的人只要能在它那里收获一两个真理，往往就能一辈子充实富足。我的母亲很富足，她有一句口头禅：人要有良心。她说不出为什么，但这确实是她用一辈子来相信的真理，我是她的儿子，我当然也相信。

所以以前只要见到乞讨的人，我总是情不自禁地给他们东西，多半是钱，一次还给过一个正准备吃的苹果，那个枯黑的老乞丐就哭了。我觉得他们活得也不容易，跟我父母一样，我难过。后来，我慢慢发现许多乞丐总是在用自己最丑陋的残缺和不幸，来骗取别人的同情，没良心，我也就很少给他们钱，我珍惜父母的血汗钱。

有一次，我碰见一个被人驱赶的女乞丐，她低声下气的，又很丑，我有点讨厌她。可是鬼知道怎么回事，这个丑女人偏偏让我想起我母亲——尽管我的母亲跟泥巴打交道，伺候好多的庄稼和瓜菜，我的母亲很美丽。最终还是身不由己地把一团握得发热的零钱塞在她手里，我不想看她，我只想哭。

一个周末，我夹着一叠书，在饭店里吃面条。对面一个中年人也在吃面条，吃得很性急，能在嘴角吃出呼呼的风声，跟我祖父一样。我记起祖父讲过，日子紧，不性急就会误过好收成，收成是一个人的命。

忽然，在低头的时候，我看见了他捃着的裤脚和灰白的解放鞋，那上面溅满了新鲜的泥巴，我心里顿时挤满了亲切的暖和，我知道我跟这个人肯定有话说。果然，他就给我讲起了今年的好雨水，稻花已经吐穗，瓜果开始变圆……

当然也讲到了他已不读书的儿子，他热切切的目光，不时落在我的书本上，我的书本就洒满了阳光。

这些书的作者叫沈从文，我很喜欢他。他也是个乡下人，很土气。

（原载于 2001 年 11 月 9 日《工人日报》）

大地上的城市

不知怎么的，奔走在匆迫喧嚣的大街闹市间的时候，忽然想起了《废都》里那头来自终南山水云深处却最终为城市所败坏的奶牛，也由此想起了它的尴尬处境：居留城市？可是无法欺骗心底对故乡那可以舒展筋骨快意身心的山水的深深眷恋。回归故乡？却又抗拒不了城市那繁华中的活力，活力中的惊奇蛊惑。

那么，到何处去呢？当我一个人静静地行走在大理的寻常巷陌间的时候，我恍然大悟：到大理去。

过完粗涩的青石板路，上了错错落落的石子路，我就这样走在了大理的某条街某条巷。在平平仄仄起起落落的韵律里，一种久违的感觉深入脚心，这是一种走在大地上的感觉，沉稳，实在，却又引人浮想联翩：在南诏的风，大理的雨里，多少袖剑飞吟的侠客骚人，衣袂飘扬，如我这般，一定也曾在这条路上踽踽独行。

"铃铃铃"，一阵清远的铃音，在达达的马蹄声中，杳然而来，不需要回头，我听到深处又响起从小时候山林小路上飞来的亲切蹄声与铃音。

故乡在多山多林的湘中，小时候，山林中亦多马帮，那头镶圆镜的领头马或领头骡，颈上也挂着一个瓷花碗大的铜铃，声音悠远深沉，尤其是夕照空山的时候，那铃音绕着山风缠上去，回散在古木萧萧的溪谷，清得很，深得很。因此我们有经验，在看不见人的山林，凡有铃音响起的地方必有马帮，有马帮的地方，在它尾头必有一只用来为马驱瘟邪的叫作"弼马瘟"的猴子，我们小孩最喜欢，常常唱着"猴子猴屁股，火烧红屁眼"的乡谣逗它，而它不生气，也不知羞。

远离的故乡人事，依旧铃音杳杳，蹄声达达，想起郑愁予的诗："我达达的马蹄／是个美丽的错误／我，／不是归人／是个过客。"此刻，我亦是一个过客，在大理，在某条街巷听铃音与蹄声，心中盈满快乐的忧伤，我想家了。

想想古人旅游的真切心境，大概是既有寄旅天涯、日暮乡关的凄凉感，又有悠游天地不问他乡的逍遥感吧。现代人省略细节与体验的短平快旅游，恐怕久不复如此了。有幸的是，大理的石子路，路上的蹄声与铃音，竟让我能以这样一种久难寻觅的心境，去贴近这个城市。

城源于防守与标志，财富多了需要防守，地位高了渴望标志。而在我看来，大理城的这两个特征，早已不动声色地淡隐在一片山光水色、菜花香稻里。大理城虽不失朴重沉稳，但它绝没有北长城那样逼人眼目摄人心魄的莽然霸气。它一头靠在洱海边浪流金的稻田里，一头搭在苍山下瓜果飘香的菜地中，不长，只消七八分钟就可走个遍。也许在大理的王公贵族看来，与其绷紧神经，目光疲惫地提防城外的敌人，倒不如和平常百姓一样，在一片天空蓝澈山高水长的土地上，有滋有味地生活劳作。兴致来时也不妨遛到城楼上，诗酒临风，心旷神怡地尝啧一番苍山雪、洱海月，所以大理城就这样闲闲散散地摆设着，装点着他们细水长流的日常生活。难怪当年忽必烈的大军，一翻过云遮雾障的苍山，就轻而易举地攻占了大理城。

暮色萧萧的时候，我在一位白族老人的指点下，找到了南诏古城遗址，这里规模也不大，如今已是沙砾纵横，蔓草湮路。由于没有地理心理上的严密防守，也就不会有太多的标志，所以有城有根的大理人，却不像无城无根的上海人一样，三五个人一到外地，就操起一种上海话，显出一种自我陶醉的优越感。有深厚的历史景观为背景的大理人，却反而随意，平淡，蕴含深厚，显得底气十足。你在街上闲闲散散的大理人中，随便拉住一个稍年长的，他就能把南诏的历史、大理的风物、苍山的神话、洱海的传说，不紧不慢，如数家珍般娓娓道来，让人心生敬佩。

说了城也得说市。市原本是近城的一块用来专事买卖的地方，在演变中，渐渐集中到了城里边。无疑，交换可以带来频繁的人事接触，由此而产生广泛深入的政治经济文化交流，所以相对于农村来说，城市更应该能包容浩大、吐纳广远。然而事实的另一面却是，交换亦可以引发欲望的追求，追求产生让人疲于应付的快节奏、高速率，因此原本就受城圈缚的有限的地理和心理空间中，政治经济文化空间急剧膨胀着，而人们的心灵空间却被不断吞噬日益萎缩，这是现代城市摆脱不掉的悖论：留恋城市，又渴望逃离城市。这恐怕也是现代旅游日益兴盛的深层动因。

但是这个悖论，却在大理城不动声色地淡隐了，或者说从来没有产生过。当你脚踏上那涩涩的青石板路，拐进某一条屋上长满野草却不失古朴的街巷时，你满心的浮嚣，马上会熨帖下来。尽管街上的人很多，但好像都形成了某种默契，面带微笑，悠悠闲闲走走瞧瞧，并无喧闹，到玉石店里，你可以看看琳琅满目的温润的翡翠玉（这种玉最名贵，据说把发丝绕在上面放到火上烧，发丝不会断）、墨玉、新玉，掂掂血红的玛瑙石，或者干脆就在一堆巧夺天工的大理石工艺品面前，撅着屁股，眯着眼睛，赏鉴半天，老板也多半只是点头笑笑，继续埋头于他手头的活计。

在露天排开的小吃摊上，叫上一碗软和盈口的米线或是饵丝，津津有味地吃他个半天，也没人催你。年轻姑娘喜欢钻那些色彩缤纷的民族服饰店，买个精致的针织包儿，也可以褪去时装，摇身一变俨然是少数民族姑娘，大方朴实又美丽。可以笑，也可以跳，不会招来惊异的目光，在这里，大家觉得一切可以接受，一切都很自然。我一个人走着，想着，我觉得在这个城市不是群体的凑热闹，而是一个人可以静静地思考，行走或者仰望天空。

那么，是什么养成了大理这个城市的这种品性呢？

是大自然，几千年来大理的清山秀水，濡染了城市生活的每一个细节，悄无声息地涵化了它的喧嚣与浮躁。在大理的街上，一抬头就能望见苍山顶上缭绕的云烟和头顶蓝得透明的天空，在稍高的地方，还可以见到洱海粼粼的波光，四野金黄或碧绿的庄稼。

最令人叫绝的是，在街道旁边竟然还流着一脉清清亮亮的溪水，偶尔或有妇人在那里神情自若地浣洗衣服。沿着溪水，就可以拐进巷子，这里的巷子，很多是用石块错落有致地码起来的，抬头见天，远望见山，开阔明亮，不像徽州巷子的幽深，也不像苏州巷子的婉曲。顺着巷子走上一截，或是到了白族人家，或是到了菜地田野，让人眼睛一亮，分不出究竟哪里是城市，哪里是农村。大自然的活力与气息，就这样从四面八方筋脉畅达地涌向城里。

在观看大理人就着大理石的纹路质地，制作那些惟妙惟肖的"烟涛云海""奔河落日"的大理石屏风时，我忽然明白，也许大理人正是用这种方式，一代一代地，塑造这大理城的品格的：精雕细琢，但绝不失自然本色。

想起人本主义城市建筑家芒福德的话："城市只是大地的产物，它反映了农民在支配大地时的技巧。"所以我想城市中应该有大地的形态;城市最好的方式是关心人陶冶人,正如大理城一样。无疑,这应该是未来城市的去处,也是开篇那头奶牛快意栖居的去处。

(原载于 2003 年 8 月 7 日《云南日报》)

辑二　先生：苍凉的风雅

最是斯文

——记我的老师吴进仁先生

一向清淡的汪曾祺先生，把晚翠园曲会写得腴润婉丽。

汪先生笔下，一大群文人知识分子，不惧人心飞腾，在偏僻一隅，恬静自守，高歌低咏，于风雨飘摇中，接续着中国文脉。

晚翠园，就在云南大学。云南大学是一所有着六百年古典文雅气质的大学。讲读于斯，俯仰于斯，我有了一个切身体验：大学，教知识容易，教见识难；教见识容易，教教养难；教教养容易，教气质难。

对于一所大学，当学统上升为道统；对于一个学人，当学问融化为生活，气质就改变了，斯文就接续了。

在这里，我要讲讲我的老师吴进仁先生，一位万人如海一身藏的大师，一个真正斯文的知识分子。

一

十多年前，我还在新闻系读书，一天，博雅班一个灵秀的小师妹跑来告诉我：吴松校长亲自请来了一位老先生，讲诗歌，不光讲，还吟，好听极了；他讲杜甫诗，讲到王昭君"一去紫台连朔漠，独留青冢向黄昏"，边吟诵，边连连说，"那个皇帝（汉元帝）是个坏人，是个坏人"，眼泪就流下来了，一脸天真。

云南大学会有这等人物？我撒腿就跑去旁听了。

一株经霜的玉树。

八十岁的吴先生，眉目俊朗，神采苍润。是时，他正讲李白的"浮云游子意，落日故人情"。他没有直接讲诗，而是讲了一个故事：武则天有个面首，叫张昌宗，小名六郎，当时炙手可热，人皆追捧。遂有人著文趋附，言"莲花似六郎"。

"注意啊，不是六郎似莲花，而是莲花似六郎。多美啊！"

诗之喻贵奇，言人如花，俗；言花如人，奇也。联系浮云如游子意，落日像故人情，李白的妙处就出来了。

真真是妙赏！最妙的是，讲完一首，吴先生就会兀自沉醉，摇头晃脑地吟诵起来，他那口桐城方言，听来似懂非懂，但高歌低咏朗吟曼诵间，缠绵悱恻，完全是一块玉。

我彻底折服了。课后，战战兢兢地拿了一首我的七律习作，向他请教。他很高兴，轻轻吟去，忽然停下来，指着其中一字说："这个字，不合平仄，回去查查。"

他朝我微微一笑，我们便相识了。

此后的一天，我在东二院食堂吃饭，一抬头，吴先生正坐我对面。我赶紧坐过去，他便边吃饭，边和我聊起了诗歌。

"石梁高泻月，樵路细侵云（李商隐），写得多好啊！"

"多好啊""多美啊"，这是吴先生惯常的措辞，品赏诗词，他绝少用华丽的形容词，但就是这几个最简单不过的词，一到他的嘴里，一到他由衷喜悦与温柔的气韵里，就分外动人。

中年吴进仁先生，吴尔雅提供

"山中一夜雨，树杪百重泉（王维），也好啊！"

我一下明白了：他是在说，两组诗在摹写物态上，都曲尽其妙。

我接过话头："并添高阁迥，微注小窗明（李商隐），如何？"

吴先生赞赏地点头。

我常常为我这点好学生的举一反三的能力，而有小小的得意。现在想想，也许，这正是诸多师长喜欢我的直接原因吧。

告别的时候，吴先生一口就喊出了我的名字，我暗暗惊叹他的记忆力。后来接触多了，才知道，于他，这实在是太小儿科：他能背诵近万首（篇）诗文。至少，在我与他交往的十多年里，李杜全集、李商隐全集，甚至是佛经中任意的句子，一提到，他张口就能将上下文完整背出来。

流传最广的故事是，词学大家叶嘉莹先生曾来云大演讲，提到李白的某首长诗，忽然卡住了。吴先生便出来解围，轻轻把全诗完整背出来，一口气，行云流水，气定神闲，全场为之叹服。叶嘉莹先生遂专程造访，还为他的桐城派诗词吟诵法录音。

那次之后，我就留意到，吴先生牵着他的夫人，每天颤颤巍巍地到食堂来吃饭。

我考上上海的研究生，复试回来的第一天，就遇见了吴先生。我告诉他，我考上了美术学的研究生，吴先生欢喜得连连说："读书好，读书好，读书的人，我就喜欢。"然后，他马上反应过来："很多文学大家也是画家，苏轼能画画的，他的画我在故宫博物院见过，破笔画枯木的。"吴先生比画着，我当然知道，他是在说《枯木怪石图》。

"为什么不学新闻，学美术了呢？"他问我。

我告诉他，我在上海面试的时候，老师也问我，为什么弃热门的新闻而取冷清的美术。我认真地告诉他们，我曾经遇到过一个老人，领略过一种学术的幸福和庄严。这个老人，八十岁了，每天都会牵着他的夫人，步履蹒跚地到食堂去吃饭；那些神采飞扬的学子，每天都会路过这个老人，像路过云南随处可见的叶子花一样，没有人知道，他是我们这个时代真正的大师……

忽然，吴先生的眼泪就落下来了，吧嗒吧嗒打在他的灰布鞋面上。

先生是孤独的。

此后，我们把课堂搬到了食堂的小小饭桌上：

李贺学李商隐，李商隐学杜甫，杜甫学庾信。李白学谁呢？谁都不学，靠天才。

杜甫的"岸花飞送客，樯燕语留人"，明明写自己穷愁寥落，无人相送，却说有花送，有燕留，写得多美啊。看看李商隐的"紫泉宫殿锁烟霞，欲取芜城作帝家"，表面写繁华，实写衰败，一样的道理，都是以有写无的手法。

李白"明月不归沉碧海，白云愁色满苍梧"，好得真不知是怎么作出来的。

郦道元《水经注》，好得不看都不行。

韩愈才大啊，文好，所以苏轼说他不会作诗的，当然，他的《南山》诗，可以和杜甫《北征》对照看。有才华的人，都喜欢韩愈，你也会喜欢的。

有才气的人，怎么会看得起俗人？元好问的妹妹，美而有才情，两个公子哥去求婚，当时，正好屋梁上有两燕在筑巢，她随口赋诗一首："补天手段暂施张，不许纤尘落画堂。寄语新来双燕子，移巢别处觅雕梁。"来者遂悚然而退。

．．．．．．．．．．

先生这些随口而出的只言片语，现在看来皆是精金粹玉。十多年后的今天，我才真正明白，我能对中国诗画细腻处、精微处"入乎其里"的体贴，多来自先生。

我离开云大前，先生执意要为我饯行，一个小小的聚餐，在食堂，就他和师母，我和我女朋友。我们举着一元一瓶的芒果汁，干杯，吴先生温温淡淡一笑，"你知道的，我们不在乎酒的，不在乎酒的"。

"当然，当然！"

最后，他说，无以相送，就唱诗吧，先生一口气吟唱完杜甫的《秋兴八首》……

其情其境，毕生感怀。

二

诗歌要天才，学问靠笨劲。吴先生是诗人气质，学者本色。

吴先生八十八岁了。有一次，我去家里看他，他的沙发上、桌子上、柜子上，到处是摊开的书，他翻着一本段玉裁注的《说文解字》，凝思良久，感叹道：扎实的学问，多么感动人啊！

其实，吴先生更深的功力在小学功夫。他先师国学大师刘文典，后又从王力、周祖谟诸大家学习文字、音韵、训诂之学，其小学功力之深湛，可想而知。九十岁以后，吴先生腿脚不那么灵便了，便很少出门，整天待在家里，读古今小学名著，以为消遣。奇怪的是，看那些蝇头小字，他还不戴眼镜，更奇的是，那些佶屈聱牙的文字，到了他那里，似乎就变得山清水秀。他常跟我说：真学问是假不了的，做好了，也很美。

做学问，他要我立定超过王国维的抱负，为什么呢？联系王国维说过的"古今之成大事业、大学问者，必经过三种之境界：昨夜西风凋碧树。独上高楼，望尽天涯路，此第一境也"之句，大概是寄望于我，学问立身品级要高。

次之，吴先生强调，对学问真理，须有为之生为之死的理想主义精神，他拈出了段玉裁的故事。一代宗师段玉裁，临死前几年，指出了"脂""之""支"，分属三部，但无法勘明原委，遂向小他好几十岁的毛头小伙江有诰请教，原话是："仆老耄，倘得闻而死，岂非大幸！"

这就是真正问学的精神。

他多次希望我能搞搞音韵学，我动心了，问他："入门难不难？""不难，不难，一部《广韵》，全力以赴一年，其他什么都不干，就可以入门了。"吴先生忙说。

我一听，凉了半截。

但是，我还是从他那里得到了有关小学的良多教益。

古无轻唇音，"非敷奉微"，念"帮滂并明"，他举例子，庄子的《逍遥游》中有大鹏，到了《宋玉对楚王问》，就成了"凤凰上击九千里，负苍天，绝云霓"，其实"凤"就是"鹏"，古音差异而已。

湘方言中，多古音。回到常识，学问就出来了。

我想想，对了。"浮水"，在我们宁乡那儿，是念"刨水"的。

我自不敏，无法深研音韵之学，吴先生并不以为忤，出于对我的知赏与爱惜，还是耐心为我一一讲授"古无舌上音""娘日归泥"等音韵知识；戴、段、钱、王，顾炎武、章太炎、杨树达、叶德辉，也一一让我有所知悉。

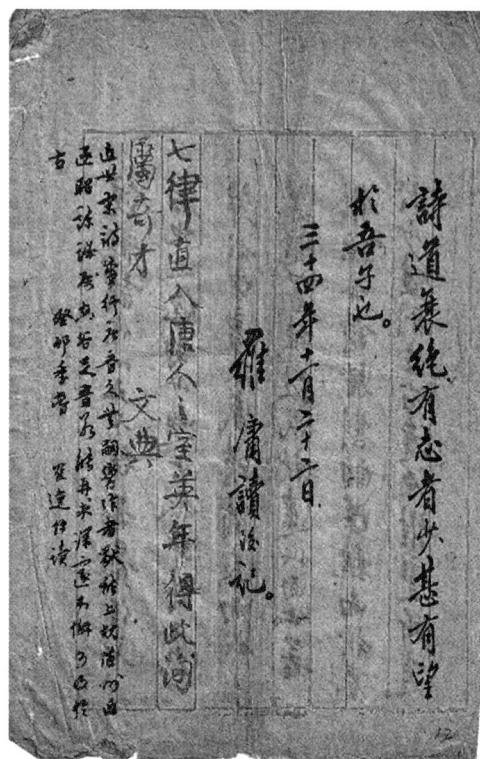

刘文典、罗庸评吴进仁诗之语，吴尔雅提供

当然，我最感兴趣的，还是跟诗词相关的音韵学。

"群山万壑赴荆门"，"群"字换成"青"字就不行了，"青"字飘，"群"字浊声，才压得住。

李白、杜甫、李商隐、苏轼等大家，都爱用双声叠韵，如杜甫"风尘荏苒（双声）音书绝，关塞萧条（叠韵）行路难。已忍伶俜（叠韵）十年事，强移栖息（叠韵）一枝安"，李商隐"十年泉下无消息（双声），九日樽前有所思（双声）"。

才华大，怎么写都行，都那么自然。

吴先生在此领域的卓识，真是触手成春，他有一文，勘明《孔雀东南飞》"生人作死别，恨恨那可论"句中，"恨恨"当作"悢悢"。其文之笃实与颖异，远非我能评价，但可以补充的一点是，此文，是他学生从其手稿笔记中，随手抄出来的，这恐怕也是他此生公开发表的唯一一篇文章。

熟悉他的人，经常说，吴先生恪守着古人"述而不作"、以学问为生活的传统——这只说对了一半。

师母过世后，吴先生颓唐地叹息："八十多岁的时候，夫人还在，我还想到南京和北京去查查几个版本，想搞出点名堂；现在她一走，我心如劫灰。"

现在我明白了，吴先生为什么要我立定超越王国维的决心；也明白了，他不发表文章，是因为他一生都默默以中国一流的大师为对手。

记忆尤深的是，一天晚上，我去看他，他面色凄惶，执意要我一字一字对勘李善注的《洛神赋》与五臣注的《洛神赋》。待我勘毕，他说："我现在记性仍好，但学问无法理出头绪了，可能不久于人世了……"

"不能做学问了，活又何益？"他一声长叹！

是年，先生九十岁。

这就是学人的抱负与雄心。

三

吴先生一生宽厚温文，亦慈亦让，勿固勿争。很多人说他是个书呆子。

果真如此吗？

他曾问我刘备最信任的人是谁。当然是诸葛亮！

他说，不是。是法正。

因为刘备为给关张二人复仇，执意要伐东吴时，诸葛亮无奈地叨了一句：假使法正在，就好了。可见刘备信法正，超过信诸葛亮。

"你们湖南有个王夫之，读《三国志》时，读到这儿，就读出来了；在别人看不出的地方，看出名堂，就是洞见。"

吴先生接着告诉我，法正是个"粒饭之恩不忘，睚眦之仇必报"的人。

"很仗义，不很好吗？"我反问。

"做大事的人，不计较那些的。"他回答。

我猛然一惊，望着一向温润蔼然的吴先生。

多么有洞见！

吴先生顺着说道，刘备蔽于法正，但他看明了诸葛亮信任的马谡空疏；诸葛亮看明了法正的狭隘，但却为马谡所蔽：大人物，亦有所短。

了知吴先生洞明世事的识见，这是最难得的一次。绝大多数时候，他会把历史当成文学来读。他教我，《史记》塑造人物，可当小说读；《新五代史》是文学家欧阳修所撰，辞藻修洁，蕴义精微；《左传》他能背诵如流，为了说明此书措辞最讲究，他举了个例子：有个坏人，看见一个美女走过，于是"目逆而送之，曰：美而艳"，一个"逆"字，把坏人之坏与美人之媚，都写出来了。

果然高明。

有一次，我偶然提到了佛教，吴先生一口气，背诵出《心经》，然后问我是谁译的。我说不出来。

"玄奘译的。玄奘的文章，也写得不错。"

他随口背了一段，全是工整的骈文："是以如来膺一子之大悲，生兹秽土；镜三明之慧日，朗此幽昏。慈云荫右顶之天，法雨洒三千之界。"

诚然，他的老师刘文典先生，是很看得起骈文的，认为这才是文学。

吴先生说李白也信佛的，我知道李白求仙，应该是信道的。他背了一首诗：

朱绂遗尘境，青山谒梵筵。金绳开觉路，宝筏度迷川。
岭树攒飞栱，岩花覆谷泉。塔形标海月，楼势出江烟。
香气三天下，钟声万壑连。荷秋珠已满，松密盖初圆。
鸟聚疑闻法，龙参若护禅。愧非流水韵，叨入伯牙弦。

我服了。这些看似小小的烛隐显微，让我深知吴先生深富洞见。

即使终生拙于为之的人情练达上，吴先生也有一副如炬的眼光。他讲道，历史有很多奇妙处，比如大人物与大人物，往往惺惺相惜，联袂而来：李白和杜甫是好友，韩愈和柳宗元是好友，苏轼和黄庭坚也是好友。

他接着讲了个典故：苏轼死了，黄庭坚得知这个消息，先是很悲伤，继而高兴，"这盒子，今天属我了"。

"这关系，很有意思。"显然，吴先生是洞明其中微妙的。

但他只用了"有意思"三个字。

四

前年，与先生相守五十三载的师母过世，先生终日以泪洗面。

"惟将终夜长开眼，报答平生未展眉。"他吟元稹的悼亡诗，吟苏轼的悼亡诗，吟杜甫的、贺铸的，吟李商隐的，吟遍了中国古代所有悼念亡妻的诗句，他说："世界上，只有你的妻子，才是最美丽的人。"

我知道，师母长年抱病，但见寒作热，一直与吴先生相知相守；她是图书馆管理员，娴静自守，写得一首清俊的好字，艰难时世，靠为人抄写材料为生，但她对诗词雅爱非常。听他们的女儿说，吴先生经常半夜三更想到好诗词，就爬起来，叫醒夫人，共着烛光，两人一起称赏或驳难……就是这样一星相扶相惜的温情，让他们度过了祖国多少风雨如晦的长夜！

有一天，吴先生破天荒拈出一首他填的词，"豪杰乘时会赤壁，龙拏虎掷争雄，入天怒火塞长空。烟飞战骨黑，霞锁满江红。百二关河仍旧是，只今处处东风，游人指点笑相逢。乾坤丽日里，山水画图中"。这首壮词，是他唱和杨慎《临江仙（滚滚长江东逝水）》的。他告诉我，当时电视里播《三国演义》，到这插曲，师母提议：为什么不和一首呢？

他便和了。

他有很多这样为师母而作的诗词，但他从不示人。也许，有些东西，确实是只能为一个人而在。

吴先生讲李商隐明灭幽深的诗：

> 碧城十二曲阑干，犀辟尘埃玉辟寒。
>
> 阆苑有书多附鹤，女床无树不栖鸾。
>
> 星沉海底当窗见，雨过河源隔座看。
>
> 若是晓珠明又定，一生长对水晶盘。

这是好诗。

他得出结论：这是李商隐为妻子写的诗，理由是：一个对妻子都不好的人，怎么能作出好诗呢？

我当然知道，这首好诗很可能是诗人为女道士（他的情人）而作，但吴先生的结论，我信。

他们的女儿从德国回来了，吴先生一见到我，就会对他女儿说："他（指我）去上海读书，我们一起吃饭，当时妈妈也在的，当时妈妈也在的……"先生那反反复复的唠嚼，无限凄婉，无限温柔。

真让人心碎。

前阵子，我的妻子终于从杭州调过来了，我跑去告诉他这个好消息，他很高兴，一定要为我庆贺，一个劲地说："多难的事啊，办好了，太好了，太好了。"

我无意中提到，学校清静，我喜欢一个人在这边宿舍看书。他立即脸色严肃："一定要天天回家，妻子不容易，要珍惜！"然后又转为温和的语气，"我的意思，你明白的"。

那天，吴先生兴致特别好，找出了新婚时刘文典先生送他的四首诗，给我看：

壬辰中秋进仁结婚诗以贺之

一

天上吴刚得意初，高才谢女擅诗书。

清光三五团圆夜，玉润珠圆月不如。

二

鹤舞鸾吟下凤城，玉阶月色净无尘。

试看天上姮娥影，始识神仙剧有情。

三

不羡温家玉镜台，星娥月姊漫相猜。

天孙惯织云盘锦，合配陈王八斗才。

四

凉露无声湿桂花，高烧红烛对仙葩。

玉绳低亚银河浅，共倚薰笼玩月华。

　　诗诗清洁高华，我看，是非常符合吴先生的情感格调的。

　　显然，刘文典非常熟悉吴先生。

　　当然，吴先生更熟悉刘文典先生，他是刘文典先生的高足，二十岁时，便立雪"刘"门，此后终生侍奉其教席。

　　吴先生肯定也熟悉他老师的这几句诗："宋玉悲秋亦我师，伤心又吊屈原祠。娥眉漫结平生恨，文藻空存异代思。"此诗，出自杜甫《咏怀古迹》：

　　　　摇落深知宋玉悲，风流儒雅亦吾师。

怅望千秋一洒泪，萧条异代不同时。

江山故宅空文藻，云雨荒台岂梦思。

最是楚宫俱泯灭，舟人指点到今疑。

吴先生最爱杜甫，他不会不知道老师的用心。

并非巧合：吴先生师刘文典，刘文典师杜甫，杜甫师宋玉，宋玉师屈原，一脉千年，师什么呢？

风流儒雅。

千古斯文，如是而已。

（原载于 2016 年 7 月 24 日《新文化报》，并入选漓江出版社《2017 中国年度随笔》）

不负书生

——"奇人"张孝感先生素描

2012 年，市尘依旧浩荡。一个九十六岁的书生孤愤地走了。

我从来没见过这么愤怒的老人：眉峰攒火，目眦欲裂，都九十多岁的年纪了，一谈到时势，便壮怀激烈。确实，我们这个世界对他太不公平了。

拔掉针头，毅然赴死。

他走的时候，在敬老院，无妻无子，孑然一身。去送他的人，也全部是江湖上的朋友，有大学老师、书店老板、修理工、医生、学生、基督徒、佛教居士，都是因缘而遇，随缘相送。

我没有去送他，我的朋友陶伟去了，陶伟信佛，他说，这样结束也挺好的。我也说挺好的，但心里终究觉得太悲凉了。

一

这个老人，我们一直叫他张先生，他是西南联大 1938 级商科学生、民国交通银行职员，我们相识在旧书摊。一天，陶伟告诉我，他在张官营旧书市场，遇见了一位"异人"，问我想不想见见。我便去了。当时，张先生挂着把雨伞坐在乱书堆里，好像正对书摊老板呵斥什么，而老板一脸笑意，满是恭敬，情状甚是令人惊讶。后来，偶然陪着他走走，偌大个旧书市场，一见张先生，几乎所有老板，都起身致意：他们都是老朋友了。再后来，还知道，这些三教九流奇形怪状的草根老板，都私下真诚地叫他"国宝"。

张先生却叫自己"张疯子"，"疯言疯语"：

"所谓大学者，非谓有大楼之谓也，有大师之谓也。谁说的？"他问。

他答："潘光旦说的。"

"梅贻琦说不出这种话的。"他补充。

斩截，凌厉，一刀见血，这就是张先生惯常的言说方式。在这言说背后，其实是他那副深刻得有毒的眼光。

这副眼光常常让我想起魏晋时的一个故事：匈奴使节欲拜谒曹操，曹操自觉容貌丑陋，难以威慑敌国，遂请"声姿高畅，眉目疏朗"的崔琰做替身，自己则捉刀侍立。事毕，曹操派间谍，问匈奴使节对魏王印象，使节答道："魏王雅望非常，然床头捉刀人，此乃英雄也。"

使节的眼光，就是张先生的眼光。

张先生深得魏晋人物品评精髓，且从无温柔敦厚的作态，他说，能用四个字说清的，绝不用五个字；他经常提醒：请注意啊，我的用词！听他对他所处的那个大时代人事的品评，十分迷人：

> 胡适博，钱穆专，雷海宗又博又专。钱穆自学成才，在联大，很叫座，上课连窗子上都挤满了人；雷海宗教《中国通史》，全凭记忆，年号地名，无一出错。他说，你们说我记性好，哪里是我记性好，是我连上厕所也在记啊。他到剑桥讲《中国通史》，他就用英文写出来。

朱自清名大于实。

林语堂不光是幽默，幽默里还有点东西。他最有资格译《红楼梦》。

罗尔纲奉命写作《太平天国史》，对他不利的，一概不写。

梁启超给蒋百里《欧洲文艺复兴史》写序，下笔不能休，一下子写出了《中国近三百年学术史》，太长，只得独立成书。

蒋百里军事很有见识，是蒋介石的老师。

陈岱孙要言不烦，口齿最清楚，但聪明不用功。

何鲁聪明不用功，是人不足畏也。

胡适、冯友兰，国外卖古董，回国卖洋货。

潘光旦食洋能化。

辜鸿铭是爱丁堡大学硕士，懂五国语言，二十四岁在英国教拉丁文，后来回国卖中国古董，很多博士不如他。

沈有鼎学问是个皇帝，生活是个白痴。不会坐火车，不会算账，专门提着个破皮箱上课——皮箱里放着他的工资。有一次，工资不见了，他逢人就问：你们拿没拿我的工资？

朱光潜清清楚楚。

云南人讲文史，姜亮夫第一。

费孝通读书不深，不如他的老师潘光旦。

乡村教育四大派：生活教育陶行知，村职派梁漱溟，平教会晏阳初，职业教育黄炎培。陶行知最行，拿得出办法。

《围城》别人喜欢，我不喜欢，一个书呆子的故事。

鲁迅写文章合情合理，做人就不近情理。

朱生豪、梁实秋都译莎士比亚，梁实秋更好点。

云大英语系系主任林达杨搬家，一再嘱托，这三本书先搬：《圣经》《莎士比亚文集》《简明牛津字典》。他说，俄国人写的英文版苏联文学史，哪里是英文？俄国式英文。

季羡林、余英时，我不佩服。他们所说没有超出常识。

冯友兰，"无耻就是勇"。（北大经济系主任赵乃抟所说。《礼记》云："知耻近乎勇。"）

马约翰，有本事让男女老幼动起来。（联大体育老师）

联大出"怪物"和"疯子"。"疯子"最多的三个系：心理系，哲学系，数学系。

清华系主任不一定有事，北大的都行。

留英的深，留美的浅；武大留英的多，清华留美的多；英国课本深，美国课本浅。

英德战争期间互不轰炸对方学校，季羡林在哥廷根大学留学，没见一颗炸弹落下。

"或者，大概，也许是""恐怕，仿佛，不见得"，是梅贻琦的口头禅。其《大学一解》，是时任教务长潘光旦起草的。（《梅贻琦日记》中也有记载）

有三种领导：一等有办法，有能力；二等无办法，但能兼容并包；三等，几派相持不下，另找一个。梅贻琦就是这么上的。当时，第一个提胡适，清华教授反对；第二个提任鸿隽，有条件接受；第三个，梅贻琦全部接受。

…………

"你能概括一下西南联大的气质吗？"我曾有此一问。

张先生一改快如箭镞的言语，转入沉思，半晌，吐了两个字："自由！"

什么是教育？他引用《宇宙风》杂志封页上的一句话：所学知识全部忘却后之残余。

妙极了！今天，我常常在我的课堂上讲，大学教育有四个层次：一教知识；二教对知识与情感的反思，即智慧；三教教养；四教气质。第二、三、四层次，显然是忘却后之残余。想想，这实在与张先生当年对我影响有关。

二

从来没有见过这样的屋子，两间，全部用书砌成，书山有路，间容一人过。房子自然不是张先生的，是一个极佩服他见识的朋友为他租的；书多为旧书，纸质脆黄，全部是张先生一本一本从旧书市场刨来的。夜晚，我们去看他时，他正枯坐在书山之中，孤灯一盏，书影幢幢，俨然是上古岩穴中人。

其时，他正在翻译英文版哈耶克著作《通往奴役之路》，已经译了一半。他说，他读到的中译本，佶屈聱牙，错漏太多，比如，in the long run，译本作"从长计议"，错了，应该是当"最后"讲。

为什么要重译《通往奴役之路》呢？他没说过。不过，他引用过书中一句话，令我记忆犹新：把希特勒的信徒变成斯大林的信徒，或者，把斯大林的信徒变成希特勒的信徒，一样容易。可见，张先生自有用心。

张先生胸罗万卷，跌宕一生，因此深富思想洞见。思想是学问，但学问未必是思想。我的老师石鹏飞教授说，研究原始人粪便化石，可以成就大学问，但绝无思想。

思想是什么呢？对时代大问题的理性反思。

有思想，得有两个前提：多读书以明智；深阅世而疼痛。张先生既明智以思，又孤独而痛，百年恓惶，百年静守，于是炼就了一双高出市尘、朗澈幽微的眼睛。

他极其推崇潘光旦，认为他很行。"左派仁兄们说，宣传就是教育；潘光旦说宣传不是教育，教育是理性，左派们好恨他。我那个时候'左'倾，对潘反感，1949年后，对潘，我五体投地，五体投地！"说着，张先生霍然握拳，竖起大拇指，用力几扬，脸上半是崇敬，半是激愤。

他说："有所见必有所蔽，潘光旦写过《荀子与斯宾塞论解蔽》的文章；潘认为，个人自以为是叫我执，集体自以为是叫法执，即政党与宗教。高明极了！

"潘光旦的《政学罪言》，很值得一读。

"王芸生七卷本《六十年来中国与日本》，论述中日关系，没有比这更详尽的了。

"陈菊隐《北洋军阀统治时期史话》目光如炬。

"潘光旦翻译的霭理士《性心理学》的注释，好好读读，可以了解中国人。"

这些书，我后来都找到了，翻一翻，就接通了浩瀚的气度，感谢张先生。

"什么是自由？"他有一次突然发问，我搜索枯肠，讲到洛克的自由、卢梭的自由、马克思的自由，甚至庄子的自由。

张先生笑笑："严复的《群己权界论》，即自由。"

啊，从群与己的关系上，界定自由，无论左，还是右，都囊括其中。

这里面的妙处，要待我后来听到著名思想家秦晖先生讲座时，才豁然领悟。

"Live and let live。"他补充。

"习俗难于消灭。即使是迷信，之所以能保存，也必然尽了其职责，这是人类学功能学派的观点。"

总想知道未来如何，张先生说，他为此甚至钻研过相书。"鼻如鹰嘴，吃人心髓；两颔肥厚，贪财好色。"他以此验证周围的人，百试不爽。

"曾国藩会相术，听人声音，就知道官几品；蒋介石提拔团以上官员，都要亲自过目相面。"

入夜，斗室蜗居，书影明灭，听他娓娓道说着这些也许是真理的"疯言疯语"，我和陶伟几番顿生如梦如痴之感。

我曾开玩笑："张先生，您有没有发现您是罗汉相？"确实，他眉目如怒，大耳耷拉，九十多，还中气富健。

张先生欣慰地笑笑，只说他这辈子，几乎历经了所有政治运动折磨，但从来没进过医院，医药费最多一次，两块六毛钱，一盒藿香正气水。

当然，思想若只停留在思辨理性层面，难免轻薄；唯有带着现实"血气"疼痛的思想，才足够厚重。张先生性格耿直，说真话，加上民国交通银行职员身份，因此在风雨苍黄的现实里，出生入死，其见识带着自身血气瘢痕，分外动人。

"演化不是进化！有个姓况的，老是跟我争辩演化即是进化。"张先生愤愤难平，"姓况的，我曾帮过他，反右时，他揭发我曾批判义和团盲目排外。"

"我六十岁时，还被押去搬石头，两个月，共得一块两毛八分。

"请记住我这句话：凡挨政治红起来的人，一定变节出卖！"

张先生还给我们讲过一个故事：张献忠在四川招考状元，条件是，立一根准绳，高过的，杀掉。矮的，杀掉。不高不矮的，还杀掉。

讲完，他很久不说话。谁能想象，这位老人曾经历尽了怎样的绝境。

也许是为了曲尽世态人心，一次，他调侃道：秋天，枯叶上，一只半死不活的苍蝇。两个杀猪匠要把猪杀死。苍蝇说：我赞成把猪杀死。猪死后，苍蝇说：初战告捷，我的思想又转到别处了……

迄今为止，这是我听过的最黑色的幽默。

三

张先生有一个习惯性动作，竖着大拇指，倒指自己鼻子，连连说："我这个张狗屁，张疯子，书呆子。""书呆子"和"书生"是他惯用的词，常以自嘲与嘲人，其中纠结着复杂的情绪。

"十有九人堪白眼，百无一用是书生。"前一句自负，后一句自卑，他引用清代大才子、落魄如他的黄景仁的诗，描述书生时时起落于自负与自卑之间的特点。

书生另一特点，是常迷信书，不信事实。陈布雷，蒋介石的文胆，蒋诸多重要文章的捉刀者。一次，蒋介石要他评价自己，陈布雷是书生，如实直言，是者是之，非者非之，蒋大怒，痛斥之，陈不堪其辱，自尽而亡。

"致君尧舜上，再使风俗淳。"张先生说，书生还爱说大话，又没有行动能力；《增广贤文》上讲，害人之心不可有，防人之心不可无。书生前半句，大多做到了，后一句基本做不到。他接着讲了个故事：

有一对夫妇，一买菜，就找他借钱，前后四年，他从不拒绝。后来，张先生遭整，下放农村，举目无亲饥肠难耐之际，他想起了这对帮过的夫妇，遂提笔——借三块钱，后杳无音信。过后，在昆明偶遇他们，问收到信没有。

"猜猜他们怎么回答？"

"收到了"，再加四个字，"大恩不报"。

"这就是世态人心……"

张先生于是又讲了一个"大恩不报"的典故：知府抓到一土匪，按律当斩，见土匪相貌不凡，知府就把他放了。若干年后，土匪当了大官，再遇到知府，两人相叙甚欢。后来，土匪与老婆商量，对救命恩人如何报答，恩太重，钱不足以报，权也不行。最后决定：把他杀了！

一介书生，饱尝人情冷暖，张先生对人心洞察，可谓深入骨髓。他说鲁迅做人不近情理，这是有洞见的。但实际上，他自己日常为人处世，常常不近情理，往往不脱书生气与呆子气。

一次，他摔伤卧床，我们去看望他。说到摔伤缘由，他破口大骂："这个书呆子，每次遇到他，总倒霉，每次都这样！每次都这样！"原来，他的一个多年老友，请他吃完饭，下台阶时，不留神，误引他踩空，便摔了。张先生一直义愤填膺、喋喋数落，以致我们以为那个人确实很糟糕。

不多久，那人来了：一个古稀老人，衣着干净得体，为人温文尔雅；任凭张先生如何数落，他都躬立一旁，笑颜以应。此人曾为台湾阳明山邮政局局长，得过台当局授予的荣誉勋章，其彬彬教养，实在令我们感叹。

据陶伟说，后来，送张先生最后一程，这个老人也来了，辗转三趟车，两个多小时颠簸，老人腿脚蹒跚，但提前到了。最后，他实在走不动了，只好以砖块垫坐，默默陪候在老友墓前，其情其景，让人唏嘘。

感谢这样温文达理的老人。

几次，张先生提到，此生他最欣赏的书生，是俞大维：读书天才，三年拿到哈佛大学博士学位，12 个全 A，其学习秘密是"大考大玩，小考小玩，不考不玩"；最重要的，是能做事，书生而官至"国防部长"，成为蒋介石一生最信任的人。

如果我没有记错的话，俞大维曾向母亲（曾国藩的孙女）询问曾氏庭训，其中重要一条是，不近人情的事不做。俞大维毕生恪守之。张先生也许不知道这点。

张先生临终前一阵，卧床难起了，依旧愤怒，但悲伤不已。他躺在敬老院的床上，瘦若枯柴，柔弱地摇着头，嘴里喃喃说着："现在我特别想念我的妈妈，我的妈妈。"

张先生真名叫张孝感，其母四十岁得子，取"孝感动天"意。

"我小时候，每顿六大碗饭，一天十八碗，一碗不少。

"那时，我拉尿，妈妈说我是头水牛，又长又多。"

说着说着，张先生已是眼泪涟涟。

张先生总说自己是新时代的孔乙己，从来没有比他更失败的人。总结自己一生悲剧，他说，原因有两点：坚持表里如一，坚持个人见解。

"你后悔吗？"

"有什么后悔的！性格使然。"他噘起嘴角。

张先生应该知道，他不佩服的那个余英时，有一本书，叫《士与中国文化》，播扬的就是国士的浩然之气，国士亦叫书生，国士的性格就是他的性格。

"有什么后悔的！"

不过一书生，不负一书生。

2014 年 12 月 11 日

张孝感先生，陶伟摄

悲智苍茫
——记我的忘年交刘声烈先生

二十六岁的时候，我得到了一本书——《歌德传》，雅正的古英文，是数学家刘声烈先生送给我的。

刘声烈先生是一个虔诚的歌德迷。有一天，他提着一壶好酒，在云师大的校园里，偶遇翻译家陈晓华先生。此前，一个在数学系，一个在外语系，两人素昧平生。这次，点头，笑笑。一向温文的陈晓华先生居然开口了："好酒？"

"好酒。"

"到你家吃酒去。"

"去吧。"

便吃了。一聊起来，就聊到了歌德，浅浅数语，陈先生大为讶异：哪里是搞数学的？分明比歌德专家还专家。要知道，陈先生可是西南联大外文系的高材生，著名莎士比亚专家、翻译家。但是，刘声烈先生当时确实早已是声名响亮的著名数学家。两人遂成莫逆，于是刘先生便被请到了陈先生的课堂，讲歌德。

一开讲，全场震惊：中文系的学生从来没有听过这么见识卓著的课。我的老师，夏昆芳女士正好在这个课堂上。夏老师是一个交游广阔、极有豪杰气象，但从不失优雅格调的人。这次，轮到她震惊了。于是，她、才情飞扬的诗人陈慧、温厚的赵文新，三个中文系学生，便成了刘先生家的常客。蹭饭吃，蹭好茶，更重要的是，听刘先生闲聊，听他那些粗茶淡饭却钻石般闪耀的人事与见识。这样一聊，他们竟聊了三十年。

直到有一天，夏老师觉得该让我这个学生和她的先生见见了，我便见到了仰慕已久的刘先生。

一

一见面，年轻的我全无体统，劈头就问：

"刘先生您如此爱歌德，到底爱他什么？"

他不以为忤，垂首，鼓眼，淡淡一思："我爱他的睁一只眼，闭一只眼。"

他见我懵懂的样子，补充道："叔本华曾说，歌德是一个思想的现实主义者，行动的浪漫主义者。睁一只眼，就是思想的现实主义者，看清这个世界；看清了，仍然不悲观，不放弃，紧紧拥抱生活，这就是行动的浪漫主义者，就是闭一只眼。"我一听：高人！当然，我当时是绝无法深味刘先生贯注其中的自身的生命况味的。后来的交往中，我知道了他心路历程中的种种，今天，我才稍稍自信可以真正和他有丁点惺惺相惜的交流，而他，却永远不在了。

他顺便就说起了当年热爱歌德的事。他说，记得第一次在武汉大学图书馆，借到英文版的歌德全集，如获至宝，做贼一样，晚上趁着月光，划船到东湖湖心，踌躇再三，敛衽再三，才开始阅读。读一读，便合上，再读，又合上，因为太珍贵了，舍不得一次读完。后来，他乘船，过三峡，

"巴东三峡巫峡长，猿鸣三声泪沾裳"，如此江山如此声，他抑制不住激动，便捧着歌德，跑到甲板上，朝着万卷山河、千里江声，高声朗读……

结果，风一吹，书掉江里了。

说到这，刘先生嫣然一笑，八十多岁的人，像个孩子一样，沉没在幸福里了。

那天，我还见到了他做的一道题，全部是小学练习本，写满了公式，整整齐齐地排在书柜上，五排，每排近一米。这道题，据夏老师说，自打他们认识以来，刘先生就开始做了，一直到认识我，刘先生还在做那道题。多么执持与强悍的心灵！

于是我也成了他家的常客。也是聊天，中外古今，漫无目的，一聊就是半天，有次竟聊到了凌晨两点，连小区门都关了，最后，我和另一个同样胸怀瑾玉的朋友，只得从他家小区的铁栅栏上翻爬出去。回家路上，灯火已阑珊，我们心潮汹涌：在边远的高原，蛰伏着这样的智者，居然还让我们遇上了，我感叹：天于我，相当厚。

刘先生富古风，知人论世，不从流俗，凡事以趣味为先。我们因此有机会，得到了各种元气淋漓的故事和见识，比如：

他说，他无端地觉得，蒲松龄应该是个满脸络腮胡子、说起话来唾沫飞溅的人。我当时并不了解蒲松龄，但我无端地坚信，刘先生肯定是最了解蒲松龄的人。

他还说，他读书时有个黄姓师兄，是他的棋友；黄兄骨相清奇，棋风诡谲，跟他下棋数百次，从无失手，只一次，两人打成平手。有一次，黄兄面朝大渡河，自言自语：亚历山大也哭的么，孔子也哭的么。黄兄背影凄零……刘先生告诉我，亚历山大哭，是因为他已经没有可以征服的土地了，孔子哭是因为他最心爱的弟子颜回死了。

"但黄兄为什么要这么说呢？"刘先生问。

还有一次，半夜，黄兄爬起来，拉小提琴，拉一会儿，废琴而叹："我很痛苦，在我的琴声里，我才知道自己是这么个货色。""这叫反省，"刘先生补充，"怪吗？每个人都有怪的地方。"

一天，他突然问我：你知道鲁迅日记中"洗脚"，是什么意思吗？我当然不知道。洗脚有什么好记的？

刘先生告诉我，那是"敦伦"（做爱），他考证过，厦大时期鲁迅就没有"洗脚"，因为许广平不在身边。刘先生有些孩子的得意。

他提到，他在读书时，武汉大学迁到四川，一次，佛学大师马一浮到那里去讲学。他对佛学有兴趣，也有烦恼，所以想向马一浮请益，费尽周折，总算见到了马先生，马先生面无表情，不发一言。他滔滔不绝地说了半天，马先生还是不发一言。他提到，自己很喜欢尼采，尼采跟佛陀有相通处。马先生脸上似有一丝笑容。最后，他说："我有性困扰。"马先生终于开口了，三个字：结婚嘛。

后来，佛学大师欧阳竟无也到那里讲学，他有个师兄，去拜见，也得了开示，八个字：超以象外，得其环中。

刘先生是云南最早的研究生导师，桃李满天下，其中杰出者有中科院计算机所所长、全美最年轻数学家奖获得者，但他认为最有才华的学生，不是这些世俗评价体制中的拔萃者，而是云师大的林毓才教授。他跟我讲了一件林毓才的事。当年，林毓才到版纳当知青，在一所学校教书。一次，学校要搞比赛，要求每个班统一服装，邻班学生家境好，服饰一色焕然新装。林毓才教的班学生大多贫寒，买不起衣服，林毓才灵机一动：所有学生，把右手衣袖捋起来——这便是他们班的统一服装。

"这就是才华。"刘先生说着，竖起大拇指，用力几扬，这是他惯常的最高赞赏方式。当然，林毓才老师也确实不负师望，解决过数学中的多个大难题，成了云南数学界、计算机界的翘楚。

有意思的是，一次当有人跟林毓才说，刘先生认为他是最有才华的学生时，林毓才如是回答：我比不上刘先生的一个脚指头，刘先生曾在如厕时读懂的一本数学专著，我借回去，研究了三个月，还是没搞懂。

这些俨然《世说新语》中出来的人事，显然，都带着刘先生体贴世界的温热，他离这个世界多么近，又多么远。

每每讲着这些的时候，刘先生不自觉地把霜雪凌乱的头颅，垂在胸前，鼓眼抿嘴，沉没在他自己的世界里，丢给我们一个清癯而忧郁的侧影。

我有意观察过，无论在多么宾朋满座、众亲丛绕的时刻，刘先生都那么孤单。

二

刘先生爱茶，一柜子全国各地的好茶，客来，必赐茶，一饮就是半天。刘先生爱红酒，家里随时都有朋友弟子们从世界各地带来的酒，一高兴，刘先生便邀人共饮，自己小酌一杯，余则乐君畅饮。毫无疑问，刘先生是一个有着一流品鉴能力的人，但刘先生从不品赏茶和酒，他把这些好茶好酒，看得如同清水一般，正像他自己，在云大花木葱茏的寂寞一隅，把原本灿烂的日子，过得清水一般。

刘先生也爱书法，他家就有大师沈尹默真迹，为沈所手赠，因为其夫人金先生是上世纪初留法的精英，与沈尹默、鲁迅等时代名流相熟。然而，刘先生不喜欢沈尹默的字，他喜欢鲁迅。几次，他都把珂罗版的鲁迅诗帖

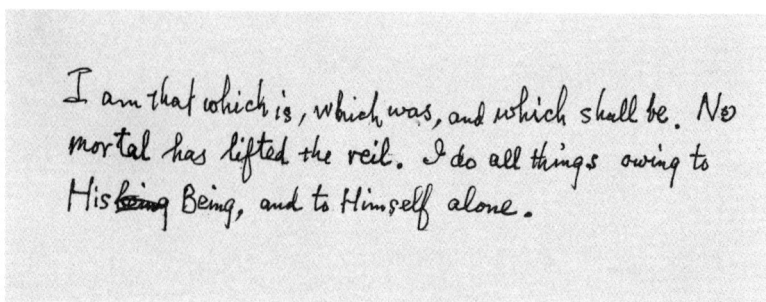

I am that which is, which was, and which shall be. No mortal has lifted the veil. I do all things owing to His ~~being~~ Being, and to Himself alone.

刘声烈先生手书贝多芬座右铭

搬出来，给我看，边看边竖起大拇指，嘴里啧啧称赏："好字！好字！"他喜欢鲁迅的老拙之美。

还有一回，他说，四川有个大家的字很有味道，有天稚之美，"他叫……他叫……他叫……"，刘先生实在记不起来了。

"是谢无量吧？"鬼知道是怎么回事，我嘴里一下就冒出了这个名字。

"啊？对，对，你怎么知道的？你怎么知道的？"刘先生很惊讶，眼睛里一下子放出光来。

其实说真的，当时我对谢无量一无所知，心中隐约一下就蹦出了这个名字，到今天，我一直坚信我和刘先生有着夙世相知的缘分，就缘于此。

"真是个聪明的年轻人"，刘先生称赞我。后来好几次聚会，我有事耽误，刘先生就会一个劲地问夏老师："那个聪明的年轻人，怎么还没来呀？"

正是由于刘先生的谬赏，我有幸得以更亲近他，才知道他平淡如水的外表下，其实酝酿着浩荡无际的痛苦风雷。他讲，和我年岁相若时，武大搬到四川乐山，每次，他经过乐山蔓草荒烟的城门洞时，都怅然若失，心里就一定会响起贝多芬的音乐，然后就会浮现出贝多芬贴在自己桌子上的一行字。这行字，刘先生曾把英文写在我笔记本上，我现在翻译出来，大概是："我就是我现在所是，过去曾是，未来将是；从未有心灵能揭开这层神秘之幕；我所做一切，都属于他（神），且仅仅属于他。"刘先生有浓重的宗教情结。

他家里藏着上千册佛学经典，据说皆为欧阳竟无当年主持金陵刻经处时所刻印。我曾随手翻看过其中一两部，书上密密麻麻，尽是刘先生的标点，可见其用功之深。他给我讲，佛是大心之人：大乘佛教第一义"不可轻看一切众生"，不是要怜悯一切众生，怜悯是你比众生高，不可轻看，是你和众生在一个位置上，和一花一叶，没有丝毫区别，我们和万物都是共患难的苦朋友。

释迦牟尼还是王子时，一大出城，见到老人，问：我将来如是吗？答：是。王子泪如雨下。见到一堆白骨，问：我将来如是吗？答：是。王子于是遍身战栗。我清晰记得，刘先生讲到"遍身战栗"时，强调了好几次，他自己瘦小的身子，也似乎一下子收拢来，紧紧地，充满了痛苦。刘先生也有着一副悲悯心肠。

刘先生还给我讲，因果勾索不可破，如灯燃暗灭，灯无驱暗意，暗亦无灭灯意，一切如水流花放，自然无迹。

多美啊！他常常带着审美的眼光去看宗教，看哲学。记得他曾经把《圣经》、把《马克思全集》中的句子，拈出，蒙起来，读给我们听。

一听，全是诗。

刘先生更多时候毕竟还是数学家本色，他说，如果能够重新再来一世，他要重新选择，选择以现代科学，阐发佛学中的微言大义。他曾以佛学中"信"的定义为例，给我阐明佛学逻辑比西方逻辑还要严谨——"云何为信？于实德能，深忍乐欲，心净为性。对治不信，乐善为业。"

我现在已然无法再重述他讲授的精义，但当时，我发誓，确实是心空朗澈，豁然通透。就像刘先生曾用三个小时，讲爱因斯坦的相对论，我在他面前时，清清楚楚，但一出门，马上一头雾水。刘先生就有这个魔力。

刘先生研究佛学可不是为了精通义理，而是要消解苦难，为人为己。他说，每天在电视里看到那么多的杀戮、灾难，自古至今，这一方面，人类一点也没有长进；要从根子上得救，恐怕要靠佛陀。佛陀早就看透了这些，当然尼采也看透了，但如果说佛陀是一只雄鹰的话，尼采只能是其翅膀下的一只小麻雀。

尽管明了佛陀的智慧，刘先生心里还是纠结着焚胸的烦恼："我知道，佛陀是对的，可我做不到，我一点行动能力也没有。"这句话，他在我面前，真诚地说过不下十次。他对自己，对人性有着非常深的绝望：

"年轻时候，读《金瓶梅》，以为是一部淫书，后来再读，哪里是淫书，分明是一部哀书啊！

"看看陈经济，一个读书人的堕落史吧，《金瓶梅》告诉我们，人跟厕所中的蛆，没有两样……

"莫泊桑很高明，他写出了人性里那点模糊的怂恿。

"你读过莫泊桑的《珠宝》吗？看了，再想想自己，就知道人就是这么个货色，没有一点得救的希望。这是娘胎里带来的病。"

…………

我后来找到了《珠宝》，很短，透入骨髓的悲哀。

故事是这样的：小职员娶了个贤淑的太太，上得厅堂，下得厨房，美好得难以言喻。唯有一点，就是太太热衷各式舞会和假珠宝，在小职员看来，这实在无伤大雅。后来，太太死了。小职员在潦倒困厄中，想到了太太的假珠宝，想换几个小钱，改善生活。出乎意料的是，这些珠宝竟然全是真的，原来这些珠宝系太太多年出卖色相所得。小职员得知这点后，一下子悲伤得昏厥过去。但一个月、两个月、几个月后，小职员很快说服了悲伤。把珠宝换成了钞票，吃了顿从来不敢吃的晚宴，小职员逢人就炫耀自己继承了一大笔遗产，数目比实际的，越说越大。

莫泊桑看得太清，刘先生说，也看得太绝望，莫泊桑是佛学中的"恶取空"。

"我也是'恶取空'。"

执着深见，如须弥山，可得救；恶取空，不可救！

何谓"恶取空"呢？刘先生说，佛陀是成神的无神论者。恶取空就是执着"空见"，过于想成佛，以致为谬见了。我的理解，也许，刘先生认为，莫氏和自己，都过于执着地理解人性的某些面向了。

明了，但摆脱不出来。

一个秋雨飘萧的下午，我记得，我和刘先生倚窗而坐。刘先生从柜子里找出一页纸，纸质黄脆，他说，这张纸，他藏了二十多年。读读，大约是列宁写给高尔基的信，信里约略是批判高尔基是思想的巨人，却是个行动的矮子。

"你知道吗？我这一生都很痛苦，我只是个书呆子，一点行动能力也没有。"刘先生望望漫天秋雨，便把头垂在胸前。

天地雨声淅沥，一派苍凉。

想想刘先生一辈子热爱歌德。歌德和他的浮士德，都是行动的巨灵，你能理解他说"自己毫无行动能力"的痛苦了吗？

可是，刘先生究竟想要"行动"什么呢？

笔者和刘声烈先生，夏昆芳摄

三

刘先生的身体状况日渐衰颓了，这和小保姆小珍的事对他的打击有关。小珍是云南乡下的孩子，小学刚读完，就来照顾刘先生。刘先生视若己出，教她数学，教他针灸，教她自学，并资助她读书。我认识刘先生的时候，小珍大概自学到已经在我们云大成教院读大专了。刘先生多次跟我说，小珍与他多年相依为命，比自己亲孙子还亲，他过世后，会让他儿子刘惟一教授好好安排小珍的。然而，他们竟然产生了龃龉，小珍走了。刘先生病倒了。

他脑部中风，原本睿智惊人的记忆，越来越趋近他以前所追慕的"难得糊涂"了。可能预感大限将至，刘先生便把他那道几米高的题，一股脑送给了他最得意的弟子林毓才。他跟我说，他这一辈子肯定做不出这道题了，因为越做越复杂了，"爱因斯坦讲，真理有两个特征，一简洁，一优美"。

"越复杂的东西，越没有好下场。

"我做不出来了，唉，唉。"

刘先生在最病重时，还给我讲过一个故事：在手术时，他没有穿衣服，一个女护士过来，嫌恶地看了一眼，叫他赶紧把下半身遮起来。"命都不要了，我还要这副皮囊干什么！"刘先生很愤怒。

他描述输血，浑身火样燃烧，真扛不住。这时，有个小护士，远远地冲着他微笑了一下。

"那一笑真美啊！

"凭那一笑，到世间来这一遭，也是值得的。"

刘先生幸福地笑了。

出院后，一天，刘先生拿出一本书，小心地捧在手里，鼓着眼睛，很庄严地对我说："这本书，送给你。"

是英文版《歌德传》。

"你知道吗？这本书，是我在成都住院时，四川大学搞希腊文化和世界语的卢剑波教授送给我的。"

原来，同在一个病室，攀谈中，卢先生叹服刘先生对歌德的高明见识，遂交好，卢先生便把他从国外带回的《歌德传》，送给了刘先生。《歌德传》里，甚至还夹上了卢先生夫人的照片，两人情义之笃，可见一斑。

"他送我书时，他是六十四岁，我是四十六岁；现在我八十二岁，你二十六岁。"

"你应该懂的……你应该懂的……"刘先生嘴里喃喃着。

我小心地接过书，心，一下子沉了下去。

后来，我到上海读书，三年。一回云南，我就和夏老师去看望刘先生。刘先生已经像个孩子一样了，他已经认不出我了。我们带给他最爱的巧克力，他吃了一块，还要一块，婴孩一样地笑笑，然后把头安静地垂在胸前，鼓大眼睛，再不说话， 脸柔弱的忧郁。

我的鼻子酸了。

今天，我虽不敏，但在大学授课的讲堂上，常常讲得满头大汗，酣畅淋漓，把自己打动得无以复加。每当有知赏的学生，好奇地问我：老师，这时代，做学问，那么清苦，为什么你还那么快乐呢？

我告诉他们，我曾经遇到过一个老人，接到过一本书。

2010 年 7 月 23 日

汤汤沧海
——编辑家林建法先生访谈录

早期人生经历
——"跑的路最长、认识的人最多，但每次会议上说的话最少"

问：听说您在上大学之前当过木匠，当过兵，援过藏，能讲讲这些有意思的经历吗？

林：我在福建海边长大，父亲是渔民，中学毕业以后，二十岁时，去当兵。当兵之前，我学过木匠，会做木箱、碗柜等普通家具，以前家里的书柜都是我自己打的，到现在，这项手艺活还在，可惜做木工的工具，已经没有了。

我在部队当过重机枪兵、炮兵，后来被调到团报道组，当通讯员写报道，在江西待了五年。当时因为部队造假消息很多，我就写信给中央军委，请求"江青转毛泽东"；中央军委竟然回信了，还要求"保护写信的战士"。省军区政治部，便派人来部队了解情况，情况当然属实。后来，支援西藏，是红红火火的"新生事物"，我便申请去建设西藏，在西藏我到了日喀则农村，专门负责养猪。最幸运的是，还遇到了我的夫人傅任，她当时也是援藏大学生（其实她是中专生），记得1976年5月，地区工作组来我插队的塔杰公社，让我坐便车到地区去借照相机，结果半路上我的右脚被大油桶扎伤住院，在医院里遇到了朋友介绍的傅任，她每天下工来照顾我，后来走南闯北，她就这么照顾了我一辈子。

一年多后，国家恢复高考，我便参加高考，考了西藏地区文科第一名，作文得了99分。由于种种原因，错过北京广播电视大学采编系与复旦大学新闻系和哲学系，我去了华东师范大学中文系学习。

问：您当年在华东师范大学中文系学习，哪些老师给您上过课，讲讲您的学习经历？

林：当时，施蛰存先生也给我们上课，他已经七十四岁了，还坐着公交车来给我们上课。许杰、钱谷融等诸位先生，也给我们上课。徐中玉教授是系主任，教我们文艺理论，他对我的影响比较大，当时教我做文学资料卡片，获益良多。上学期间还有个小插曲，我写毕业论文，记不清是什么原因，所有的引注全部弄丢了，当时论文有27000多字，61个引注，现查找资料已来不及了，好在有资料卡片的根底，我就全凭记忆，将所有的引注默背下来了，连页码都记得很清楚。我的毕业论文叫《艺术永恒性探奥》，指导老师是吕象森。

那个时候上大学，就想着埋头学习，并没有去想以后要做什么。整个大学期间，我每天早上四点半就起来跑步，每天背五百个英语单词。当时孙颙、王晓明、赵丽宏、王小鹰、夏中义、宋耀良等都是我的同届同学。大学期间，看外国作家的文学作品比较多，像雨果、列夫·托尔斯泰、莎士比亚等，1981年李泽厚的《美的历程》出版，我也如获至宝，这些作品，都对我产生了影响。

问：哪些人的作品对您产生的影响比较大？

林：我在大学期间就接触到丹麦文学批评家、文学史家格奥尔格·勃兰兑斯的《十九世纪文学主流》(六卷本)，眼前一亮，一气读完，后来工作后还一直在反复阅读这本书。此书对十九世纪文学史、文学思潮描述精到客观，要言不烦。与二十世纪相比，我一直认为，世界文学的高峰在十九世纪。果戈里、雨果、屠格涅夫、托尔斯泰、巴尔扎克等都是十九世纪的作家，真是群星璀璨，大师辈出。对我产生影响较大的，还有文学理论家特里·伊格尔顿、杜克大学教授弗雷德里克·杰姆逊。

问：您的毕业论文是《艺术永恒性探奥》，论文中的"永恒性"有什么含义呢，怎样才算永恒性？

林：艺术的永恒性主要指情感的永恒性，情感是艺术的本质，我认为，能感动自己的艺术作品，才能感动别人，以情动人，是艺术的主要实现方式；艺术的真实性，最重要的就是情感的真实性。写情沁人心脾，就有了永恒性的可能。

问：大学毕业以后，您回福建工作了？

林：当时毕业都是分配工作，我被分配给一个省委常委当秘书，但我不愿去，于是去了《福建文学》杂志当理论编辑。画家许江（现在是中国美院院长）为《福建文学》做插图，许江不太爱说话，人很低调。我们俩在《福建文学》剪了半年信封。我在《福建文学》工作了两年，1983年我提议创办《港台文学选刊》，但并没有亲自参与，后来杂志做得很有影响力。1984年夏天，调到福建省文联理论研究室，参与创办《当代文艺探索》，并任编辑。在 1986 年《当代文艺探索》第二期，策划了"华东师范大学青年学者专号"。在福建工作期间，还没有形成自己的编辑理念，主要是去杂志上看别人写的文章，看别人怎么办杂志，有时自己也写文章。

问：为什么会选择当编辑，您从来没有想过当作家吗？

林：那时候感觉自己只适合当编辑，虽然自己可以做作家，做学者，但我估量自己不能做到一流；我想既然做不了一流，那就别做了。后来我发现，在编辑行业里，我可以做一流的编辑，于是我就这么做了三十多年编辑。

五本杂志、百种丛书
—— "做不了一流的作家、学者，就做一流的编辑"

问：您在做编辑三十多年中，怎样规避外界对文章筛选的干扰？

林：做编辑，对文章把握有个分寸，好编辑都有好分寸；幸运的是，我在当编辑期间，没有一篇文章受到出版局以及其他外界因素的干扰，我认为，另一方面，这与当时思想环境比较宽松有关。

问：在福建工作了几年，为什么会选择去辽宁，选择《当代作家评论》？

林：我夫人老家在营口，恰好《当代作家评论》在辽宁。开始接触《当代作家评论》是在福建，我自己毛遂自荐，将"文学情感论"之类的文章寄给了当时辽宁作家协会党组书记、主席金河。他对我以及文章都很肯定，在 1986 年便把我调到辽宁省作家协会，到《当代作家评论》工作，任编辑，大概当了半年的编辑，在 1987 年便升为《当代作家评论》副主编。主编是陈言先生，他当过新四军，思想也比较开明。八十年代改革开放思潮叠涌，经济也随之开放，杂志也开始找赞助；当时，杂志上并不能署名，也没有责任编辑，直到 1994 年，才开始出现责任编辑。

问：据说为《当代作家评论》撰稿的人有很多都已经成了教育部长江学者。

林：对。像孙郁、郜元宝、陈晓明、张新颖、王尧、吴俊等很多人都是教育部长江学者特聘教授。可以说很多学者、批评家年轻时就给《当代作家评论》写稿，一写就是三十多年，像北京大学的陈晓明教授、中国人民大学的孙郁教授、南京大学的吴俊教授在研究生阶段就开始为杂志撰稿供稿，郜元宝、谢有顺是在读本科期间开始的。记得第一次见吴俊时，他还在华东师大读研究生，我回母校，路过他们教室，他正一个人埋头构思文章，我就走过去跟他聊聊，问他在想些什么、尝试写什么，最后我跟他说不妨给我写写稿，他就这样成了我三十多年的作者。

问：您在《当代作家评论》一做就是三十多年，大概什么时候开始主导杂志，形成自己的办刊理念的？

林：《当代作家评论》的办刊宗旨是"坚持艺术信念，恪守学术立场"。1991 年我开始成为《当代作家评论》杂志的法人代表，全面主持编辑部的工作。虽然当时还是副主编，但是 1991 年当了法人代表以后，杂志开始由我说了算。2000 年第三期任《当代作家评论》执行主编，2010年退休，受辽宁省委常委、宣传部长张江挽留，又返聘主编至 2016 年 12

月。后来张江部长调到中国社会科学院，我干到 2013 年，那时的作协领导就不让我做了。我办刊物有一个原则，坚持不受外界干扰，我只看文章，不看人情或钱财，即使再多的钱，再大的领导，只要文章不过关、不够资格，绝不会在杂志上发表。当时，有人愿意出钱来买版面发文章，我都多次回绝，我开玩笑，我们杂志是缺钱，但缺的是大钱，你一年能出一百万来赞助吗？显然，不可能。我宁愿找不写文章的人来赞助杂志，这样就保证了文章的质量。

另一方面，我主编杂志时间很长，二十多年，有利于保持办刊理念与风格的延续，不会因人事或时势变化，影响杂志水准。有很多杂志，在发展过程中夭折了，我认为办刊物要有坚定的立场，无论人事、时代等有了怎样的激变，文学、文学批评以及以此为中心的批评精神，不能动摇，《当代作家评论》办到今天这个地位，其意义就在于超越现实的困境，坚持文学的理想，严格批评的尺度，坚守敬畏文字的立场。

《新华文摘》曾经做过文学期刊的排行榜，《当代作家评论》在全国排第五位。《当代作家评论》2004 年改版后，就以作家、批评家照片作为封面，这个传统一直延续至今，这些封面人物排起来，就是一部中国当代文学史。

问：您作为主编，是如何定位《当代作家评论》的，如何选择杂志文章的？

林：我认为，一个有出息的主编，一本有追求的期刊，就应该有自己独立的选择与判断。《当代作家评论》在创刊之初，就已经定好位：争取办成全国一流的纯文学的、高品位的文学评论期刊。在文章选择上，看重三点：第一，对当下作家、作品的时代感，反应敏锐，有思想温度；第二，对作家作品的得失、价值定位，进行跨学科研究，如从文化学、哲学、美学、人类学、心理学等多个学科视野来阐释文学；第三，在原理层面揭示和回答有关文学的基本观念或命题，并用更为宏观的视野，对重大文艺思潮与文学现象，作出自己的价值判断与学理判断。

问：历览三十年《当代作家评论》，很多栏目设置，很有独创性，大大拓展与深化了当代文学研究与批评的视域，尤其作家作品研究，可以说是当代文学杂志中，最有深度的，这是怎么做到的？

林：我主张《当代作家评论》的目光在紧盯本省的创作、批评的同时，应该更多地投向全国包括港澳台地区乃至海外华文文学与外国文学研究上。在作家作品评论上，主要有几点：第一，设立评论小辑，我很早就有策划意识，当我发现有价值的作家、作品和文学现象出现，就组织几篇论文，从不同的角度对一部作品进行纵横深入的研究，这样效果很明显，有时，一个评论小辑中的三四篇文章，会同时被人大《复印报刊资料》转载，也会被《新华文摘》转载；这时候，编辑眼光很重要，编辑要用自己的眼光，调动和组织评论，这么多年，在杂志上发表的每篇评论所涉及的作品，我负责任地说，我自己都先阅读了。第二，对于特色鲜明、影响较大的作家作品，《当代作家评论》会不惜大篇幅、多页码地推送，如贾平凹评论专辑、莫言评论专辑、王安忆评论专辑、阎连科评论专辑等，以求在理论性、反思性与史学性上，都有新的拓发。同时，我们坚持几十年持续关注一个作家的创作，如贾平凹、莫言等，这能充分体现出一本优秀文学理论刊物对中国当代文学创作流变所具有的敏锐与精准的眼光。第三，在关注已出名的作家外，还要时刻关注新生创造，对于初出茅庐而又有潜力的青年作家、作品，要能慧眼识珠，用心扶植，不遗余力地给他们铺展平台。

问：您在《当代作家评论》中开设了有关长篇小说的诸多专栏，您是在什么时候关注长篇小说的，为什么呢？

林：从上世纪九十年代以来，长篇小说的出版数量超常增长，可以说产生一股"长篇热"，但是文学批评界并没有太多声音，亟待批评家出来作进一步梳理与判断。所以《当代作家评论》自 1993 年第一期开始，开设了"长篇小说探讨"与"长篇作品评论小辑"等栏目，并选择张炜、王蒙、王安忆、陈忠实、贾平凹、洪峰、凌力、颜廷瑞、唐浩明、陆文夫、格非等人的代表性长篇作品，进行专题研究，发表了雷达、王晓明、冯牧、洪治纲、郜元宝、陈思和等撰写的整体性评论或专题性理论文章，杂志始终坚持一种富于人文精神和审美创造的价值取向与评价标准，来推动长篇小说创作与研究。可以自信地说，当代文学史上，所有重要作家、作品和文学现象，我们杂志几乎没有遗漏过。

问：但是后来您又提议举办了"短篇小说论坛"，这是在什么背景下开始的呢？

林：记得在 2001 年，《当代作家评论》和《收获》曾联合召开过"长篇小说文体对话会"，2013 年，时隔十多年，在江苏宜兴举行了"短篇小说论坛"，我为这个会，其实是准备了很长时间。多年以来，长篇小说横扫文坛，牢牢占据"文坛盟主"的位置，各种重大奖项与市场消费，都对长篇小说青睐有加，而短篇小说卑微的生存状态、衰落与边缘化的态势，已经成为不争的事实。而且，文学传媒潜在存在着对长篇小说的崇拜，盲目地认为小说字多、体积大，就能获得大的阅读群体以及销售市场，这样就影响了长篇与短篇小说的文类生态平衡。

问:《当代作家评论》作为辽宁省的刊物,您是如何关注本省作家,为他们提供平台的?

林:《当代作家评论》以发现、扶植、推荐本省的作家作品为己任,专门设置了"当代东北作家"栏目,注重在中国文学的总体格局中来考察东北地区的作家和作品,像颜廷瑞、刁斗,杂志都在一直追踪研究评论。我认为在世界文学格局中的地域文学,才是立得住的。如果闭门自守,对开放世界与文学大潮,闭目塞听,那将毫无益处。

问:在做《当代作家评论》时,有没有遇到被人诟病的时候?

林:因为一意孤行地办刊、义正词严地拒稿,得罪了不少人,有很多人诟病我。前几年,上海澎湃新闻记者采访我,说有人投诉《当代作家评论》出现卖版面的情况,他统计了一下,我一年内给苏州大学王尧在这么重要的杂志发了八篇文章。我笑笑,告诉他恐怕不止八篇,可能有十多篇。他们太不了解我了,我向来只看重文章,不看人情和金钱。虽然曾经有人寄钱来买版面,想发表文章,但是都被我拒绝了,原路寄回。后来,辽宁省纪委来认真调查了,最后审查结果:三十年,清清白白。最难受、最生气的人是我夫人,她抱怨我:这么辛辛苦苦、清清白白一辈子,还遭人忌恨,究竟为什么?唉,我只能苦笑:问心无愧就行了!

问:什么因缘开始创办《东吴学术》?

林:杂志 2010 年 5 月创刊,当时刊号是常熟理工学院购买的一个江苏省饲料杂志的刊号,学院书记许霆任主编,我当执行主编,许霆为人十分开明，从不干预刊物事宜，所以我可以放手来办。创刊号上我就发了刘再复关于李泽厚思想体系研究的文章，还有汤一介、葛剑雄、陈思和、贾平凹等人的文章。杂志以人文品格、学术精神立身，注重可读性，只要有思想，有见地，杂志不拘一格发表各类文章。为了丰富文体表达，刊物特意设计了"随笔与书评"栏目，中国社科院外文所陈众议研究员，就在这个栏目发了不少优秀文章。总之，杂志以开阔的学术视野，独立的学术立场，前瞻的学术姿态，阐释中国问题，连接国际学术，常设栏目有"东吴讲堂""哲学与文化""双语经典""社会学""历史学""政治学""法学""经济学""中国文学""世界文学""诗学""东吴研究""学术史研究""国外社会科学""海外汉学""学术年谱""散文研究""随笔与书评"等。从创办到现在，五年半的时间，杂志便办成了中国社科院核心期刊、南京大学认定的核心期刊扩展版。

问：《东吴学术》"双语经典"栏目很有特色。

林：当时有一篇苏秉琦文章《中国文明起源新探》的翻译版，便想到文学作品也可以进行翻译，便开始做"双语经典"，贾平凹、莫言等人的文章，我都请人翻译成英语，发在这个栏目，我与海外汉学界联系不少，做这个栏目很轻松，另外，刊物大大扩大了国际影响力，今天办刊不能不考虑国际反响。

问："学术年谱"也是《东吴学术》比较有特色的栏目，怎么想到的？

林：在沈阳海德公园喝茶时，忽然想到的点子。2012年第三期开始做"学术年谱"，主要是为中国当代作家、学者编撰年谱，以海量资料信息的汇集选择为基础，从生平、经历、评论等多方面多视角，将这些作家、学者的经历、思想、成就等立体地呈现出来，鼓励笃实的考证精神，但也欣赏生动而丰富的文体表述。复旦大学教授陈思和说，编制年谱，是最花时间最吃功夫，同时也是最具有学术价值的一种治学方法，在文学史上具有重要意义。当时《人民日报》还报道了《东吴学术》做"学术年谱"的消息。为了做好年谱，首先要选好"学术年谱"的对象，还要认真选出编写年谱的人。"学术年谱"先发表在《东吴学术》上，后来又编辑成年谱丛书出版。像《李泽厚学术年谱》，洋洋洒洒八万字，是一位叫杨斌的中学教师所写。杂志先后发表了莫言、铁凝、苏童、阿来、阎连科、范小青等作家的文学年谱，陈思和、丁帆、李泽厚、何怀宏等学者的学术年谱，全显光等艺术家的艺术年谱。我主编的大型"《东吴学术》年谱丛书"，从 2014 年 5 月起，陆续由复旦大学出版社出版。丛书包括甲种（当代著名作家系列）、乙种（当代著名学者系列），立志接续中国传统治学方式，为文学研究树立一个新风向。现在这套丛书，改由华东师范大学出版社来出版。

问：您这几年视野越来越宽阔，从国内到国际，从文学到哲学、文化等，为什么呢？

林：这与办《东吴学术》有关。我认为哲学家、社会学家等也应该关注当代文学作品，他们来解读作家作品的话，肯定和其他人的解读视角不一样，常常能有新的洞见。比如说北京大学搞哲学的何怀宏教授、中国人民大学搞美学的张法教授等都受邀写过文学批评文章，效果很不错。

问：后来，您将眼光更放宽广了，扩展到艺术领域，您发现并推介了很多艺术家。

林：是的，艺术尤其是美术，我以前不太熟悉，但通过接触，我打开了另一个世界，创造有很多很多的方式和可能性。我推介过全显光、许江、吴山明、尉小榕、罗中立、韩敬伟等画家作品，也推介过陶艺家邢良坤、张正中、王辉等人作品。《东吴学术》还发过诗人杨键的冷山水系列绘画，同时也做过他的研讨会。做得最深入的是"德国学派"全显光先生，从年谱、艺术教育到艺术创作，都系统刊发了。全先生今年八十七岁了，他是一位艺术史上的失踪者，我去他的画室，看过他大量精彩的绘画和两百多万字的艺术笔记，深为惊叹。我在沈阳三十多年，与美术界很多人相熟，后来打听，他们居然都不知道鲁迅美术学院老画家全显光，这么重要的创造者，差点就被忽略了。后来看了你的研究，才知道"万人如海一身藏"的全显光。我认为，编辑就应该做这种事情，发现与打捞被忽视的大师，现在虽然有一些画家作品卖得很贵，但那是明日黄花，我不做他们的研究与推介，因为没有太多学术价值，肯定留不下来。

问：当时为什么会想到做《渤海大学学报》？

林：渤海大学校长本来想让我主编《渤海大学学报》，但我建议他们自己做。《渤海大学学报》总共96页，我帮助他们扩充到128页，前面60页都是由我帮助来做，我同时主编着《当代作家评论》。当时给学报做了"名家论坛"栏目，像大江健三郎、刘再复、帕慕克等人的文章，都在这个栏目集中刊发过，很多学者单篇文章刊发没有效果，我给他们集中在一个栏目一期推几篇文章，这样效果就出来了。当时，《新华文摘》、人大《复印报刊资料》等都转载过这个栏目的文章。

问：为什么会做《西部·华语文学》？

林：上海市作协秘书长张建民亲自找到我，杂志是新疆的，但由上海市作协主办。他们起先是叫《西部》，《西部·华语文学》的名字是我起的。发过阎连科、范小青、林白、香港的董启章等人的作品。

问：近年您在云南新创办了《学问》丛刊，有没有新的定位？

林：2014年底，我在云南昆明开会，与云南大学李森教授、《作家》主编宗仁发聚首，三人一拍即合，决定办一本大型思想文化丛刊，一年四期，我编十年，宗仁发接着十年，李森再干十年，这就是《学问：中华文艺复兴》丛刊。从副标题看得出来，是在世界视野下来探索中华文艺复兴，我们在世界范围内组织了强大的学术委员会，李泽厚、李欧梵、刘再复、欧阳桢任丛刊顾问，第一期封面做的就是李泽厚。我们设计了"同文馆"，做世界文学翻译研究；设计了"民国学术"，致力于民国学术研究；设计了"游于艺"，做艺术研究，包括美术、电影、音乐等。现在这个丛刊，大大扩展了原来我编刊物以文学研究为主的格局，视野和情怀更辽阔。虽然现在我退休了，但只要编得动，我的编辑梦就要持续下去。

问：您主编的《二十一世纪中国文学大系·文学批评》已出版十余册了，为什么会主编这样一套丛书？

林：《二十一世纪中国文学大系·文学批评》，从2000年开始选编，一年一本，每一本都会有一些调整与变化。这些仔细甄别、选编的年度文论，多少能真正地反映出本年度文学批评的现实状况。虽然这些个人选本，会带有我本人的偏见或局限，但我希望以十年连贯的方式，留下自己在文学历史现场中的价值判断，希望能为当代文学批评范式的成功转型与当代文学创作的深入推动，提供一些有益的借鉴。

问：作为主编一定是非常繁忙的，在您编辑生涯中大概编辑过多少种图书？

林：据不完全统计，到现在已编的图书不少于一百种。编辑工作与我同呼吸共命运，我随时随地都在编辑，路上、火车上、汽车上、飞机上，都在想着我的编辑工作，有时得关机，拔电话线。等打开手机以后，发现有几百个电话和短信，都是跟编辑有关的作者的各种信息。在所有编辑出版的书籍中，近年最重要的就是"《当代作家评论》三十年文选"，共十卷；《中国当代作家面面观》，共七卷；2000—2017《中国最佳中篇小说》，共十七卷；2000—2017《中国最佳短篇小说》，共十七卷；《二十一世纪中国文学大系·文学批评》，共十卷；《当代文学批评大系》，共六卷；"新经典文库"，与王尧合编，共十二部；"新人文对话录丛书"，与王尧合编，第一辑十本已出版，等等。

问：当时为什么会做"《当代作家评论》三十年文选"丛书？

林：在《当代作家评论》创刊二十年前夕，几位朋友相约在常熟举办了一场座谈会，其中很多朋友给《当代作家评论》写了三十年的稿子。出席座谈会的朋友，有批评家、作家，再加上我这个编辑，围绕文学与批评杂志展开对话，气氛热烈，情感真挚。那次座谈会上，王尧建议我编辑一套《当代作家评论》三十年文选，以学术的方式，纪念杂志三十年历程。为了编辑这套文选，2009年开始，我几乎重读了三十年的《当代作家评论》，对所有文章进行回顾、反思、判断、筛选与编辑，以期为三十年当代文学提供一个有意义的研究个案，或侧面吧。

问：这一套文选主要从哪些方面展开，各自都侧重哪一方面呢？

林：这套文选共十本，涉及文学史研究、长篇小说文论、作家作品研究专辑、讲坛系列等。《百年中国文学纪事》侧重二十世纪中国文学史研究，包括文学史的撰写等；《三十年三十部长篇》汇集三十部代表性长篇小说的文论，以及讨论"茅盾文学奖"的获奖作品；《小说家讲坛》以收录小说家在苏州大学的讲演为主，还有其他小说家讲演或文论；《诗人讲坛》是关于诗歌研究的论文，试图改变目前以小说为研究中心的状况；《文学谈话录：想象中国的方法》是关于作家、学者的谈话录；《讲故事的人》是一个作家——莫言的评论专辑，《当代作家评论》自创刊以来发表研究莫言的论文一百余篇，这本书收录了小部分相关论文；《信仰是面不倒的旗》是研究贾平凹、张炜、张承志、韩少功、李锐、尤凤伟、王安忆、铁凝、范小青、阿城、刘恒、叶兆言、刘震云、王朔和史铁生的合集；《先锋的皈依》和前面一样，同样是收录了反映《当代作家评论》主要特征之一的作家论，涉及的作家有阎连科、余华、格非、阿来、残雪、林白、陈染、李洱、毕飞宇、孙甘露、北村、吕新、艾伟、劳马、马原、刁斗和王小波等；《新生活从这里开始》是本土辽宁作家的研究状况；《华语文学印象》则是关注港澳台作家以及海外华人作家的论文。这十本书大致反映了《当代作家评论》三十年的面貌，当然也难免挂一漏万。

问：您今年最新主编出版的"小说家的诗"系列出了几册，小说家写诗，谁写得最好？

林："小说家的诗"系列共三册，2017年刚出版的。其中包括《小说家的诗：空白》《小说家的诗：自画像》《小说家的诗：过程》。我认为，汪曾祺的《小说家的诗：自画像》写得最好，汪曾祺的近体诗、现代诗皆

沈奇、林建法与笔者，傅任摄

好。汪老是纯正的老文人，清清淡淡，被打成右派，也不激烈，自己买菜做饭，热爱生活，做得一手好菜。

问：您有很好的艺术眼光，听说一些作家作品的名字也是您建议修改的？

林：范小青的《赤脚医生万泉和》原名《红药箱》，后来接受我的建议，改成现在这个名字；阎连科的《风雅颂》原名《回家》，后来我和他商量，一起改成现在的名字；贾平凹的《前言与后记》，也是我建议出版社出版的。编辑一般不应干预作者的写作，我对作者的文章，从来都很少直接改动的，但好的编辑，能促进和帮助作者的创作。

问：理论的深度，理论的敏锐性，您是怎样培养的呢？您不光对作品有很高的眼光，对文学批评与理论也有很高的眼光。

林：首先要海纳百川，不能偏食，作为作家或学者，可以有"片面的深刻"，但编辑一定要宽容，要遍尝美味，要成为杂家。我对文艺作品和学术理论，都有兴趣，都认真阅读，在浩如烟海的博观约取中，慢慢就会积淀出自己的艺术品位与学术眼光。我在做主编的几十年里，一直保持着每月不少于 150 万字的阅读量，年阅读量保持在 1800 万至 2000 万字。

问：您给哪些作家开过研讨会？

林：《当代作家评论》多年来一直致力于作家作品研究，成为杂志的看家本领，配合着杂志研究，我策划主持给作家做有价值的研讨会。2006年 5 月，在常熟举办了贾平凹长篇小说《秦腔》研讨会；2006 年 11 月，在北京鲁迅博物馆举办莫言作品讨论会；2007 年 5 月，召开王安忆作品研讨会；2007 年 9 月，与鲁迅博物馆等联合召开阎连科作品学术研讨会；2010 年 3 月，与复旦大学中国当代文学创作与研究中心联合召开苏童作品学术研讨会；2011 年 11 月，与复旦大学、常熟理工学院共同举办了贾平凹《古炉》、王安忆《天香》作品研讨会；2012 年 4 月与《作家》、上海文艺出版社举办了格非"江南三部曲"作品讨论会；2012 年 5 月，与复旦大学中国当代文学创作与研究中心联合召开范小青作品学术研讨会；2013 年，在台湾开阎连科作品研讨会，2014 年，又在复旦大学开。2015 年，在香港开"地域与文学"贾平凹文学作品国际学术研讨会。此外，还为劳马、谢尔·埃斯普马克、李森开过个人国际研讨会。

问：作为获得我国出版领域最高奖项中国政府出版奖以及辽宁文学奖、辽宁省十佳编辑奖、上海春申文学奖等大奖的文学编辑，您能说说您这些年的生活状况吗？

林：多年来我习惯随时追踪作家、评论家、学者，询问他们最新的创作动向或研究方向。我当主编，有三分之二的时间在外面跑，大部分时间都在约稿、编稿和开会，都在路上，我夫人、我儿子很小就跟着我满世界约稿，他们与我的很多作者都成了好朋友。我夫人傅任性格爽朗，经常开玩笑，说我的"第一夫人"就是《当代作家评论》，她与我走西闯东，没有半句怨言；有朋友笑我"天下谁人不识君"，也有人说我"跑的路最长、认识的人最多，但每次会议上说话最少"。当时获政府出版奖的时候，我都没有去领奖，因为没有时间。

我喜欢看书，喜欢买书，自己在上大学期间，有钱就会买书，逛旧书摊，记得钱锺书的《管锥编》才花了三毛钱。后来，在家里沿墙垒书，一直垒到天花板，到处都是书，搬家时，我夫人用行李箱一箱一箱帮我拖书。

我家书多房子小，1986 年到 2009 年，我们一家住在 56 平方米的房子里，是买的辽宁省作家协会的房子。阎连科第一次到我家，环顾四壁，眼泪都掉下来了，说了一句："没想到中国当代文学，是从这么小的房子里走出来的。"

前几年，我将我的七八千本书（其中起码有一千册是作者签名的）都捐给了常熟"沙家浜国际写作中心"，后来又都捐到苏州大学唐文治书院，由他们接管了。

关于作家
—— "如果作家没有一流作品，怎么能称得上一流作家呢？"

问：在批评家、作家里哪些人比较好打交道？

林：夏中义比较刻薄，陈平原打交道还可以，陈思和最好打交道。作家里阎连科、贾平凹好打交道，汪曾祺最好打交道。

问：像阎连科、莫言、贾平凹算是中国一流的作家，您认为还有哪些作家是一流作家？

林：尤凤伟。1984 年从开始写"土匪系列"《石门绝唱》《石门夜话》《石门夜语》，语出惊人，我觉得尤凤伟应该与阎连科、莫言在一个水平上。同样能进到一流作家行列的还有格非，他的《人面桃花》刚完稿时，谁也不愿给他出版，他寄来《人面桃花》的稿子给我看，我就打电话给《作家》主编宗仁发，告诉他这个稿子写得非常好，很有探索性。2004 年，《人面桃花》在《作家》刊登，后来春风文艺出版社出版，首印八万册。

2005 年，《人面桃花》获得"华语文学传媒大奖"。2012 年，格非的"江南三部曲"（《人面桃花》《山河入梦》《春尽江南》）在千岛湖做研讨会。2015 年，"江南三部曲"获得了第九届茅盾文学奖。韩少功肯定是在一流作家的阵营里，他最好的作品是《马桥词典》。

还有林斤澜，他的代表作品是《十年十癔》，王安忆也在一流作家的阵营里，她最好的作品是《纪实与虚构》。余华也是一流作家，最好的作品是《在细雨中呼喊》。张承志《心灵史》、宗璞《南渡记》、刘震云《故乡·天下·黄花》、阿来《尘埃落定》、史铁生《务虚笔记》、林白《妇女闲聊录》都是一流的，张炜也算，最好的作品是《古船》和《九月寓言》。于坚的散文与诗写得不错，也算得上一流作家。

我觉得，当代文学作家的第一把交椅，应该是汪曾祺，他最好的小说是《异秉》《岁寒三友》。

问：听说您对当代文学的一些作品和作家要重新评价，比如阿来？

林：我主持《当代作家评论》时虽然关注过阿来，但现在看来觉得做得不够，他值得重新评价，他应该是世界级的作家，我觉得他的《空山》比《尘埃落定》写得还好，但是现在对他的评论、研究，与他的创作水平远不相称。我认为贾平凹最好的作品是《废都》，到现在，所有作品都还没有超越《废都》。而莫言的作品，我觉得写得最好的是《酒国》。而王安忆的《纪实与虚构》要比《长恨歌》写得好。我觉得陈忠实的《白鹿原》没有写好，其中写到 1945 年国共斗争，翻来覆去，讲得纠结。李森的《动物世说》写得不错，还有余华的《在细雨中呼喊》，是其所有作品中写得最好的。

问：有人说您把二流作家变成了一流作家，您怎么看？

林：就像尤凤伟，以前大家都认为尤凤伟是二流作家，尽管现在还有一些人认为他是二流作家，但我坚信自己的眼光，他是一流作家。我坚持以自己的眼光发现与评价作家的成就，而不是根据头衔、名气大小来判断其水平。比如阎连科，比如劳马，他们默默无闻时，我开始关注他们，2014年劳马获得了蒙古国最高文学奖；2014年阎连科获得卡夫卡文学奖，2017年荣获香港科技大学荣誉博士。

问：有很多人给了您很多评价，据说韩少功对您评价最有意思，您最认可。

林：他说我是"文学批评的法西斯，天真浪漫的黑社会，理想主义的乞丐"。我认为韩少功是当代最有思想的作家，1984年"杭州会议"举行后，第二年韩少功就在《作家》上发表了文章《文学的"根"》，与郑万隆、李杭育等，开启了"寻根文学"。我编杂志，对文章把关严格，即使像王光东、张新颖这样的批评家，如果文章写得不好，我也是不会采用的，我的态度就是看文章不看人！其实这也证实了韩少功评价的"文学批评的法西斯"的论调。

问：看得出来，您喜欢鲁迅，对鲁迅评价很高。

林：鲁迅骨头很硬，在人性解剖与思想背负上，鲁迅的高度迄今没有中国作家超越，他的文体与语言实践，也极具开创意义。他同时代，沈从文的小说和散文，也写得非常好。

问：您在"百年视野"做过几期王元化，为什么这么看重王元化？

林：王元化是华东师范大学外聘教授，他在当代学术界很有思想，很有良知，很有担当。当时吴洪森与王元化关系很好，他问我去不去看王元化，我说我对他作品了解不深刻，就推辞了。我对冰心评价不高。

问：为什么对冰心评价不高呢？

林：冰心也是福建人，虽然是老乡，但我觉得她的文学作品很轻，不厚重。

问：您最早什么时候开始关注到莫言的？

林：1986 年，莫言刚刚写出了《透明的红萝卜》《金发婴儿》《球状闪电》《红高粱》《爆炸》等出色的小说，便被文坛所瞩目，正是在这时，《当代作家评论》便开始关注这位崭露头角的年轻作家。

问：您是如何推出莫言的，做了哪些努力？

林：莫言在《当代作家评论》第一次亮相是在 1986 年第四期的杂志，当时共发了四篇莫言评论文章，可以说是很隆重的。直到 2017 年，这三十多年来，《当代作家评论》对莫言的关注，从未停止过，其重要作品从《透明的红萝卜》《红高粱》《天堂蒜薹之歌》《酒国》，到《丰乳肥臀》《檀香刑》《生死疲劳》《蛙》等，几乎无一遗漏，均在《当代作家评论》的评论视域内。像陈思和、王安忆、吴俊、季红真、张清华、孙郁、陈晓明、王尧、王光东、谢有顺等一大批优秀的中青年作家、文学批评家，都在《当代作家评论》上发表过评论莫言的文章。

在 2000、2001、2006、2013 和 2015 年，《当代作家评论》都在头条位置推出过莫言评论专辑。尤其是 2006 年第六期"莫言专辑"，发表了十一篇评论莫言的文章，一本杂志 160 页，就占去了 100 个页码，可见对莫言的关注程度之高。2013 年第一期（莫言 2012 年获诺奖之后）发表了十篇有关莫言的文章。

问：除此之外，还有哪些方面可以看出对莫言的关注？

林：2001 年 10 月，《当代作家评论》与苏州大学在苏州开设"小说家讲坛"，莫言是第一个走向讲坛的作家，为"小说家讲坛"开坛设讲，促成莫言与王尧的对话。对莫言的推介并不仅仅局限于刊发相关评论，还举办了莫言作品的学术研讨会，如 2006 年 11 月，《当代作家评论》与鲁迅博物馆、苏州大学、渤海大学在北京鲁迅博物馆联合举办了"莫言作品学术研讨会"，作家阎连科、格非、林白等，批评家孙郁、张清华、王尧等，以及日本翻译家桑岛道夫等三十多位国内外文学研究者参加，新华社、《人民日报》、《光明日报》、《文艺报》等都进行了跟踪报道。

《当代作家评论》2002 年封面改版，在封面刊登作家、批评家签名手迹，首个签名的便是莫言；2004 年封面再次改版，以作家、批评家照片作为杂志封面，莫言仍是第一位。

2013 年，我主编了由辽宁人民出版社出版的《说莫言》，共两册，收录了《当代作家评论》从 1986 年至 2013 年刊发的和莫言有关的精粹评论文章数十篇，较全面立体地评价阐发了莫言的艺术思想成就。

问：您怎么看现在的莫言？

林：2012 年，莫言获得诺贝尔文学奖后，与官方挨得太紧。就像鲁迅批判过的农民劣根性，在莫言身上又显现出来了。中国农民在利益与权力面前，从来抵制不住诱惑。

问：在莫言众多的作品中，您认为他最好的作品是哪一部？

林：我认为莫言写得最好的中篇小说是《透明的红萝卜》，但获得诺贝尔文学奖的作品是《蛙》。《酒国》是他写得最好的长篇小说。

问：您怎样评价贾平凹？

林：我认为贾平凹是当代中国最具叛逆性、创造精神和广泛影响的作家，也是当代中国可以写进世界文学史册的为数不多的知名文学家之一。他在当代中国乃至世界文坛备受争议，很大程度上，是由他的长篇小说《废都》引起的。

问：您是什么时候开始关注贾平凹的，做了哪些推介？

林：贾平凹的文学创作很早，他从 1974 年就开始了文学创作，并在 1978 年以《满月儿》获得全国第一届短篇小说奖，1982 年以《腊月·正月》获得全国第三届优秀中篇小说奖。那时我还在福建。《当代作家评论》创刊于 1984 年，从 1985 年便开始发表评论贾平凹的文章，并在之后三十多年里始终对贾平凹的创作进行跟踪评论，通过组织参加贾平凹作品研讨活动、邀约批评家撰写评论文章、策划推出贾平凹评论专辑等方式，将贾平凹文学研究推向深入。单就《当代作家评论》2006 年第三期和 2013 年第三期看，就各发表十篇评论贾平凹的文章，每期占去八十多个页码。1993 年，贾平凹推出了长篇小说《废都》，一经发表便成了非常畅销、备受关注的文学作品。1993 年第六期，《当代作家评论》在短时间内，迅速组织推出了"贾平凹评论小辑"，刊发了胡河清、雷达、李洁非、陈俊涛、钟本康、韩鲁华等人的评论文章六篇。2002 年，《当代作家评论》开设的

"小说家讲坛"，也请到了贾平凹。

2014 年我和李桂玲主编的《说贾平凹》（全两册），由辽宁人民出版社出版。本书收录王德威、陈思和等专家学者的文章，评论涉及贾平凹的《废都》《带灯》《古炉》《秦腔》等代表作；另外还收录了贾平凹自己的部分文章及演讲、谈话等。

问：您也给贾平凹做了很多重要研讨会。

林：2005 年，其长篇小说《秦腔》出版，评论界再次轰动。复旦大学中国当代文学创作与研究中心等在上海举行了"贾平凹《秦腔》研讨会"，之后中国作家出版集团、中国作家创研部、作家出版社、《文艺报》、《当代作家评论》五家单位又在北京举办了研讨会。《当代作家评论》同时刊发了两次会议的发言稿。

对中国重要的作家进行学术研讨，我们选择的第一个研究对象就是贾平凹。2006 年 5 月，《当代作家评论》联合苏州大学文学院、春风文艺出版社和上海九久读书人文化事业有限公司，在江苏常熟召开"贾平凹作品学术研讨会"。陈思和、丁帆、南帆、孙郁、王尧、陈晓明、张新颖、谢有顺等学者与批评家，还有作家范小青、叶兆言、苏童、林白以及悉尼大学贾平凹研究专家王一燕，都参加了这次研讨会。

问：您认为贾平凹哪部作品写得最好？

林：贾平凹的《废都》最有名，《当代作家评论》自《废都》之后，对他的每部长篇都做过评论，当做到 2006 年的时候，贾平凹就写出了比较好的作品《秦腔》。虽然《秦腔》写得出色，但并没有超过《废都》，我认为《废都》仍然是贾平凹最好的作品。

问：当代作家中，您对阎连科情有独钟，做了哪些推介？

林：对于作家阎连科，我的推介可谓不遗余力，追踪了二十多年，因为他是当代作家中作品被禁止出版得最多的人，有骨气，很不容易，我每次都在别的媒体噤若寒蝉的时候，支持他。《当代作家评论》从九十年代初开始关注阎连科，对其作品《日光流年》《耙耧天歌》《坚硬如水》《受活》《丁庄梦》《风雅颂》《我与父辈》《四书》都有评论，还设有评论专辑，集中评论。

2011年第二期，《当代作家评论》独家首发阎连科近十万字的小说理论文章《发现小说》，我给他了125个页码，还不算当期关于他的评论文章。《当代作家评论》2013年第五期，更是以一百多个页码、十四篇评论文章，集成"阎连科专号"。

2014年，由中国人民大学组编、我儿子林源选编的《说阎连科》，由辽宁人民出版社出版，共上下两册，收录了陈思和、孙郁、王尧等专家学者的文章，详细评论了阎连科的《日光流年》《坚硬如水》《受活》《四书》等代表作，此外，还收录了阎连科的部分文章及演讲、谈话等。

有人说阎连科是我一手捧出来的，但是如果阎连科的作品写得不好，怎么能得卡夫卡奖、红楼梦奖呢？没有好的作品，我是绝不会推荐的。

问：看您对阎连科的作品持续追踪评价，您对阎连科怎样评价？

林：阎连科对创作没有太多的顾虑和自我阉割，有思想担当，很多作品没能出版，像《为人民服务》在《花城》发表，一发表就遭到查封。《四书》《日熄》在大陆根本没有出版。阎连科的写作，改变了农村题材小说的写作传统，他对农村人与事很熟悉，借此对人生处境、人性本质、洞彻深远，富于黑色幽默感，他是继承鲁迅气质最好的作家。我认为阎连科是继韩少功之后，最有思想的作家，最有可能成为莫言之后再获诺贝尔奖的中国作家。

问：您感觉阎连科的哪部作品最好？

林：我觉得阎连科的《四书》最好，一开始他的《日光流年》写得也很好，但是我认为《四书》比《日光流年》还要好。2014年，《四书》获得卡夫卡文学奖。《日熄》2016年获得第六届香港红楼梦文学奖。

问：作为作家的阎连科，为人如何？

林：人朴实，特别好相处。以前，我儿子林源在香港读书，阎连科在香港科技大学授课，去他家，他还给林源做饭吃，一点架子都没有，因为他是农村出来的，勤快能干，做得一手好菜。德国总理默克尔访问中国，坐地铁去拜访阎连科，对阎连科非常尊重。第一届阎连科作品研讨会，是在北京鲁迅博物馆举行，第二届在台湾，当时马英九都写信祝贺，在上海也举行过，都是我发起的。

关于批评家
——"文学评论不是文学表扬"

问：您认为的一流批评家有哪些？

林：王晓明、陈思和、郜元宝、许子东、孙郁、张新颖、吴俊、丁帆、陈晓明、吴亮、陈德培、王尧、谢有顺、王彬彬、陶东风、刘再复、李泽厚、王德威、罗鹏、南帆、孙绍振、陈众议、陆建德、李欧梵、夏志清等。

问：您和陈思和交往很多年了吧，您对他的印象如何？

林：他很渊博笃实，以文学史家身份介入文学前沿，目光敏锐，文学编辑出版、文学教育实践、文学研究领域等，样样出色，比其他人都全面；其学者风范与仁善品德，也赢得了批评家、作家群体以及编辑出版界的尊重。

问：您跟王尧关系不错啊，我看您写王尧的那篇文章《"我的朋友胡适之"——印象王尧》，写得很好，清澈、甘醇，很有点汪曾祺的味道。

林：王尧，很敏锐，写了不少关于当代"十七年文学""文革文学"的重要文章，提出了一些重要命题，但活动很多、旁骛太多，本会有更大成就的，我对他有更高期待。汪老的文章，我很喜欢，他是我的忘年交，还送过我一首诗，并手书与我："东陵复北陵，松柏何青青。中有闽南士，意气颇峥嵘。披文如亲面，倾盖见交情。何时一斗酒，共我听鹂声。"真是一首情意真切的好诗，他来沈阳都是我和夫人去陪他，我到北京也必定去拜访他，我儿子林源上初二时就在《辽宁日报》发表过一篇《汪曾祺爷爷散记》，他当时可不知道这位慈祥的老爷爷是名满天下的大作家。

问：说了这么多批评家，您认为一流批评家的标准是什么？

林：我认为一流批评家的标准有四个。其一，要有独立的思想，如陈寅恪说王国维那样有"自由之精神，独立之思想"，能超越时势、人情、利益，而作自己的学术判断；其二，要有骨头，能够直面文学界，乃至社会人生中的种种负面，勇于担当和背负，这正如鲁迅先生令人尊敬处；其三，要有洞见，能够以独到眼光，对作品不断研读，去发现作家作品之美，去发现文本与时代的复杂关系，发现文学艺术中隐藏的人性的永恒秘密；其四，批评家要有批评代表作，像陈晓明的《无边的挑战》、陈思和的《文学整体观》、张新颖的《沈从文九讲》等，都是可圈可点的代表作。

问：您发现的青年批评家有哪些？

林：年轻的批评家有谢有顺，他最先自己投稿，我看了他的文章，觉得很有才华，就约他写稿，到现在，他一直在为《当代作家评论》写稿。还有张新颖、洪治刚、金理等。

问：您认为作家中写批评文章写得好的是谁？

林：我认为作家中最有思想的是韩少功，他写文章识见精到、学理深刻，比如他写的《文学的"根"》；阎连科也是作家中很有思想的，他的《发现小说》，就体现了不凡的思想理论功夫。

问：您之前做过胡河清的纪念性文章，您认为他的作品怎么样？

林：胡河清的作品不错，他有抑郁症，死得太早了，他和我是校友，写完稿子就寄给我，最开始是研究钱锺书的。

问：您选的作家、评论家很多都是南方人，为什么呢？

林：也不尽然，北京的钱理群、陈平原、孙郁、陈晓明、王一川等我也发过他们的文章。但总体而言，北方的作家、评论家、学者与政治靠得太近，擅长占领学术前沿，但也容易被时代风潮裹卷；相对而言，南方作家、学人，更安静从容，做出来的东西，更公允、更厚实一些。九十年代，有人曾想调我去《文学评论》，我没有去。

四大讲坛

——"文学教育缺席的正是真正的文学"

问：您做了四大有名的"讲坛"，有什么背景？

林：演讲作为言说的一种方式，或者作为一种写作的方式，可以说曾经是中国现代文学的传统，但是这种形式曾失落了很长一段时间，近二十年在大学开始复现，这标志着大学公共空间的凸显。我办讲坛，依托大学，最先一方面是想在大学中建立一个作家、学者、批评家、读者面对面对话沟通、充满活力的"文学现场"，另一方面，试图改善中国多少年来残缺的文学教育；后来，"东吴讲堂"从文学拓展到人文社会科学前沿领域，有激发思想、重建大学公共领域的努力。

问：说说"小说家讲坛"的情况。

林："小说家讲坛"的构想，是 2001 年 8 月，我和王尧、莫言等人在大连聚会时提议发起的，很快得到了许多作家、学者的赞同与响应。一经敲定，便在苏州大学设立"小说家讲坛"，后来在山东大学威海分校和渤海大学也做过，同时《当代作家评论》也开设了"小说家讲坛"的专栏，整理发表讲坛发言稿。

"小说家讲坛"的设立是为了彰显小说家们被遮蔽掉的意义。在这个讲坛上演讲的小说家，都非常杰出，甚至可以说是伟大的作家，像莫言、李锐、贾平凹、阎连科、张炜、余华、韩少功等。通过这个讲坛，作家、批评家直接表达对文学前沿问题、创作实践甘苦的看法，将淘汰文学研究中的伪问题，筛选出真正关系到当代文学发展的问题，进而形成一些值得研究的命题。

尽管我们已经拥有了一批杰出或伟大的作家，但是由于莫名其妙的思想与心理作用，由于学术的或非学术的原因，不敢或不想做这样那样的表述，我认为这是最糟糕的失语，深感无奈。很多文学教科书充斥着千篇一律、八股式的说教，人性的、审美的、生命的文学被教条主义的叙述与所谓研究肢解或阉割，文学教育缺席的正是真正的文学。

一开坛设讲，莫言和李锐分别作了《文学写作和民间资源》《写作与本土中国》的演讲，当时新华社就刊发了《中国当代知名小说家开始走上"小说家讲坛"》的新闻。《人民日报》等重要报刊也发了消息。

问：为什么会想到开设"诗人讲坛"？

林："诗人讲坛"的设立，源于我们几个朋友在南京、大连和沈阳等地几次会议间的深入交谈，在交谈中，诗歌成为我们最感兴趣的话题，我们认为，当代诗歌在当代文学中的开创意义不容小觑，诗歌对汉语语言艺术探索贡献莫大，而在一个有千年诗歌传统的国家，如何为中国当代诗歌与诗歌研究做一点事情，便成为我们最为重要的关切。我发起的"小说家讲坛"曾经在中国当代文学界产生过不错影响，鉴于这样的经验，我们便想到开辟"诗人讲坛"。"诗人讲坛"在南京大学、渤海大学、四川师范大学等地举办过。这个栏目邀请一些中国当代诗歌史上的重要诗人，像于坚、欧阳江河、王家新等，就诗歌问题发表演讲。同时，还邀请批评家对他们的诗歌实践进行评论研究。和以往的"小说家讲坛"一样，"诗人讲坛"也有高度，是我们对中国当代诗歌和当代诗人的一种经典化努力。

问："批评家讲坛"是什么时候开始做的，邀请过哪些批评家？

林：2011 年 3 月，《当代作家评论》与杭州师范大学主办"批评家讲坛"，先后邀请了丁帆、王尧、吴俊、陈思和、陈众议、王晓明、陆建德、顾彬、张清华、南帆、王彬彬、张新颖等十二位国内外著名文学评论家，就当代中国的一些重要文学现象和文学批评问题展开讨论。"批评家讲坛"的讲演稿分别发表在《当代作家评论》上，引起文坛内外的广泛关注。"批评家讲坛"强调发表建设性的批评声音，以培育真正的批评精神与批评气度为宗旨，强调文学批评的自由气质、批判品性，强调有效的审美阐释、剀切的思想批判，倡扬敦厚诚实又高屋建瓴的批评风度。

邀请到"批评家讲坛"的批评家们，都经过我精心选择，都是现当代文学界学识笃厚、见识敏锐、感觉细腻的人，他们将文学创作与文学评论中的价值观问题，作为自己的思考重点，讲坛使更广大的文学研究者、爱好者，尤其充满活力的青年学生，能够有机会参与其中，在热烈的思想对话交锋中，对当代文学审美、当代文学史，有更加深入的体认与思考。

问："东吴讲堂"名家云集，怎么想到的？

林：我发起过"小说家讲坛""诗人讲坛""批评家讲坛"三大讲坛，共举行了五十多次讲演，后来受邀到常熟理工学院办《东吴学术》杂志，我就借鉴以前的经验，在大学与杂志两个平台，同时发起讲坛，这就是"东吴讲堂"的由来。"东吴讲堂"当时请到了诺贝尔文学奖获得者沃莱·索因卡，莫言、李欧梵、刘再复、陈众议、潘家华、陆建德等，中国社科院八九位所长，都受邀来讲过，这些人都一定是某个领域确有所成的专家学者。

我对于讲坛的讲演人，严格把关，不适合的人，坚决谢绝，我曾拒绝过中国作协某重要领导、某号称大师级的画家。领导若执意要安排，我就回避，我不会去主持参加。

文学观念与思潮

——"当代文学生态不够健康，太多非文学的因素影响了文学本身"

问：您曾认可"好作品主义"，为什么呢？

林："好作品主义"是韩少功提出的，《当代作家评论》很认可，并作出策划呼应。作家好坏由作品说话，如果作家没有一流作品，怎么能称得上一流作家呢？一定不要用文学奖来代替对作家的判断，我参加了第四届茅盾文学奖读书班，推荐了张炜的《九月寓言》和《古船》、余华的《在细雨中呼喊》、张承志的《心灵史》，这几部作品很优秀，觉得应该可以评上的，但是没有评上。后来，王安忆的《天香》、阎连科的《日熄》、莫言的《生死疲劳》都没有评上茅盾文学奖，但都获得了香港"红楼梦文学奖"，"红楼梦文学奖"评审相对公正一些。

问：您评价作品好坏或者说品级的标准是什么呢？

林：若要评价一部作品的好坏，第一，要看作品是否给当代文学提供新的东西，如新的写作经验、新的语言或者结构，这是最起码的。第二，"艺术的本质是情感"，作品首先能否感动自己、感动别人，语言是否有创造，是否给本民族提供新的东西，然后才是技术上的结构等。第三，作品要写出文学的复杂性，古往今来的文学经典已经提供了绚丽创作经验，无论形式还是思想，其创作肌理足够繁复，我们的作品应该在这样的大背景下来观照，看其有多少继承、多少超越。刚出版的刘庆的作品《唇典》，是被低估了的好作品，《唇典》就写出了文学的复杂性。当时才出来时，没有人注意，我找到作家出版社社长，强力推荐，作家出版社后来一连出版了刘庆的《长势喜人》《风过白榆》《唇典》三部长篇。我们有不少批评家，从来不认真阅读作品，信口开河，言不及物，这是非常糟糕的。

问：《当代作家评论》曾有一个"寻找大师"的栏目，怎么想到做这个？

林：我认为当代文学乱象纷呈，普通人未必有鉴别眼光，所以需要寻找好的作品，寻找重量级的创作，有大师才会有高标，一个时代没有自己的文学大师是很可悲的。今天当代作家里，我看还是有大师的，像汪曾祺、韩少功、阎连科、莫言都可以称得上大师；但是，他们没有哪一位能达到鲁迅、沈从文这样的大师级别。

问：您在什么时候开设"海外汉学研究"栏目，开设这个栏目的意义何在？

林：2006年《当代作家评论》就开设了"海外汉学研究"专栏。当时，学界对海外汉学的批评声音日渐升高，建立学术自主性已迫在眉睫。王德威、夏志清、李欧梵、葛浩文、罗鹏等海外学者对当代文学的研究，显示了西方看中国的不同路径，我个人觉得，建立在对话关系上的批评是必需的，海外汉学对中国文学研究的意义，不能低估，理应和本土研究一起，构成中国当代文学的"学术共同体"。

问：您认为现在的批评家以及文学批评出现了哪些问题？

林：我发现，很多批评家不读作品，甚至在"华语文学传媒大奖"这样的评奖中，有些批评家也就读读前言、后记，囫囵吞枣地读下正文，评论自然无法切中肯綮。我还比较担心的是，批评家在新的学术制度以及刊物的等级化中，钝化自己的问题意识，现在有很多批评之所以无足轻重、无关痛痒，很大程度上是批评家的批评缺少问题意识，或者讨论的是伪问题。

问：在当代文学批评的语境和评价体系发生改变后，当代文学批评发生了哪些变化？

林：细心的读者会发现，跟踪式的、短平快的作家作品论在减少，一向在这方面有突出表现的批评家也开始寻找自己的研究领域，开始重视一些长久课题的研究；作品论已经不同于以往的感悟式批评，批评家可以在评论作品时，充分表达自己的理论背景与立场。同时，一些以文学史个案研究和文学现象展开的批评文论也在增多。值得注意的还有每年不断增加的博士、硕士论文，也在推动着当代文学批评的制度化。

问：您还提过"重建文学批评"，为什么呢？

林：因为当时批评环境比较乱，九十年代以后，国家意识形态、消费意识形态都对文学批评产生干扰。我认为文学批评最突出的问题是缺乏独立性，缺乏原创性的批评理论，总是围着政治风尚走，以及写人情文章，变成"关系批评"。王安忆小说出来后，一片叫好声，我连续刊发了对其作品进行反面批评的文章，如吴俊《瓶颈中的王安忆》，李静的文章、姚晓雷的文章都是批评王安忆的，弄得她还有点不高兴，这个林建法怎么老跟我过不去。其实，哪里是我跟她过不去，好的中肯的批评对她，对整个文学生态，才是有益的啊，文学批评不能变成文学表扬啊。

问：您还提出过"文学生态平衡"，当时为什么会提出这种观点？

林：当代文学生态不够健康，太多非文学的因素影响了文学本身，比如当代中国文学评奖机制就破坏了"文学的文化生态平衡"，一些重要的文学评奖对文学发展是负面的，单纯用评奖来判断作品好坏，是粗糙的、片面的。记得当时评"华语文学传媒大奖"，我是终审评委，阎连科在终选名单中，但我上了个厕所回来，名单就变了，阎连科被剔掉了。我当时感觉评选太不公平，很生气，所以以后就不参加了。

我发起"三大讲坛"，目的也是推动恢复"文学生态平衡"，建立小说家、批评家、诗人平等对话的平台，众声喧哗，不搞一言堂。这也包括给批评家评奖，《当代作家评论》的"批评家奖"还是有一定声誉的，这个奖评选、授奖都很民间，由知名作家、编辑家来给批评家授奖。所有批评家的授奖词都是我写的，其中陈众议的授奖词，是我用毛笔一字一字抄写的。

问：您为什么会提"当代文学经典化"？

林：前面讲了当代文学有大师，有好作品，总体成就超过现代文学。在大学制度与学术体制中，现代文学"经典化"已经完成，而当代文学则相形见绌。当代文学中确实出现了杰作，为汉语写作提供了新的质素，开拓了新的可能，提"当代文学经典化"就是为了树立高标，提升我们民族的精神生活高度。《当代作家评论》一直在做"当代文学经典化"的工作，专门设置专栏评论、举办作家个人研讨会、编选文选，都是这个目的。《当代作家评论》曾多次拿出一百多个页码的篇幅，来发表一个作家的作品研究，对当代作家作品的经典化，起到了很大作用；我主持的作家作品的研讨，通常都是以论文提交，而不是"口头发言"为主，每次会议都要提前准备半年甚至一年的时间，人数不多，但都是在世界范围内精心遴选的专家，让大家时间充裕，反复涵泳，思考从容，见解独树，可以说完全摒弃了一般作品讨论会的习气。

"《当代作家评论》三十年文选（1984—2013）"，也是在做"当代文学经典化"，共十本，内容全部由我从杂志三十年所发文章中精心选择，涉及文学史研究、文论、诗歌研究、作家论、演讲稿等，力图全面呈现三十年来中国当代文学的发展概况，展现当代文学大家经典的美质与魅力。

问：您还关注当代文学史写作，这块目前状态如何？

林：当代文学史写作，是当代文学经典化的重要途径。目前有三种中国当代文学史，北京大学洪子诚的《中国当代文学史》、复旦大学陈思和的《中国当代文学史教程》、南京大学丁帆的《中国新文学史》，其中，我觉得丁帆那本写得最好，从1912年民国文学开始，评到二十一世纪，视野宏阔，学理清明，资料翔实，尤其下册诗论部分，评价基本公允，但我觉得在作家作品的筛选上，还不够严格，有些人根本不能写进文学史，这方面缺乏文学史家的眼光洞见。

问：您认为当代的一些作家有哪些障碍未能突破？

林：其一，我认为在语言文字方面有缺陷，他们写得太多，文字不够精练与精致，显得粗糙，没有把中国古典语言之美写出来。其二，这一代作家思想资源很成问题，无论学养积淀、精神信仰，还是个人教养，他们都不如鲁迅、沈从文等先生，像沈从文，即使不写小说、散文，也可以写出《中国古代服饰研究》，鲁迅还能写出《中国小说史略》。其三，对时代与人性的反思深度不够，每个时代都有其苦难与大疼痛，人性的正面与负面，都有其永恒处，我们很多作家对时代的体验，对人性的洞见，都有些肤浅，由此对社会正义的担当与背负，就更不够。

问：我发现您在新闻界很有影响力，你做的很多活动，很多主流媒体都会竞相报道，您认为新闻媒体对文学学术会有负面影响吗？

林：我组织的很多活动，只会邀请新华社、《人民日报》、《光明日报》、《辽宁日报》等主流媒体，并不会邀请太多的其他媒体。我觉得新闻媒体的过分介入会影响学术的公正与深刻，文学与传媒的关系在当下已经变得十分复杂，我想还是把精力放在文学方面。学术研究和新闻媒体的结合，毋庸置疑会扩大文学研究的影响力，但另一方面也会把文学研究"话题化""现象化""新闻化"。

问：阅读您选编的文章，看得出来您很欣赏古典诗品体文章。

林：我认为，好的批评文章，应该能当作文学作品，如散文一样来阅读，王国维的《人间词话》，沈从文、汪曾祺的文艺理论文章，缪钺的诗学论文，都很美，当代学者张新颖的文字也很干净优雅；文学批评与理论文章，可以有论文体、品评体，甚至小说体，应该多姿多彩，这样的批评生态才丰富。

问：1994 年您就设置了"当代期刊与编辑"，到 2010 年还在发有关编辑的文章。您为什么对此情有独钟？

林：我本身也是一个编辑，所以对编辑有切身的体会。我认为作家需要创造，批评家需要创造，编辑同样需要创造。所以我主持杂志的日常工作时，就设置了"当代期刊与编辑"，一直到 2010 年还在发有关编辑的文章。我选编的《中国当代作家面面观》第二部卷三就有"作家笔下的编辑家"，收有李清泉、龙世辉、崔道怡、王信、周介人、王成刚、陈言、白烨、朱伟、刘硕良（1994）。第五部就有"当代编辑家"一辑，收有宗仁发、程永新、田瑛、蒋子丹、蔡翔、章德宁、赵本夫和何锐（2004）。正如作家韩少功在序言中说的"这本书是三方对话，一方是批评家，一方是创作家，一方是编辑家——其实编辑家身兼二职，既有批评也有创作，只是把批评意见和创作修改构想都写进了稿笺，融入别人署名的作品之中，隐在出版物的万千气象之后"。

毕飞宇的《哺乳期的女人》、徐坤的《厨房》和潘向黎的《清水白菜》均获得鲁迅文学奖，是宗仁发首发的；格非的"江南三部曲"获得茅盾文学奖，也是宗仁发首发的。2009年我通过新华社批评国家的评奖机制，希望中国作协设立的鲁迅文学奖增加编辑奖，结果2010年的第二届中国出版政府奖增加了优秀编辑奖，《三联生活周刊》的主编朱伟等二十五位荣获第二届中国出版政府奖优秀编辑奖，我也忝列其中。宗仁发荣获第三届中国出版政府奖优秀社长奖。2011年《辽宁日报》又发表了我批评政府评奖机制的文章，呼吁鲁迅文学奖增设编辑奖，好几年过去了，一点消息都没有。《东吴学术》"东吴讲堂"在世界文坛颇有影响，2012年请出版家贺圣遂先生在常熟理工学院"东吴讲堂"上作《论出版的品质》的讲演。2016年我建议云南大学的李森先生主编的《学问》丛刊请编辑家、《作家》的主编宗仁发，出版家、海豚出版社社长俞晓群等当了《学问》的学术委员。

（原载于《作家》2018年第5期，魏传金对本文亦有贡献）

辑三 艺术：婉转的风雅

大珠小珠落玉盘
——《长亭听云》序

昨夜，《长亭听云》挟卷着花瓣与珠玉落到我的案头。

这让久困于今天学术工业密林的我，不由得怀想起少年时在湘中农村与数卷古典诗话晨昏相伴的时光来：那时书香，桃花袭面，珠玉走心，古典诗情、诗意与诗思，如此发肤体贴地沁润了我鬓发青青的生命。及至后来，从事中国艺术研究，才渐渐明白古典诗话、词话、画品、书论、香识、园冶、琴况，看似大珠小珠、落英缤纷，一打开，背后实是牵连着中华文化一派杂花生树、草长莺飞的健康人文生态。

此般人文生态系统之生命精蕴，其实就是：闲，达，和，雅。

所谓"闲"，即心"空"，是中国古典审美创造者、玩赏者的惯常心灵状态，且此状态本身是略近于现象学的、极具审美情味的：切断了功利，搁置了目的，消解了理性，无所事事，无有用心，"一水绕孤岛，闲门掩春草"，"台上绿萝春，闲登不待人"，"试凭堂中几，闲看窈窕门"，"妇姑相唤浴蚕去，闲看中庭栀子花"，凡此诸种，不着意，不刻求，在中国艺术中俯拾皆是，似乎也为中国古典人文所独有。"闲"是中国古典人文创造的起点，也是创造的终果。

所谓"达"者，通也。在中国古典人文生态系统中，无论艺术品类的诗、书、画、印、乐、香、园，还是文化中的经、史、子、集、文、史、哲，皆深源通达，尤其讲求文以化人、艺以养人，最终落实于文品通、艺品通，也就是文如其人、书如其人、画如其人。

所谓"和"，即各美其美，美美与共；至于"雅"，则是精致幽微，存乎细节也。如此四者，同气相求，顾盼有情，花叶相生，共同生长在天人和合、自然随顺的皇天后土上。

然而，此般人文生态，在当今数字化、工具化、功利化的学术工业体制中，早已山遥水远，难以想望。

好在还有沈奇先生主编的现代诗话丛书，还有《长亭听云》。诸位先生热心阅世，诗眼观心，在滔滔现世，还一枝独秀地、执拗地牵连着古典人文生态的健康丝缕。现代诗话，自然是从古典诗话"创造性"转化而来，除了学术价值，如果要有文体创建意义，我想有三道传统精神泉脉不可忽视：语录体的性情书写、古典艺品的幽微品味与佛禅公案的识见透入。西学渊源兹不论。而此三者，又皆须在中华古典人文生态系统的大背景中宏观瞻视。

由此而言，好的诗话，无论古典与现代，皆须富有三种美质：有性情，有品味，有识见。

有性情，即是性情真纯，如王国维所谓"不失赤子之心者也"，我们在《论语》中，可以看到好色、好吃、会哭、"望之俨然，即之也温"的孔子，正是柴米油盐不掩赤子之心者也。好的诗话，自然当借鉴儒家语录体，在日常生活的温暖气息与柔软细节中，疏影横斜，花枝摇曳，闲笔、信笔、冗笔，写真心和大义。

有品味，即是品味幽微，人诸感官中，以味觉最为微妙，亦与中国艺术品赏最为相通；艺术之美，多存乎细节与分寸，故须烛隐显微，品味幽微;中国古典画论、诗话等专擅此美。清王澍《论书剩语》言"以拔山举鼎之力,为美女插花,乃道得个'和'字",乍看矛盾,实质言相反而相成的"张力"及线条质感,似轻实重,举重若轻,恰可对应倪瓒绘画的用笔:轻松写去或拖去,而劲力内涵,力透纸背、圆味、厚味十足。无独有偶,王国维在《人间词话》中说,欧阳修"人生自是有情痴,此恨不关风与月""直须看尽洛阳花,始共春风容易别",于豪放中有沉着之致,所以尤高。此品赏与前王澍论书庶几近之,皆赖体察幽微的真赏灵心。

有识见,即是洞彻深远,在寻常处见出常人所不能见,如禅师所言,有"透网金鳞"之透入感。此种下转一语、机锋透入与棒喝顿悟的识见,在禅宗公案中随处波光闪烁,觉人心智,尤其以故事与意象,隐秀洞见的艺术手腕,更当深鉴。顾随诗话、词话,深富洞见,即是得益于以禅说诗,姑举一例,比如王国维先生说古今成大事业、大学问者,必经三种境界:昨夜西风凋碧树,独上高楼,望尽天涯路,此第一境也;衣带渐宽终不悔,为伊消得人憔悴,此第二境也;众里寻他千百度,蓦然回首,那人却在灯火阑珊处,此第三境也。顾随先生自开蹊径,只眼别具,以参禅功夫比附,言,第一境发心也;第二境行脚也;第三境顿悟是也。如此识见,真真让人有醍醐灌顶、豁然明朗之感也。

毫无疑问,杨匡汉先生的《长亭听云》正是有性情、有品味、有识见的现代诗话。书中"长亭谢师"章,捕捉与收藏了他与冰心、艾青、郭小川、冯牧、臧克家、朱光潜、钱锺书、吴世昌、卞之琳、萧乾等诸位先生学脉心传的涓滴剪影,虽重思致,但饱蘸浓情,情真意远;吾生也鄙,自然无从得见匡汉先生,然从此真情汩涌的文字,已然心会先生之真纯性情也。所谓品味,先生乃现代诗学大家,毕生亲近诗歌,咀英华,漱芳润,自然幽微锐敏,曲有高致,可不赘论。至于识见,正是其学者与思

139

者之当行本色，在书中黄金遍地，片语烁烁，真如朗朗，直指本性，豁人心智，如其言意象的"动力型"特性，归纳意象的五种类型；如分析佯谬语言的"佯谬"，即是假谬而非真谬，须在"反常"中寻求"合道"，即导向佯谬的第三层次：佯谬的还原；如指明诗悬一线，如果"忧患"这条线断了，现代诗易成一地碎片。凡此种种，不一而足。

特别值得一说的是，不知是有意无意，本书特别葆有了古典诗话鸢飞鱼跃、披美缤纷的人文生态：有关于时空的哲思，关于充实与空灵的风格评赏，关于诗美细节的闲雅玩赏，有学脉心香的旧事怀想，诗性智慧的反思对话，体裁丰富，笔致活泼，徐徐展卷，云兴霞蔚，如行山阴道上，让人应接不暇。

千古诗心，斯文一线。出于景仰，出于敬畏，只是趋附，只是追随，是以郑重为序。

（本文系作者为杨匡汉《长亭听云》一书所写的序，陕西人民教育出版社2017年版，又载《中国图书评论》2017年第8期）

卷舒开合任天真

——从气论哲学视角解读李煜词作

王国维称后主词"真所谓以血书者也"，叶嘉莹认为其词不假安排、情意劲切，一言以蔽之：后主之词元气淋漓，涌发无际；其盎然之生意，正是中国气论智慧的结穴所在。在后主词中，随着诗行的展开，词的格律韵律、情感韵律和意象韵律相互摩荡，而生发出一泉文气，脉脉流淌。本文试图在中国气论哲学的观照下，从气之氤氲、气之涌发、气之流转三个层面，来体味后主词中的生气。

气之氤氲：真之韵

《老子》云：道生一，一生二，二生三，三生万物。道生一，在王振复先生（《大易之美》）看来，这里的"一"，指阴阳未分之时的混沌之气。混沌之气是道的始发，"忽呵，若其海，恍呵，其若无所止（老子）"，氤氲于万物之间，是万物浸润成长的背景。而此气混沌，正是"见素抱朴"，得天之真。在老子看来，情性胸腑中舒卷这种氤氲真气者，必是"含德之厚，比于赤子"，即有赤子之心者。

李煜生于深宫之中，长于妇人之手，阅世既浅，一往情深，不失为赤子之心者。这在他和众多宫娥嫔妃的交往中可见一斑，他曾为年老色衰的庆奴赋诗"多谢长条似相识，强垂烟穗拂人头"，以抚慰其韶华难再；也曾在仓皇辞庙之际，"挥泪对宫娥"。他真诚地眷顾流连于这些美好的女人之中，他的"真"往往体现出那种一往不复耽溺其中的态势，如老子所说，天真未凿的婴儿精和之至，所以李煜词有一种由真和溺而来的生气，饱满而清澈。先看《一斛珠》：

> 晓妆初过，沉檀轻注些儿个。向人微露丁香颗。一曲清歌，暂引樱桃破。
> 罗袖裛残殷色可，杯深旋被香醪涴。绣床斜凭娇无那，烂嚼红茸，笑向檀郎唾。

这是描写一个歌女，而且只是歌女的嘴。这是一张沉檀轻注的嘴，有着丁香芬芳的嘴，樱桃匀破的嘴，一张酒色滋润的嘴，烂嚼红茸情话绵绵妖冶诱人的嘴。所有的句子，反反复复不厌其烦地执着于对这张嘴的描绘，传神地透露了后主当时耽溺、爱不释手的心态。这是一颗毫无掩饰和遮蔽的纯真之心，调皮，热情洋溢。

寻绎其中气脉，"晓妆初过"为气之生成，过"些儿个"有颤动之意，归向"丁香颗"顿收，得结实之力；"一曲清歌"又另生气脉，归向"樱桃破"收结；"罗袖"句向"香醪"再生再结；而"绣床"句由于前三次收结蓄势，所生之气粗豪，所以一路奔向"檀郎唾"，响亮有力。在这里文气没有一路流动，而是四脉自行生成，短促收结，但在排比推动之下，带来一种齐刷刷的凝结之力，扑睫而来，无可抗拒。

由前气论哲学可知，气除了有这种由真浑而来的凝结之力，同时还有一种"恍兮惚兮"周行不殆氤氲万物的弥散之态。我们来看后主另一首词《相见欢》：

> 无言独上西楼，月如钩。寂寞梧桐深院锁清秋。
>
> 剪不断，理还乱，是离愁，别是一般滋味在心头。

"无言独上西楼"，气之丝缕生成，过"月"，一顿，而"如"字轻轻滑过，到"钩"，猛有惊心一转，并且转出了气之余韵，由是而弱，正好接上"寂寞，梧桐，深院"（寞、桐、院短仄而润），奄奄一息、上下起伏的气脉，然后"锁清秋"（清秋平亮），一下开阔，聚首成池，摇漾着余音。

"剪不断，理还乱"气脉自生，且粗壮，但流向"离愁"（离、愁平柔），有柔化之状，在"味"字的再度柔化下，转向"心头"时，已成丝缕、摇漾、氤氲。可见两阕最终都归向了一个生气荡漾的场域。这样的场域，正是经过现象学还原后的场域，亦即老子的智慧之境，酝酿着生意。

气之涌发：生之力

气字的甲骨文为 三，"上下两横表示河之两岸，中间一点表示河水干涸之所在与状态。忽而水势汹涌，忽而河床见底……"由此观之，气的本源即蕴含着生发奔涌之意。老子"道生一，一生二，二生三，三生万物"，也是揭示生发之力；戴东原亦认为："易曰：天地之大德曰生，气化之于品物，可以一言尽也，生生之谓欤！"可见中国气论哲学非常重视气的生发活力，认为这是万物生长的始基。之所以气有如此生动的品质，是因为

143

真气去除了一切覆盖遮蔽，酝酿着浑朴生意，这在上文已有论列。

后主明俊蕴藉，一介书生，然则生命能量的大小无关乎文弱的外表，其人也，襟怀天真，故其文元气勃发，极具涌发之劲力，先看《望江南》：

> 多少恨，昨夜梦魂中，还似旧时游上苑，车如流水马如龙，花月正春风。

"多少恨"劈空而来，点明该是痛切之作，三字有力一顿，然后气脉之平稳生发，到"梦魂中"，到"还似"，有所减缓，但到"车如流水马如龙"迅即快速流转，至"花月正春风"，"正"字一收，然后生气砰然爆发，有一种一气而下不可掩抑的力量。可见，这是一首表面婉转，实则劲爽的词，所以我以为惯常按辞藻刚柔来归纳婉约与豪放之风格，多为皮相之见；真正的区别，在于诗词内在气脉流动劲健与否，从这个意义上说，后主本为豪放之词人。再看《浪淘沙》：

> 帘外雨潺潺，春意阑珊。罗衾不耐五更寒。梦里不知身是客，一晌贪欢。
>
> 独自莫凭栏，无限江山。别时容易见时难。流水落花春去也，天上人间。

检阅历代词话十二家，皆认为此词含思凄婉（宋·胡仔），悲悼万状（明·李攀龙），怆然欲绝（清·俞陛云），不一而足，只有清谭献只眼独具，《谭评词辨·卷二》认为：雄奇幽怨，乃兼二难。可知解人之不易得。

谭说深契吾心。还是从词内在气脉生发入手："帘外雨潺潺"，气脉潺潺而发,至"珊"而"寒"而"欢"一气流转,且落"欢"处时,有所加强;再流至"栏",而"山"而"难","难"处又加强,再至"流水落花春去也",急速飞转,至"天上人间"四字处,涌流之力顿展为壮阔波澜。此词气脉自始而终未曾阻遏,一路加强,看得出后主未有刻意安排,极为本色,是故虽写国破家亡的痛楚,却也"雄奇"奔放,元气淋漓。

气之流转:S之美

"道生一,一生二",混沌元气生化为阴阳二气;"万物负阴而抱阳,冲气以为和",阴阳二气从而相互摩荡和合,滕守尧先生曾认为阴阳激荡的交界场域最有生发力,那么在阴阳二气摩荡的区域,将生发什么呢?联系太极图式,我们可以看到阴阳二气摩荡和合出一条S形曲线。显然东西方的艺术都钟情于这条曲线(这是荷加斯垂青的蛇形线,也是古希腊完美雕塑人体中抽绎的曲线),这条曲线充满着弹性和张力,并且极具流转之美。所以中华哲学智慧之境中,具有涌发力的气脉,无论是与心徘徊,还是随物宛转,都会呈现出一种S形的流转之美。由此可理解老子的道"大曰逝,逝曰远,远曰返",并非呈圆形回复原点,而是一个反向回复,即S形流转,只有这样才真正和合了阴阳两质,使得道之化生,微妙而有美感,这种智慧在儒家经典《易传》中也多有表现,兹不赘述。

就后主词来说,一个有意思的现象是,以"一旦归为臣虏,沈腰潘鬓消磨"为界,此前作品大多生气劲切,而后期之作则呈摇曳之美,细细考镜,正是其词中气脉往往呈S形流转故,先看《相见欢》:

林花谢了春红,太匆匆。无奈朝来寒雨晚来风。

胭脂泪，留人醉，几时重。自是人生长恨水长东。

"林花谢了春红"，气脉婉婉而生，"太匆匆"则骤急且微生回荡，"无奈"二字承上，稍稍带转了气脉，至"朝来寒雨晚来风"则流为劲直。"胭脂泪，留人醉，几时重"，这是气脉婉转弥散成韵的地方，在徘徊中积蓄力量，果然"自是人生长恨水长东"脱缰而出奔泻而下。由是观之，词中气脉由生而转，到再转，活泼泼地再现了 S 形曲线，在《虞美人（春花秋月何时了）》中也生发着同样的流转结构。值得指出的是，尽管后期词作多了婉曲之致，但是前后期作品都共有一种明显的后主气质：结实的情意，不假修饰，顺势奔涌。这里也正好印证了王国维和叶嘉莹的评论。

2003 年 9 月 29 日

诗味还随画韵长

——从诗画融通视角论沈奇之诗与诗学

作为当代诗坛声名响亮的诗学批评家与诗人，沈奇典雅而新锐的文品、笃实而渊阔的学品、古朴而清通的人品，早已广为播扬；然而，近十年来，他诗心两用，多情而移情，悄然进入书画界，策展、评画、写一手清秀的书法，积累了殊为不俗的视觉艺术经验，而且这些宝贵的经验，涓滴浸润在他实未忘情的诗歌、诗学与诗心之中。我们可以注意到，在沈奇诸多富有创见的诗学思想中，总对偶性地隐现着书学、画论的峰影，因此在诗画融通的视角里，阐发沈奇之诗与诗学，当不牵强。下文即从诗之基质（意象），诗之发生（随机），诗之行进（气脉），诗之圆成（余味）四个层次，与书画对偶互文，展开论述，以期为沈奇诗与诗学研究，打开新的视域，亦期为汉语新诗研究与创作，提供新的经验。

意象与笔墨

有感于当代诗歌界"格律淡出后，韵律放逐，抒情淡出后，意象放逐，散文化的负面尚未及清理，叙事又成为新潮流，口语化刚露出新鲜气息，又被口沫淹没"，诸多形形色色的"非诗"横行泛滥，沈奇在其文章中，反复论及汉语诗歌之诗性，要注意返回到可称之为"晶体"的诗学美质，即意象、诗眼等；他认为意象、诗眼即为诗句中的高光（绘画术语）与水晶，且水晶是造型性的，自主自明，每一颗都闪耀着自足而鲜亮的光芒，这才是汉语诗的基质；而西方诗歌是属于"积木"式的，主要靠结构支撑来实现。部分汉语新诗之沦为"非诗"，就是因为对汉语字、词诗性思维背离，忽视炼字、炼句，只注重经营篇构。

要而言之，这里的"晶体"与"高光"，落实而言，即是意象（包括事象），意象的质量，包括声音、形态、色彩、质地、意蕴、动势等，皆须细细敲锤与炼化，"波漂菰米沉云黑，露冷莲房坠粉红"，老杜诗歌意象经营，沉实而鲜亮，形态、质地、颜色、动势，一应俱全，且毫不着力，实值得新诗借镜。沈奇在其《天生丽质》诗集中，正遥承此脉心香，单就诗题而言，每一个，都是敲锤字、词意象的佳美案例，如"秋白""茶渡""叶泥""烟视""依草""印若""如焉"等，惯常以为的意象即"名词"，在此就变得非常局囿，意象显然还可以是动词，形容词，乃至虚词，如果置身到"句"的语境中，意象碰撞、跳跌、融入，就可幻化出更加斑斓万象的诗境。

诗歌意象，对应中国画来说，就是笔墨，笔墨是中国画的水晶，如果没有笔墨的追求与修炼，很难说有中国画。北宋韩拙即说"笔以立其形质，墨以分其阴阳"，明末书画家董其昌曾言"以境之奇怪论，则画不如山水；以笔墨精妙论，则山水绝不如画"，现代黄宾虹认为"论用笔法，必兼用墨，墨法之妙，全以笔出"，可见，有笔有墨，笔与墨合，笔精墨妙，一直是中国画，尤其是文人画追求的至高标准。

"笔墨"一词看似简单，实则非常复杂，从形态而言，包括笔墨点画、笔墨程式、笔墨形势、诗书画印笔墨全韵；从内涵而言，包括技术形态、身体情态、文化品态等层层融入的内质。简单来讲，就是点线及其组合，复杂而言，就在这个点、线里，有文化、没文化，有修炼、无修炼，修炼高、修炼低，可以敏感而直观地呈现出来：吴镇与黄公望的区别，八大与石涛的高下，朗朗昭昭；绝对的书（笔墨）如其人，画（笔墨）如其人。一个有修炼的人的笔墨，是养出来的，以经史境界、诗词教养、佛道修为、碑版野味、涵容、濡养，追求圆味、厚味、金石味、书卷气等。如董其昌，可以画得很熟，但又在熟中求生，文雅，清洁，带着一股生味，这就是笔墨。

可见，书画笔墨宛如汉语诗之意象，两者在中华文化的同一厚土上，各表一枝，相映成趣。

文生文与迹生迹

意象炼成，象象并置，象象生成。诗人画家石虎倡导"字思维"："汉字有道，以道生象，象生音义，象象并置，万物寓于其间。"也就是说汉字以字象为要，音义从之，诗即是字象与字象并置、碰撞、蹉跎、融化，由此应物象，开万化。沈奇以诗人的敏感，对此极为推崇，并尤其注重其中"象生象"的发生机制，"胸中并无成竹，乃是无中生有，象来不期而至，象来不期而果"，由此，他引卞之琳语，好的汉语诗"小处敏感，大处茫然"。另一方面，他在《天生丽质》组诗里，实验探索此种随机生发的发生机制，按他的说法，是想从过于信任和依赖现代汉语的句构、篇构式写作中跳脱出来，反顾并整合古典汉语的字词思维，对此，他用了"随机""随意""随心""随缘"四个词来概括。实际上，一首诗的完成，全过程，简而言之，无非有三：感物兴情，因情生文，以文生文。前两阶段在古典诗学中较为注重，而"文生文"的阶段，则有所忽略，沈奇特别着意这种随机、随意生发的兴发感动状态，看重并实践汉语一个意象、一个字词，便可以自由兴发、组合、衍生的生发能力，显然，这是更为体贴创作的本真状态的。当然，或许可以补充的是，一句诗容易自行衍发，整首诗未必就可以全部依赖兴发感动，随机推衍成篇，在"文生文"的兴发推荡中，尚须适当控制，才能臻于完美。

诗中的"文生文"，在绘画里，可称为"迹生迹"。以往艺术理论，在"含蓄"勃发的创造态势上，无论是中国的"澄怀味象"，还是西方的"酒神迷狂"，都注重在创作前，涵泳其势，做足功夫，然而并不强调创造过程本身的生发力量，我的师祖"德国学派"大画家全显光，根据多年亲切鲜活的创造体验，提出了"循迹造型"理论：在素描教育中，他主张在画到熟练的基础上，要故意画乱，脱去桎梏，在乱的笔触、点线、图式中，逐步生发，找到秩序，乱而不乱；在色彩中，他把寻找"色彩配方"的过程，直接移到了画布上，他可以用任意原色起稿，然后通过重叠、并置，根据画面上出现的各种新的效果、偶然要素，进行掌控，调整，生发，因势成色。素描、色彩的这种创造状态，就是典型的"循迹造型"。

根据画面的迹痕、迹效来刺激、调整与生发创造，全显光特别重视艺术中的"迹"：他在石版画中，奏刀直干，充分发挥石版材质肌理，利用创作中生发的各种偶然的粗粝的"痕"和"迹"，如《心·星》；他解析伦勃朗油画中大笔纵横却细腻入微、曲尽其妙的笔触痕迹，郑重告诫学生油画是写出来的，而非涂、改出来的；他在齐白石、黄宾虹的作品中，也掘发种种精妙的笔迹、墨迹、水迹；他说，甚至在民间高明的油漆工手下，层层平涂里，也掩盖着有力的笔迹。所以全显光个人的油画、水彩、水墨等，都充满着层层叠叠肌理富厚的以笔运色的痕迹，显然，这些痕迹成功地把他的空间性形式要素转化为时间性创生序列，让人浮想联翩，满目绚烂。

显然，这种"迹生迹"的过程，把身体的韵律感和场域感都兴发出来了，臻于创造的自由状态，不可抑止，这和沈奇诗学探索的"文生文"状态，可谓异曲同工。

气脉与气韵

沈奇论诗与写诗高妙处，在非常敏感于诗脉起伏流衍，即诗中之文气、文脉的波澜起伏。熟悉中国古典文学的人都有经验，好的诗歌哪怕没有多少意象，好的文章哪怕只是说理，但字里行间都有气息，形成一种有韵律的气脉，这个气脉如果用现代理论而言，我觉得就是韵律感。由于家学因缘，我自幼亲近古典诗词，很多诗篇可朗朗成诵，及至今天，一读到那些气息不好、气脉不畅的地方，喉头处就会梗塞不舒。我曾著文，强说诗词之"气脉"，以李后主词《相见欢》为例：

无言独上西楼，月如钩。寂寞梧桐深院锁清秋。
剪不断，理还乱，是离愁，别是一般滋味在心头。

"无言独上西楼"，气之丝缕生成，过"月"，一顿，而"如"字轻轻滑过，到"钩"，猛有惊心一转，并且转出了气之余韵，由是而弱，正好接上"寂寞，梧桐，深院"（寞、桐、院短仄而润），奄奄一息、上下起伏的气脉，然后"锁清秋"（清秋平亮），一下开阔，聚首成池，摇漾着余音。"剪不断，理还乱"气脉自生，且粗壮，但流向"离愁"（离、愁平

151

柔），有柔化之状，在"味"字的再度柔化下，转向"心头"时，已成丝缕，摇漾，氤氲。两阕最终都归向了一个生气荡漾的场域。可见，气脉这个东西是确实存在的。

沈奇指出"是不同的语感区分了不同的诗人，也区分了不同的诗歌写作。杰出诗人的不可模仿性，正在于其独特的语感"，以其小诗《茶渡》为证："野渡／无人／舟自横，//那人兀自涉水而去//身后的长亭／尚留一缕茶烟//微温。"如果仅以意象来说，到"尚留一缕茶烟"就已经很好了，但气脉未畅，后以"微温"紧接收结，气脉就非常完整了。由此可知，沈奇语感确实非常锐敏与鲜活。他在评论痖弦的代表作《红玉米》时，激赏地感慨道，"怎样纯正清澈的一种声音，音乐家据此可以顺畅地写出一部北方交响曲"。而其节选的诗歌段落，韵律感亦确实是全诗最好的，可证其气脉语感之佳好。归纳而言，一首现代诗的韵律形成，关乎几方面：外在的平仄押韵，内在的意象疏密，思想浓淡，叙事的波澜起伏，情绪的微妙婉转，身体本能的自然呼吸，等等，且这几个方面要达到梁宗岱所谓的"炼化"，即可成"气脉"了。

诗之气脉，正与画之气韵同。潘公凯指出，笔墨包括笔墨点画、笔墨程式、笔墨形势、诗书画印笔墨全韵四大方面，但收拢这四方面的，即是画之气韵。气韵具体而言，由点画到笔墨程式，到笔墨形势，到诗书画印笔墨全韵，即是流动与氤氲期间的气脉之节奏与旋律。中国文人画追求音乐节奏（主要是雅化节奏），画面节奏是一个画家手上功夫的表征，小到画上一石一草，陈子庄云，"石上之点，应有浓淡虚实、疏密高下的区别，总之要有抑扬起挫，构成节奏感、音乐感、诗意"，证之于绘画，则莫过于黄宾虹先生的山水画最为合适，千点万点、千沟万壑，排荡出一阕轻重浓淡、远近高低的磅礴的笔墨乐章。一般来说，文人画节奏，主要通过笔法节奏、墨法节奏与意象节奏来实现。

而画面旋律的形成，主要通过用笔行气、墨韵互渗、水法贯通、布势开合四个方面实现。荆浩云"笔绝而不断谓之筋"，董逌《广川画跋》卷六则说"笔运而气摄之"，潘天寿先生云"运笔要点与点相联，画与画相联……使画面上点点线线，一气呵成，全面之气势节奏，无不在其中矣"，这些已经十分明了地指出，笔与笔间须气脉不断，这是旋律形成的重要前提。至于其他三者，兹不赘述。

余味与余韵

凡是一首好诗，沈奇提到要有"味道"，有"余味""余音"，即除了字面的和意象的或者整个结构的以外，整首诗里总得有一些多出的、通达于无的东西，他概称为"文本外张力"。如果用古典诗学的话，勉强可称之"境生象外"，但现代诗因为多了反讽、荒诞、戏剧等手法，故象之外，未必是"境"，依据传统批评重品、重"味"的特点，称为余味当是恰切，唐代司空图在《与李生论诗书》中说"文之难而诗之难尤难，古今之喻多矣，而愚以为辨于味而后可以言诗也"，他拈出的即是"味外之旨"，亦即"余味"。以于坚口语诗《塑料袋》为例：

> 一只塑料袋从天空里降下来
>
> 像是末日的先兆　把我吓了一跳
>
> 怎么会出现在那儿　光明的街区
>
> 一向住的是老鹰　月亮　星星
>
> 云朵　仙女　喷泉和诗歌的水晶鞋

它的出生地是一家化工单位

流水线上　没有命的卵子　祖父

是一只玻璃试管　高温下成形

并不要求有多少能耐　不指望

攀什么高枝　售价两毛钱　提拎

一公斤左右的物品　不会通洞

就够了　不是坠着谁的手　鼓囊囊地

垂向超级市场的出口　而是轻飘飘的

像是避孕成功　从春色无边的天空

淫荡地落下来　世事难料　工厂

一直按照最优秀的方案生产它

质量监督　车间层层把关　却没有

统统成为性能合格的　袋子

至少有一个孽种　成功地

越狱　变成了工程师做梦也

想不到的那种轻　它不是天使

我也不能叫它羽毛　但它确实有

轻若鸿毛的功夫　瞧

还没有落到地面　透明耀眼的

小妖精　又装满了好风　飞起来了

比那些被孩子们　渴望着天天向上的心

牢牢拴住的风筝　还要高些

甚至比自己会飞的生灵们

还待得长久　因为被设计成

不会死的　只要风力一合适

它就直上青云

评论此诗，沈奇指出该诗妙在将寻常琐碎细节纳入戏剧化叙事，动画片摇镜头一样地，在独特的语感中，幽默，荒诞，渗出言外之余意与余味。

并非巧合，司空图论诗，拈出"味外之旨"（余味），他同时还拈出了"韵外之致"（余韵）；而气韵一般常用于品画，可见诗之余味，与画之余韵，有紧密亲缘。南朝谢赫在"六法"中，标举"气韵生动"为首义，"气韵"一词，在画学中，便居于核心地位；故一幅画气韵之生动，即为有"余韵"。

何为生动呢？大而言之，全幅上以形传神，能在具体的意象之外，传更多对象的神采，画家的格调；中而言之，在构图上追求郭熙所谓的"高远、深远、平远"，韩拙所谓的"阔远、迷远、幽远"，由远而入无；小而言之，在笔墨中能葆有更多鲜活的身体气息、苍茫的阅世况味、深厚的文化品位。证之艺术史，在中国倪瓒的山水、黄宾虹的山水、西方伦勃朗的人物画中，总荡漾着这样氤氲不绝、挥抹不去的余韵与余味。

综观以上诗之意象、诗之发生、诗之气脉、诗之余味四个方面，实质上也正是沈奇多年来殷殷苦苦对汉语新诗"诗性"之追索与"典律"之重建的要义，在诗画融通的视域中，这一努力的深刻与可贵，由此更可朗然。顺其逻辑，汉语新诗之诗性，得以豁然呈现，简概为五：其一是细节直观，好的现代诗一定能让日常生活的细节经验，得到鲜活直观，有让人眼前一亮的全新创造；其二是远境眺望，诗歌能打开、接通更辽远的境界；其三是意象营造；其四是气脉把握；其五是余味酝酿。显然，沈奇诗与诗学可供掘发的富有包孕性的思想，远不止此，拙文仅仅是以蠡测海，抛砖以引玉，以求教于诸位诗坛方家。

（本文曾收入吴思敬主编《诗探索.6：理论卷》，作家出版社 2017 年第 2 辑）

背负苍茫歌未央

李森的诗有一种静水流深的清澈。

清澈源于其诗性隐喻对素朴事物本真状态的照亮，源于古典诗学对诗性隐喻的精致提炼，源于爱智者返本归真的清明理性。清澈之下，则是苍茫的深流，流动着诗艺的丰饶织体：隐喻的生成与消解，智性追问的草蛇灰线，虚拟叙事的摇曳生姿及古典诗艺对意象与韵律的苦心锤炼，随时在诗境中波光潋滟，顾盼生情；海德格尔所期望的、多少诗人所仰望的天——地——神——人各各际遇、和谐共生的苍茫境界，李森通过高黎贡山下的一只梨或一块马蹄铁，就自然达成了。当然，对于所有创造性的事业来说，复杂并不难，单纯才难。李森让缤纷的诗艺、苍茫的内涵全副归于清澈，这需要君临一切、截断众流的气概，更需要璞玉浑金的天资。

这是莫扎特的音乐、拉斐尔的画中才有的气象。

看看他的《梨树和梨》吧：

> 听说，在天边外。秋深，晨开，夜风在山谷结出卵石。
> 罗伯特·弗罗斯特的梯子，伸进梨树，高于梨叶。
> 弗罗斯特不在，只有鞍在。我不在，只有箩筐在。

梨问另一个梨——所有的梨，都在问梨。

为什么，梨核都是酸的，古往今来的酸。

有一个梨说，这不是梨的决定。是梨树。

梨树突然颤抖。一棵树说，也许是春天的白花。

另一棵树说，也许是风绿，雨湿，光荫。

还有一棵树说，难道是那把长梯。那些木凳。

日过中午，不闻梨喧。日落山梁，不见梨黄。

　　这首诗是清澈的，因为它只说了梨树和梨，意象疏朗、节奏鲜明；这首诗是复杂的，开头，天边外、秋深、夜风、卵石，是深秋的事物和事实，但一冠以"听说"，则全部虚化，转为隐喻；诗中"罗伯特·弗罗斯特的梯子"是一重隐喻，"我"可以是隐喻，也可以是事实叙述，"梨问另一个梨"，推向"所有的梨，都在问梨"，则为哲性追问。当然，所有这些意象和叙事指向一个总体隐喻的生成，然而，"日过中午，不闻梨喧。日落山梁，不见梨黄"这一客观事实的呈现，以其"涧户寂无人，纷纷开且落"的自足与冷静，轻轻解构了前面的所有隐喻。尤可贵者，在各种隐喻中，事物的诗性仍然得以持存，这首诗仍然很美，"弗罗斯特不在，只有鞍在。我不在，只有箩筐在"，"另一棵树说，也许是风绿，雨湿，光荫"，"日过中午，不闻梨喧。日落山梁，不见梨黄"，意象与节奏，全然是纯正的中国古典诗语，鲜活，浏亮，略带朴拙，来自唐诗宋词，更来自古老的《诗经》。这首诗未必是李森最好的诗，但可以清楚地看到，李森在当代诗坛确实形成了李森式的诗艺与诗境。

隐喻：暗香浮动月黄昏

诗歌起于隐喻，现代诗歌起于隐喻的自觉建构与消解。诗歌史上，从含蓄雅致的中国古典诗词，到石破天惊的艾略特、庞德，建立了一个庞大的隐喻传统。隐喻的好处在于它沟通了事物（或观念），也超越了事物；弊端在于远离了事物，也遮蔽了事物，以至一个美人经常需要从一堆美人的隐喻中抽身，一只梨也经常需要为一个梨的隐喻正名。李森之诗对隐喻的运用，充满了自觉与警觉，他经常说：面对世界的时候，语言只能追问而不能抵达。因此在他的诗中，隐喻总是在不断生成，又在不断消解，观念、隐喻、事物总在不断流转与切换，某些时候，我们可以称之为诗人的机智，事实上，这种生成、流转、消解的自由与自然，更多来自语言本身的花开花落云卷云舒，这是一个出色诗人的标志。"寒冷的初春，与发馊的传说无关的蝴蝶还没长出来／它们嫩叶的翅膀，夹在时间的门缝里"（《寒冷的初春》），这段话至少建立了三个与蝴蝶相关的隐喻，"发馊的传说""嫩叶""时间的门缝"，然后，诗人马上说"为了挣脱隐喻，蝴蝶拼命拉长翅膀"，通过"拉长翅膀"这一鲜活的事实，解构前面三个习见尘封的隐喻，呈现出蝴蝶隐喻的生成与消解过程，极富现代意识。李森解构隐喻，消除文明层积的各种陈垢，往往是通过回到栩栩如生的生活世界，回到朴素的事物，回到语词舌头的柔软来实现的，这也充分体现了他的诗学理想：艺术就是使事物重新苏醒的技艺。"啊，我满怀赤诚到来，奔向草莓。一直奔走。／我要来领回飞蛾。我要来安慰一把吉他，一个发音的圆孔。"（《废园》）最后一句，"一个发音的圆孔"，可以说瞬间解构了前面关于爱情的诸多隐喻，同时又建立了另一个隐秘指向的隐喻，这正如他自己所说，"无论建构，还是解构，都意味着新的隐喻生成——尽管有时候是不自觉的，这是语言的决定"。

由于隐喻与事物的多样圆活跳接、转换，李森诗中隐喻绷满了疏影横斜、暗香浮动的多维张力。"随着太阳下山，小河漂满了鱼鳞 / 随着晚风到达，大鱼领着小鱼，进入天堂，坠满了树上的叶。"（《童年的鱼》）"我（注：李树）会长成冰凌之花的一圈圈眼影。练习哑语，从叶中出来。"（《壁炉》）"它在时间的虚静里开显，我在镜外徘徊。我被喧嚣捆绑，它从容不迫。/ 我天天抚摸啊，我们之间那块透明的玻璃。看谢了粉红的冰霜。"（《紫薇》）"冰凌之花的一圈圈眼影""看谢了粉红的冰霜"这些诗句都有三重以上的隐喻层叠，却明净空灵，如同长夏覆盖着清凉树影的溪流，变化多姿，令人难以捉摸，却又整体清亮。

思幻：草色遥看近却无

李森是当代诗人当中少有的、对哲性智慧充满了虔诚热爱的人，两千年前困扰柏拉图的问题如今还在困扰他，思想—语言—世界互相照面、互相牵扯的复杂联系，如今还真诚地盘旋在他脑际。作为著名哲学家赵仲牧先生的学生，他至今还在云南大学的讲台上，一年一度，坚持一字一句地给学生教读维特根斯坦的《逻辑哲学论》，他把诗人的气质留给了课堂，把哲性的智慧带进了诗歌。看看从《摘桃女》至《桃可知》的入思路径吧：

摘桃女

桃树可知 / 桃花开了 // 桃树可知 / 桃花结桃 // 桃树可知 / 桃子红

了 // 桃树可知 / 谁来摘桃

　　桃可知

　　桃树可知 / 桃花开了 // 桃花可知 / 桃花结桃 // 桃子可知 / 桃子红
了 // 摘桃可知 / 谁在摘桃

　　从前一首到后一首，都行进在《诗经》刀切水洗的意象与韵律中，然
而追问却在步步逼进，从一般设问拟事"桃树可知，谁来摘桃"，到追问
本身"桃花可知，桃花结桃""桃子可知，桃子红了"，充满了元反思的
意趣，从而返璞归真，化身朴拙，这和笛卡儿"只有我在怀疑着，无须怀
疑"异曲同工，李森的诗学旨趣可见一斑。当然，这也是西方一流诗人如
博尔赫斯、史蒂文斯的旨趣，目的都是成就开显诗歌本身的"元诗"。
　　在《屋宇》《春日》《橘在野》系列组诗中，我们注意到诗人"我"的
随时在场，"我"是事物的见证者，也是意义的引领者；是诘问者，也是
坚守者。"我"在每首诗中的出现，丰富了诗境内部交错的筋络和肌理，
更重要的是，方便了诗歌戏剧性叙事节奏的展开，使诗境杂花生树，摇曳
多姿。在抒情诗中，虚拟戏剧性叙事，李森诗歌作出了自觉的探索。我们
知道，西方诗歌史上，最为显赫的诗学传统有二：一是庞德、艾略特的隐
喻派传统，一是弗罗斯特、威廉斯的经验派传统。前者总指向主题神话，
后者必回归生活世界。在此而外，李森还发现了第三类诗人——布莱希
特，他把戏剧性、叙事性融入诗歌，吸取民间歌谣一唱三叹的语调，创造
了戏剧化叙述体诗歌。我们在《屋宇》组诗中，可以看到李森向布莱希特
的致敬与超越，这组诗非常成功地进行了文体试验，探索戏剧体诗歌的形

式韵律、叙事节奏与意境营构，以《敲门》为例：

> 曾记得在高黎贡山下，有一间木头房子。
> 房外有一堵石头挤着石头的墙壁。叶挤着叶。
> 有一块门板立着，没有门曰。没有锁链，只是立着。
> 曾记得有一个孩子尝试着去敲门。
> 他对里面的人说，请开门吧，我有一句话要对你说。里面没有回音。
> 他天天去敲门，门始终未开，只有花开。
> 他只好对着门缝说，我要对你说的那句话是：
> "你是我的爱，我要告诉你我的恨。"
> 这是他童年的最后一句话，最后一次敲门。

当然，李森诗歌中的智性追问与戏剧叙述，总是诗性的，虚拟的，在诗境中结成透明丝网，若有若无，流动不居，"他是谁？是飘过南高原的年华——生出风和雨，抚摸井眼的空无"（《年华》），虚拟设问中，"年华"一度具象化"飘过"，由虚入实，二度具象化，"生出风和雨""抚摸井眼"，然而"井眼的空无"，骤然抟实入虚，遁入智性的空无。虚虚实实，无中生有，李森诗中布满这样的虚拟之网，生长出许多玄意的蔓草与花枝，眼神迷离，意态飘忽，别具风致。

物性：一枝一叶总关情

在这个工具理性与消费理性宰制一切的时代里，在这个数千年文明覆盖的星球上，事物要呈现其本真的样貌，要与诗性与神性照面，需要一双明澈的眼睛、一颗温柔的心来引领与照亮。

李森是温柔的，他有一颗朴素农人的心。这颗心与土地、谷物、农具互相亲近，相依为命。他经常在课堂上讲，农人的心是真正体贴世界的心灵，在真正劳动者面前高谈诗歌，尤其谈论美学，是可耻的。不难理解，李森在诗中时时回首故乡，一往而情深："流浪者呀，云雾种的青草在山坡上寻找顶针／母亲又围好了篱笆，等你牵着马去打滚。"（《告别冬天》）"太想念我梦中的哥哥／那是一条在黑云下犁地的黄牛。"（《最后一天》）"中午时分／我模仿一只犁／在地上／弓着背。"（《映山红》）重返土地与故乡，是李森亲近事物的重要途径，故乡高黎贡山上的日月、山下的花红果黄，让他与世界肌肤相亲，轻松地抟住云的风流、玉的温润、土的生糙。其次，以哲性智慧及诗学反思的锋刃，剔除横亘在诗歌之上的诸多文化或诗学陈旧隐喻，也是其照亮事物的重要前提。

李森以其复归本真的诗性智慧，引领与敞亮了物性。他的诗学理念认为，"陌生的事物彼此映照又各得其所，陌生的事物或观念放置在一起，这事实上是存在的样态，但在文化心理中，人们忘记了陌生的事物就在一起且永远在一起的自然状态"。他的诗歌复原了这样的自然状态，如《马蹄铁》：

> 高黎贡山下寨子里的一块马蹄铁
>
> 鼠年的最后一点锈迹吞噬了它
>
> 但是，那半个椭圆还在夕阳下对抗着
>
> 山顶石坎上留下的那一串乐谱还在疯响
>
> 它代替一匹马的声音生锈，纪念一个消失的形骸

只有它还能听见那匹马在异乡嘶鸣

　　那个声音，那个形象，成了这半个生锈的椭圆

　　马蹄铁锈迹残败的物性，是那匹不在场的马在岁月中的飞扬。两者并置，对话，消磨，为我们开显了一个崭新的物事世界。李森诗中经常出现两种毫不相干的事物的并置、呼应、映衬，比如金沙江的莲花与玉龙雪山的犁铧、壁炉与李树、"我"与紫薇。在他点石成金的诗艺引领下，这些似乎毫不相干的事物生成了诗的信念，产生了新的秩序，或者说回归到了物物陌生的自然。

　　伟大的艺术从不模仿世界，相反，世界模仿艺术。李森的诗歌让我们重新看世界的一把线条，几瓢波纹，看具象物质的色彩与声音，看它们如何唤醒并改造我们的感官。"曾在岩羊心中生出酸涩，又鼓出喉结／最终，馈赠给我一筐筐翠绿的小锁"（《橄榄》），"这里，今日的一局棋，下在池塘。水面的黑白子，跳着破碎"（《银杏道》），"让我看见，它在磨海上的齿痕"（《朝阳》），"鱼群是刀锋，水光是磨石，来回磨砺，永不停歇"（《屋宇》），这些令人耳目清新口鼻爽亮的隐喻与描述，充分展现了他作为诗人的锐敏才具，这是如同李商隐"沧海月明珠有泪，蓝田日暖玉生烟"，把月、珠、泪、日、玉自然绾合在一起的才具，只有这种才具才会长出温柔的触角，缓缓抚摸事物的细腻、婉转与迷人之处。

　　同样需要注意的是，李森还是一个视觉通透、嗅觉灵敏的艺术批评家。多年来，他浪迹在造型艺术的江湖，与艺术家为友，与美为友，与创造为友，"江山笑，烟雨遥"，潮涨潮消间，他熟稔了造型艺术的点线面、体量形、光色影，也不动声色地俯瞰了当今中外"滔滔世上潮"的诸多艺术浪头。所以不难理解，李森在体物叙事间，宛如画家，随心所欲地涂

抹和揉搓物事的形状、色彩与质地，欣赏一下《山歌》中的形色，"万千蝌蚪跳出牛铃，草花红了佛音，围着泥塘／春水苍苍，佛音粼粼，绿词在牛铃中蹦跳不停"，春水为佛音赋形，蝌蚪为牛铃赋形，牛铃为绿词赋形；而草花为佛音敷色，春水又为绿词和牛铃敷色，寥寥数语，一帧清脆的水彩。"童年，胯下的竹马在水磨旁飞奔，大雁指点我的江山骑着长弓"（《童年》），大雁与长弓，其形，拈自水墨山水画中的远山一痕；"多少年来，我在高黎贡山之麓，滚动一枚太阳／眼看着它渐渐苍白，沉入浪下，盖上千里雪"（《云雀》），其色，几乎自然让人想起台湾画家刘国松宇宙洪荒的抽象绘画；"人去屋空。潮湿的钝，在瓜分一筐凿子"，其质地，虚与实、湿与涩，俨然是塞尚静物笔触。可见，诗人李森确实是在其诗中，自然分有了画家的生花彩笔。

气象：独立苍茫自咏诗

事物或者说世界，被诗性智慧引领、敞亮以后，不光呈现出宋词小令马远山水般的精致妩媚，而且还际近、化入了苍茫的大气象：一切气韵生动的事物都鲜活在苍茫的背景之下。李森之诗，时时在纯净明澈的精致背后，隐现出苍茫的景深："世界上有没有这样的故事？檐下需要打开，墙需要洞明。／四野需要天下，我需要仰望命运。"（《窗户》）"啊，我高大的主人，黎明四脚匍匐，追逐夕阳，朝你涌来，西天的火焰。"（《书房》）"千年追随着妹妹的光坠啊，挂满饮者心房／千年喷着鼻息的坐骑啊，从林中奔出／千年锁着铁的鹰隼，让我放飞天下。"（《一千年后》）"日落西方／橘在野／日落橘／苍茫在橘。"（《橘在野》）这些句子由象及境，由有入无，际化苍茫，臻于大境。有大境界者，方有大气象。朗声诵读李森

《霍去病墓前的石马》吧："祁连山，祁连山，祁连山／所有苍蝇都服从他们的翅膀／所有明亮的翅膀都服从它们的苍蝇／只有英雄的石马服从它的风化大漠，大漠，大漠／我的空白向四面八方铺开／他的马蹄声，他的音符堆积如山。"

英雄的石马，在空间中悲剧性地对抗与剥蚀，英雄的马蹄声，响亮而轻快地穿透时间，从质感到动感，从形象到声音，从空间到时间，意象单纯，句子短短，音声朗朗，往来纺织着音、形、色，生与死：英雄的悲和伟，都业已际化苍茫，显发出磅礴的气象，这是陈子昂《登幽州台歌》以来古今罕见的佳什。

如果说，从大人物、大景观生发大气象，较为常见，较为容易，那么，从小事物，而且是精致而美的"小事物，生发出苍茫的气象，则更需手腕，尤赖胸次，看看《莲花锁》：红润为我守着莲叶，圆锁为我守着莲花／蝴蝶为我守着脂粉，蜻蜓为我守着翅膀／工蜂为我守着刺，守着风月，等万物轮回／可惜啊，那朵莲的到达是偶然，它的遗忘是永远／可惜啊，那朵花的无辜是盛开，它的远去是莲子"。

莲叶、圆锁、蝴蝶、翅膀、刺，全诗渐次绽放出精致而惹怜的生命意象，最后两句，一声喟叹，朗然窥破生命的无奈与无常，霎时推出苍茫的景深，小小莲花由此获得了大气象，于此可见，李森精神腾越的高度。

纵览人类文明史与艺术史，有一点需要言明，所有思想与艺术创造的大气象者，都必然各个际遇了神性，柏拉图、尼采如此，海德格尔如此，王维、伦勃朗如此，甚至牛顿与爱因斯坦亦如此。一切物事，只有在神性的背景中，才会真正显发苍茫的气象。可以补充的是，李森迷恋佛陀，也迷恋斯宾诺莎，1660年镜现在斯宾诺莎镜片中的上帝，今天同样映照着中国南高原上的诗人李森。自然，迥立在苍茫背景中的李森，有分外的悲怀：

"一只布谷鸟，夹在身前身后，两个美梦之间，悲如铁。"（《秧苗》）"缪斯妹妹，草叶青青挂满雨水，英雄的心空空如也。"（《青草》）……

至此，李森诗歌的现代意识已无须再提。值得指出的是，他多年在汉语古典诗艺中，含英咀华，涵养出了经营意象与敲锤韵律的一流感知能力："光阴，在一棵海棠上／炼成一点粉红，两点粉红"（《春日迟迟》），此般意象精绝过人，是贾岛推敲也是杜甫吟安出来的意象；"有过一出戏，有过一个人。有过一种声音，一些文字。一种饥饿"（《茨维塔耶娃》），此种韵律是唐诗宋词的韵律，是《国风》流淌的韵律，平仄起落的高古乐感，起于李森舒张的脉管深处。

当然，写诗是李森的才情，教育才是李森的抱负。"寄傲琴书，以待天时"，是横亘在李森胸中的闷雷。在这个大雅不作、弦歌不闻的时代，他怀着执求大学本真精神的古道热肠，以其幽默的刀锋——"因为我的声音锁在你们嘴里。／我的刀锋和激情都藏在你们脚下"（《猫头鹰》）——无情地解剖与批判思想武功独霸的专制主义之鸟及一切学术大锅饭体制。显然，李森是孤独的，也是隐忍的，一如他笔下那枚业已穿过苏联寒冷坚冰的"紫葡萄"：

> 一枚紫葡萄穿过苏联寒冷的坚冰
> 为了隐含那一点酸涩的汁液
> 不能停下来，不能破裂
> 看见这枚葡萄的人，拥有这枚葡萄
> 直到冰刀的那一点光被它收敛

（原载于《作家》2014 年第 1 期）

像春风一样自由

——《偏绿》观后及批评

可以反抗暴政，可以反抗钢铁，谁能够反抗春风？

春风又绿江南岸，春风可染白髭须。

2008 年春天，毛旭辉的画面，霎然春风绿润。他的《绿色剪刀》仍然葆有解构的锐利刀锋，但明显沉静凝敛，已然是建构的"宣言"：除了苦大仇深，除了鲜血淋漓，先锋艺术完全可以自足欣悦，绿意迎人。

这也是毛旭辉与云南大学艺术与设计学院油画工作室同事及他们的学生们共同的"偏绿宣言"。

这群生活在云之南、地之角的年轻或不年轻的人，他们远离展览、远离批评，远离五光十色的艺术季风，多年来，在一个叫圭山的撒尼族村庄，安静自守，朴素地画画，生活，思考。他们通过自己的艺术，告诉当下热气蒸腾的中国艺术界与艺术教育界：让艺术家回到原野，让学习回到写生，让绘画回到画布，让教育回到创造。

这是艺术最健康的"偏绿"生态。

这是伟大艺术创造最本真的常识。

原野：寒江雪与柴门犬

1978年，毛旭辉第一次到圭山写生，红土地，石头房，大跳蚤，尤其是那种拙朴艰难的生活，"像极了梵高笔下《吃土豆的人》中的调子"。毛旭辉一下子被圭山风物人情抓住了，一抓就是三十年。

1982年，他和张晓刚、叶永青第二次到圭山写生，他的创造力倾泻而出，《圭山组画》应运而生。

2006年，云南大学建立了圭山实习基地，油画工作室的师生们到此写生，一年两度，从无中断。

每个伟大的艺术家都有自己的"圭山"：梵高有他的"阿尔"、高更有他的"塔希提"，霍克尼有他的布理德灵顿，荆浩有他的匡庐。

从原野中出走的人类，重返原野，实质是一次深刻的还乡。原野既庇佑了艺术家，又点亮了艺术家。

在圭山亘古如斯的皇天后土中，陶发第一次获得了他蜷曲松灵的线条，荀贵品第一次找到了他的"公鸡"意象，马丹发现了自己的童话王国，李瑞获得了抒情的气质。

对立于城市，对应于本真，原野在文明，尤其是现代工业文明，无从覆盖的地方，存留与养育着活泼泼的人性与原初生发力。一花一叶，一锄一犁，与画布上的一点一线，如此血脉亲近，都是生命翅翼自由扑腾的迹象。所以毛旭辉说，一到圭山，他就褪去了城市的焦灼与疲惫，"我画画，农民种地，我们各行其是，各得其乐，他们不觉得我们有什么奇怪"，圭山是他灵魂的避难所。所以他的学生普燕，这位来自乡村的孩子，在城市，在画布上，固执地让她葱翠的植物花叶蔓延，缠裹满灰调苍白的积木般的城市。这是绿色对灰色的批判，也是城市对原野的深情眺望。

当然，原野既包括"柴门闻犬吠，风雪夜归人"的田园，也包括"千山鸟飞绝""独钓寒江雪"的人迹罕至的山水。前者意味着温煦地收容与接纳，后者是对生命极限的逼近与超越，一优雅，一悲壮，都是原野内含的气象。陈玲洁的《农事诗》，渍染漫漶，水色斑斓，弥漫着关于家园、关于劳作的诗意，这正是画家对生长于斯的家园风物的深情眷顾；陈川的家园，则朴素凝定，他通过构成性极强的结构，将单纯的色块、拙朴的造型，锁定在一派安静怀旧的氛围中。与之相反，陈群杰走向旷野，地老天荒的旷野，人迹罕至，沉闷压抑的调子，厚涂层叠的笔触，塑造着孤独内伤的原木、人物与云朵，这是对旷野与生命的沉重问询和倾听。

要强调的是，无论是寒江雪的旷野，还是柴门犬的家园，原野要在艺术家的创造中，根本性地兴发鼓荡，最终都必须接通艺术家个人经验的深源。在这个深源处，原野与人心浑然无际，创造力汩汩流淌。哲学家罗尔斯顿曾经说过，"所有人类最具创造性的时刻，往往关联着人生体验中的某一段自然生活"。所以梭罗走向了瓦尔登湖，海德格尔爬上了阿尔卑斯山。

要再强调的是，原野既可以是诗意的，也可以是严酷的；既可以是日常的，也可以是神性的。

一切皆有待于人。

写生：藤萝月与活心源

"请看石上藤萝月，已映洲前芦荻花"，是杜甫的诗句，写在四川奉化。据说，黄宾虹到四川时，执意连夜赶到奉化，趁月色，玩赏杜甫所写的"石上藤萝月"，黄宾虹山水中重叠密集、急管繁弦的"七笔五墨"，

陶发《田山，绿》，油画，2012 年

正由此悟来。

同样，西方油画中，从巴洛克大师卡拉瓦乔、伦勃朗，到当代的卢西安·弗洛伊德，无不以写生作为悟入艺术堂奥的门径。

模仿对象，这是写生的第一境界；模仿对象，进而驭使对象，这是写生的第二境界；被对象点亮，让对象和自己双双敞亮，这是写生的最高境界，亦即中国艺术理论所说的"外师造化，中得心源"。

之所以提出回到写生，是因为当代中国有大量写实的画家，但他们不写生，他们写"照片"。远离了我—你照面的生动现场，遗落了色彩对比的微妙层次，放弃了果断书写的笔触，绝多所谓的油画，实同准确平板的照片无异。

云南大学油画工作室的师生们，孜孜不倦地恪守着写生的朴素传统。他们每年都会在春暖花开和秋高气爽的时节，两度到圭山基地写生。毛旭辉一手画着他思虑深沉的"大剪刀""大靠背椅"，一手画着烂漫浏亮的圭山"印象"风景，且两相映照，互相沁润。金志强和张志明则随时开上汽车，背上画架，远出写生；从他俩的画面可以现出，在写生中，他们把灰调子的微妙细腻、笔触的自由恣肆，提炼得得心应手。

"我见青山多妩媚，料青山见我应如是"，造化不负人，写生的重要意义在于：自技法而言，写生可以最大地现发色彩，让色彩的对比，中间色与暗部的丰富性，绚然生光。自创造精神而言，笔者曾经提出过"以手为先的场域化创造理论"，言明：在与对象互生的场域中，通过手的"动"与"作"，心源开启，身体的创发力逗引出来。

写生，正是让艺术家迅速置身于这样的创发场域。不难理解，陶发在圭山核桃树的垂枝中，找到了自己的笔触，在圭山响亮无匹的古老阳光里，遭遇了山灵木魅；李瑞从丛生的杂草中，重返了童年家乡的忧愁丝缕；

172

刘仁仙通过圭山常见的剑兰叶掌，通达一个花叶斑斓的葱茏世界。

不难理解，姚钟华、毛旭辉、张晓刚在圭山找到了自己的创造起点。

通过外师"石上藤萝月"，而中得心源真自己，这是所有艺术创造的起点。

画布：金刚杵与千卷书

让绘画回到画布，原本没有什么问题，但杜尚之后，似乎成了问题。波普艺术、行为艺术、观念艺术、大地艺术与多媒体艺术诸多纷繁复杂的当代艺术形态，让绘画离画布越来越远，手上功夫也似乎越来越微不足道。然而，2005年，当今世界最有影响力的装置艺术、观念艺术收藏家萨奇，突然改弦易辙，连续六次推出"绘画的胜利"大展，他坦言：没有什么比站在一幅伟大的绘画前更令人兴奋的事了！

这种阴晴不定的艺术季风，似乎吹不到云的这边。让绘画停留在画布上，练一手过硬的手上功夫，在云的这边，没有成为问题！不信，请看展览中装置、行为艺术家宁智、孙国娟、赵磊明的绘画作品，都有俊俏的手上功夫。

"笔底金刚杵"，说的是传统笔墨的功力，不光有力量，力量还要含着、蓄着，做到嫩处如金、秀处如铁，无论哪种题材、何种路子的绘画，这是最高明的画内功夫。绘画回到画布，就是回到这种手上的画内的功夫。比如，马丹的绘画，乍看如风格亮丽的卡通，但细看，她的每个造型上，都留有极其温柔细嫩的笔触，她的绘画还是"写"出来的，没有沦为"涂"图与"填"图。

毋庸否认，当代视觉图像形式，如卡通、摄影、插画、数码、设计装饰等，或多或少影响了展览中年青一代的画面风格，但没有掩盖绘画本身的画内功夫。孙瑾信手草草的写意手绘，鬼灵精怪，烟云不定，但透着不错的塑形功力。刘猛装饰感极强的画面，在色与形的穿插、组合上，有过人之处。荀贵品与苏斌的笔触、肌理，虞华的线条和色彩，皆有不俗的品位。

高明的绘画，在画内功夫而外，还有更重要的画外功夫。明代画家周臣，自叹不如学生唐寅，说过一句话"只少唐生数千卷书耳"，说的就是画外千卷书的功夫。作为八五新潮的代表人物，毛旭辉深感云南艺术家群在当代艺术上的短板，就是文化感薄弱，思想锋芒寡淡，所以他教学生，随时强调，虽然僻处彩云这边，但创作必须以艺术史为参照，务必多读书，增强文化感、书卷气；所以在圭山画画写生之余，学生就是读书，听讲座，观赏各类优秀的艺术电影与大艺术家传记影片。

书卷熏养气质，生活历练人格，画外功夫的另一层，就是在人情、世情中，摸爬滚打，拥抱与反省生活，从而世事洞明，人情练达。有意思的是，展览中，学生辈艺术家，在艺术形式语言上，明显更富开放性、多样性和探索性，虽然这些语言也各个勾连自身的个体生命经验，但在艺术的精神内质上，相较于师长辈艺术家，明显少了些苦味和涩味。显然，刘亚伟旧事回忆中的天真与淡伤，武俊圭山猪中的迷离虚无，杨剑波桃花与沙中的糙涩诗意，段玉海苞谷地里的沉思，胡晓刚水牛背上的土涩，还有待时间与阅历，告诉他们。

所以《偏绿》，不是"全绿"，好的作品，可以有甜味，但也需要苦味、涩味和厚味。

教育: "三秋树" 与 "二月花"

六十年新中国艺术教育的事实是, 学院教育再没有培养出黄宾虹、齐白石一样举世公认的大师。这需要我们深刻反思现在的艺术教育, 毫无疑问, 这与徐悲鸿体系嫁接契斯恰科夫体系的基础教育模式, 仍然根深蒂固地笼罩着整个中国的学院艺术教育有关。这个模式的长处, 十分明显, 即人人可学, 易学易懂; 但短处亦是致命的: 千人一面, 缚手锁脚, 个性尽泯。在这个问题上, 毛旭辉切身体味深刻, 他说, 1978 年到圭山的第一次写生, 他按照苏式模式, 画风景, 几乎无从着手, 完全失败; 第二次, 他用后印象派的方式, 面对自然, 才开始找到感觉。

正是这样的原因, 云南大学艺术与设计学院提出了 "原典教育、原野教育、原创学术" 的办学理念, 凝练了 "以创带基" 的教学思想。面向原典, 面向原野, 都是试图引导学生直接亲近人类智慧与经验的原初原发状态, 终而落实到原创学术上。在这里自由个性的发现、点发与培育, 成为艺术教育的根本。如果说油画工作室的圭山经验, 有什么特别值得提倡的, 那就是, 让学生在自己的根性上, 长出自己的苗, 结出自己的果。

显然, 这个教育实践, 成果斐然, 纵览展览中从圭山培育出的青年艺术家, 虽多为同门、同窗、同道, 但在艺术面貌上绝不雷同, 各有风规: 裴梓烨实验国画画谱与现代插画的并置, 刘仁先探索花叶拓印与油画肌理的交错; 荀贵品的摄影高光曝光点、李瑞的虚焦意境与王锐的广角全景风景, 判然有别; 同为表现主义手法, 刘瑜与管赛梅, 截然不类。而且最关键的是, 他们都是在个体经验与心性上, 寻找与创造自己的语言, 他们是真诚的。

当然, 这离不开高人指点。好在毛旭辉、陈群杰、张志明、陈玲洁、杨剑波、宁智、苏斌、武俊、刘亚伟、段玉海、金志强、孙国娟诸位老师，既是虔诚的优秀艺术家，又是烛隐显微、点石成金的教育高人。

板桥先生有云，"删繁就简三秋树，领异标新二月花"，"三秋树"的遒劲，是因为经历了秋雨秋霜的删繁就简。用在油画工作室的经验，那就是年轻学子们都经受了原典与原野的历练，经历了两度"删繁就简"：一是用原典与原野，对人类冗余的知识、烦嚣的尘俗，进行删减；二是用个性启发，对原典与原野，进行删减。由此，在"三秋树"上，"领异标新"的"二月花"，就灿然绽出了。

一言以蔽之：由博返约，"教为不教，学为创造"（吴松语），永远是一切教育的真谛。

"不知细叶谁裁出，二月春风似剪刀"，显然，毛旭辉纪念碑式的《绿色剪刀》背后，吹拂着自由的春风；《偏绿》展览通过四个层面的回归，吹拂着自由的春风。

那么，自由的春风来自哪里？

来自"民吾同胞，物吾与也"的物性、人性、神性同体大悲的本真生命。纵观人类历史，从前现代的尊重神性，到现代的尊重人性，到后现代的尊重物性，自在烂漫的春风，顺流而下，越陌度阡，冉冉吹拂，无远弗届。

（原载于《艺术当代》2014 年第 6 期）

电影大师李沧东还能进步吗？

韩国作家李沧东凭《绿鱼》《薄荷糖》《绿洲》《密阳》《诗》五部电影，沉重转身，四十三岁时由作家而导演，一举跃居于世界公认的电影大师之列，其独有的影像美学风格，朴素，从容，冷峻浩荡中闪烁着点点诗意，让人过目入心，沉痛弥深。即使以东亚美学的最高标准，比如，以与其艺术亲缘紧密的日本导演小津安二郎、中国导演侯孝贤，乃至中国作家鲁迅、沈从文的美学品格来衡量的话，李沧东仍然是无可置疑的影像大师，然而，他还有进步的空间吗？

影像思想者

所谓思想者，在于敏感于时代的大创痛，并能作出感同身受的理性反思与背负；毫无疑问，李沧东能成为电影大师，根本就在于其艺术底色中浸透着这样的思想者品质。在这个图像泛滥、色相缭乱的读图时代里，李沧东是少有的敢于冷静直视现实、冷峻逼视灵魂的影像思想者。这，在其艺术中体现有三。

其一，他是深刻的视觉反思者。我们可以注意到李沧东多部电影中，对多品类视觉图像多次娴熟运用，如镜子影像、照相影像、电视影像，这绝非偶然。关于镜子，《绿鱼》中，出现了五次，末东每一次在镜子中凝视自己，每一次皆有所思，每一次性格就丰富一层；在《薄荷糖》中，作为警察新手的金永和，在惊慌笨拙地抓捕完犯罪分子后，以镜自照；《绿洲》中，残障的恭姝端着镜子，看粼粼反射的光线，在昏暗的屋子里，变成翩翩飞舞的蝴蝶；《密阳》结尾，申爱对着宗灿殷勤抬着的镜子决然剪发。

关于照相影像，《绿鱼》中末东家墙壁上挂着的发黄的全家福，成为末东与母亲聊天的背景；令末东一直耿耿于怀的是那张绿影摇曳的、留驻了童年的老照片，他最后送给了自己心仪的老大的女人；《薄荷糖》中，金永和与初恋情人一线相牵的，正是见证了他们纯真时光的照相机，但最后被他故意贱价出卖；《诗》中，遇害的小女孩遗像，令杨美子惊心，遗像中那束血色之花，正是美子曾对其殷勤寻找诗情的那种。

关于电视影像，《绿鱼》中，退伍归来的末东，与母亲攀谈，母亲却目不转睛地盯着电视上的娱乐节目；《薄荷糖》中，金永和作为警察，在浴池中发现了犯人，后景中电视画面上正是"政要讲话"；《诗》开头即是医院候诊室中播放的灾难新闻，影片中段美子外孙吃饭时，百无聊赖中，呵呵一笑的，正是电视真人秀节目。

镜子影像、照相影像、电视影像三种类型的影像，是视觉文化的重要表征，对应着人类图像生产史上的三个时代：镜子对应手绘反映时代，相片对应机械复制时代，电视对应图像大众化时代。三者都依赖视觉，共有与现实或真实或歪曲或暧昧的多重联系。在李沧东电影中，这三类影像运用，基本上有两种功能：直面反思与愿景寄托。例如影片中镜子大多是用于直面自我，以为自我反思，少数情况则意味着美丽憧憬，如《绿洲》

中，恭姝借镜子飞翔起蝴蝶梦；照相影像，李沧东极有好感，所以多是愿景寄托，如末东的全家福与童年旧照、金永和记录纯真时光的胶片，少数情况下则是警醒，《诗》中美子把遇害小女孩的遗像带回家、摆上桌，让外孙看到，表达无言的视觉谴责。而作为大众影像的电视，李沧东几无好感，全部充当着负面的角色，无论记录灾难新闻的电视影像，还是大众娱乐的电视影像，李沧东在电影中很鲜明地持批判态度。这正体现了李沧东的目光如炬：读图时代的大众影像，多以"真实"外观惑人，但往往包藏着两重视觉意识形态——政治的（新闻）与商业的（娱乐）。所以李沧东对我们这个时代的视觉意识形态反思，正是从两个层面入手：全然地粉饰、遮蔽现实（娱乐消费）与全然地顺服、沉溺现实（新闻纪录），都不真诚。他的电影，由此借三类视觉性图像告诉我们，真正有质感的视觉图像在于既需要直面现实，又需要愿景升华。李沧东电影总体艺术风格的秘密，也全部深蕴于此。

其二，他是冷峻的现实批判者。李沧东植根于韩国当下社会文化生活土壤，对韩国现代性的生存困境，给予了连根拔起的批判，如诸多论者指出的，李沧东电影中家庭伦常往往是破碎的、荒颓的，比如他所有电影中"祖父"形象皆缺位：《绿鱼》中，末东丧父；《绿洲》中，洪忠都无父，替代祖父形象的大哥，更是一个不负责任（让弟弟充当车祸替罪羊）、冷漠无情的人；《密阳》中，申爱刚刚丧夫；《诗》中，美子与外孙相依为命，孤寡苦撑。一般来说，祖父意味着"精神"的引领与"责任"的担负，而祖父的缺位，显然隐喻着韩国文化传统价值观的沦丧与败落。在诸多影片中，李沧东还浓墨重彩地描述了家庭亲情的冷落与疏离：《绿鱼》中，末东想让家中三兄弟与母亲团聚，重返大家庭，当他热切地说出这个期待，他母亲却津津有味地看着电视；《绿洲》中，恭姝哥嫂因其残疾而获得政府的廉租房，却冷漠地把妹妹抛在老屋中，呼告无门；《诗》中，美子一片深情热望，小外孙却熟视无睹。凡此种种，对于家国天下、家人父子的东亚社会来说，无疑是致命的困境。

从对家庭观照批判起步，李沧东进一步把镜头对准了韩国整个现代化进程，《薄荷糖》正是以小人物的命运折射时代大命运，最终以小人物裹挟在时代中的孤苦无告、绝望自杀，对时代进行最严厉的控诉；全片分成七个阶段，从1979年到1999年，对应着金永和的七个人生阶段，也对应着韩国现代化进程中的"光州民主运动""反军事政权的民主运动""亚洲金融危机"等大事件，每一个事件，对小人物命运的裹挟与摆布，如此残酷真实，如果比较《阿甘正传》与《薄荷糖》，可谓意味深长：小人物阿甘也全息了20世纪下半期美国社会的命运，与金永和截然相反，阿甘在每一次历史大事件中，都充当着一个不意而有幸的角色，每一次都获得了人生的升华。显然，此二者，有粉饰与批判的差异，这也正是商业影像与严肃电影的差别。李沧东曾说，《绿鱼》中他还批判了韩国城市化进程中蔓延着的资本暴力，而且这种暴力在日常生活中宁静地施行，无所不在，却又无从把握；对这种严酷现实的锐敏批判与焦灼背负，让李沧东电影中的沉重，更加密不透风。

其三，他是沉痛的灵魂拷问者。李沧东直言自己很热爱鲁迅，所以不难理解，由现实批判进入到灵魂拷问，李沧东电影带着鲜明的鲁迅式的千回百转的灵魂拷问的创痛与痂痕，尤其后期作品《密阳》与《诗》中，这种创痛与痂痕更为触目惊心。《密阳》中，申爱去世的丈夫背叛了她，她怀着自欺欺人的复杂心情，重返丈夫的故乡密阳，重新生活，她开始有那么一点放松和虚荣心；然而，一个跌宕，她的儿子又被人绑架了，撕票了，她一下陷入到没顶的绝望；绝望中，"上帝"伸出了抚慰之手，她信奉了基督教，开始进入到喜乐充盈的生活，直到她愿意到监狱中去宽恕杀害自己儿子的凶手；然而，一个更大的跌宕发生了：凶手安然自在，自称依上帝之名，宽恕了自己。缓缓推进、层层集聚的情感，到此，骤然进发——申爱彻底愤怒与崩溃：上帝的公义在哪里？她开始报复教会，引诱牧师，她冲着白日皇皇的天空，质问，乃至自残，然后再求救、获救，她康复后，第一次到理发店理发，偶遇的理发师，正是杀害她儿子的凶手的女儿，她愤然摔门而去：她仍然无法原谅她……这个影片中，李沧东对人性，乃至对神性，千回百转地层层逼视与拷问，抽丝剥茧，让人心、人性的复杂肌理，一层一层呈现，看得人悲肠百结、痛楚难当。

《诗》里，依然是酷烈的灵魂拷问，但李沧东回归了东亚古典美学，表现得十分节制与优雅，如美子在得知外孙和几个小男孩轮奸女同学，致其投河自尽后，一方面，她一直在努力写诗，没有任何急切的呼告，乃至求助的告白；另一方面，她配合着其他男孩子的家长，几经波折，去筹钱，去掩盖犯罪事实，去救外孙，最终她通过与自己服侍的残障老人性交换，筹到了钱，交给了大家，但她把外孙送进了监狱，自己投河救赎。实质上，这个看似波澜不惊甚至略带诗意的"救护"过程，美子内心充满了风云激荡的拷问与忏悔：该不该掩盖这个事实呢？该不该忏悔？该不该以肉体交换去筹钱呢？该不该去救外孙呢？李沧东借助诗性在美子心中的一步步凸显、浮现，将这个芜杂纠结的过程，表现得如此平静与单纯，恰如同中国《三国演义》中，借刘备三顾茅庐，来酝酿诸葛亮胸中的激荡风雷。这正是李沧东的高明，也是东亚美学的高明。

综观以上，我们可以明了，李沧东作为影像思想者，毅然以"间离"效果，决然拒绝读图时代大众影像对观者的诸多许诺：拒绝角色认同，没有英雄与美人；拒绝情节消费，没有波澜起伏的"性"与"打斗"情节；

拒绝结局补偿，没有大团圆的好结局；拒绝形式外观饕餮，没有炫目迷人的视觉奇观。

影像艺术大师

仅仅如此，还不能成为大师。

细节捕获者。大师活在汁水饱满的细节中。小津安二郎在书信中，写当年在江西油菜花地里行军，偶遇一个刚出生的婴儿，"四列行军自动分成左右两排绕过婴儿。打着绑腿的大军靴。经不起踩的婴儿就在行军之流中天真嬉戏"。四下，是无边的金色油菜花。

如此明亮而残忍的细节捕获，无疑是大师。侯孝贤《风柜来的人》中，阿清三个被骗到烂尾楼上看色情电影，电影乌有，三个年轻人站在未装修的水泥窗口前，眺望着这个框口框出来的陌生城市远景，俨然是宽银幕电影，一片茫然。如此合情合理的细节，也是大师。

李沧东在他的电影中，捕获细节的手腕，无可置疑地展现了其大师气象：

《薄荷糖》中，　文不名的金永和，为了见往昔恋人临死前最后一面，在铁路边，脱个精光，从容换上恋人老公送给他的新衣服，化日光天，裸体扎眼，但又如此妥帖。

《绿洲》中，警察局里，残障的恭妹，为了说清她与忠都的性爱出于两厢情愿，她拼命借轮椅去撞办公室的柜子，每撞一下，旁人便越以为她是受到凌辱，备感屈辱，一下，又一下，她越着急，旁人误解便越深。

《密阳》里，申爱的儿子有个习惯，平常喜欢学他父亲的样子，假寐打鼾；他被绑架后，失魂落魄的申爱，大白天卧在沙发上，一声，一声，打着鼾，渐渐地，泪水漫溢。

《诗》里，美子到受害小女孩家，找其母亲说情，路过一片阳光灿烂的杏子林，前面是一条小溪流，明亮溪流里有着一团塑料垃圾……那么美的景致里，居然任其有垃圾，这是李沧东。

稍稍归纳一下，我们会发现有生命呼吸的细节一般有三个特点：其一，生活汁水饱满，植根于凡俗生活，可以不合常理，但一定得合常情；其二，细节现身于现象，终止于现象，如沈从文所说的，"我就是个不想明白道理却永远为现象所倾心的人"；其三，有意思、有意味的细节，往往涵摄两端或多端相异乃至相反的美学质素，如小津安二郎油菜花地里的生与死、糙重与柔嫩、复杂与单纯，《薄荷糖》中的裸露与隐藏，《密阳》里的醒着打鼾，皆是如此。

艺术的细节，天然与意识形态的宏大叙事为敌，最直观地考验着一个艺术家的天赋才情与心灵柔软程度。难怪沈从文在写给张兆和的书信中，提到自己在还乡的小船上校《月下小景》，十分自信："细细的看，方知道原来我文章写得那么细。这些文章有些方面，真是旁人不容易写到的。我真为自己的能力着了惊。但倘若这认识并非过分的骄傲，我将说这能力并非什么天才，却是耐心。我把它写得比别人认真，因此也就比别人好些的。我轻视天才，却愿意人明白我在写作方面是个如何用功的人。"在这里，沈从文把写得细说成用功，而非天才，我宁愿把它看成沈从文的自谦，甚至是他惯有的正话反说的习惯。沈从文的所有小说，根植于生活的细节，他是一个捕获细节、亲近细节的天才。

日常生活叙事者。筑基于结实的生活细节，"池塘生春草"般，让细节自然衍发，铺展，蔓延，千差万别而又千丝万缕，然后长成为日常生活的杂草地，李沧东把镜头对准清一色的小人物、社会边缘人，观照他们的柴米油盐、悲欢离合，展现他们的悲情与梦想，是典型的日常生活叙事者。当然，这并不是李沧东叙事的高明处，他的高明在于，让芜杂的日常生活叙事，静静流淌，并推荡着一股不可逆转的深忍的力，节节浸润，滴滴积聚，最后汇成一种无法言说、无从逃遁的冷峻与悲情。这股力，由此收拢了旁逸斜出、杂花生树的诸多细节。

这股力究竟是什么呢？

是人性自我舒展、自我完成的先行势力。《绿鱼》《薄荷糖》叙述了末东与永和步步跟跄、步步不复的人性沦落过程；《绿洲》讲美好的爱情对两个零余者人性的引发、荡涤与升华；《密阳》刻画了人性沉沦、撕裂、拯救与抗争的繁复面向；《诗》描述了人性中蕴藏的美丽，在自我求索、自我反省、自我决断中，缓缓呈现，层层绽放。可以说，李沧东电影观照的主题都是"人"，李沧东自己多次坦言，他放弃惊心动魄的情节安排与炫目的蒙太奇剪辑，而大量使用长镜头与景深镜头，关注的是朴素真实的"人和人生"。无独有偶，深深影响过李沧东的电影大师侯孝贤也说过，他最关心的不是去拍什么事，而是去拍什么人；深深影响过侯孝贤的文学大师沈从文更干脆说，他要造一个希腊小庙，精致，结实，里面供奉的是"人性"。

可见，对世界与人性，洞察深远，这些艺术大家自有悲怀。然而，他们却以旁观者立场，冷眼凝视，不动声色，侯孝贤提到沈从文自传中，写年轻时看杀人：人杀得太多，只好抽签，一个农民抽到了，要被杀，结果他在担心他的牛，细细交代他的牛如何处理。侯孝贤读到这个细节备感"震撼"，这种"沈从文式"的叙事，越平静节制，越绷紧了叙事的张力。

诗性庄严的雕塑者。人生与人性的开展，如果都是琐碎而坚固的、不可撼动的沦落与瘢痕，人生的意义又何在呢？

诗赋予人生意义，雕塑人性庄严。

李沧东很注意在浓密、板结的日常叙事中，嵌入点点斑斓的诗意：《绿鱼》中末东老照片上那个绿影涟漪、可以在溪流中捕捉绿鱼的童年所在；《薄荷糖》中永和心中珍藏的、那个和初恋情人脉脉含情、对着一枝野花悄焉动容的阳光灿烂的日子；《绿洲》中那面挂毯，挂毯异域世界里的人事，惊采绝艳，会悦纳恭姝和忠都，为他们撒花祝福；《诗》中的杏子林，秋光荡漾，让美子心中诗之嫩芽初绽。这些光色响亮的镜头，为诗赋形，雕塑出人性庄严。凡此种种，皆可见李沧东的匠心："诗"的置入，既调节了现实主义叙事密不透风的沉重节奏，又寄寓了人性升华得救的希望。实质上，李沧东通过《诗》也告诉了我们：诗，并不外在于我们卑微的人性；在苦难与困顿中，我们仍然可以过得美丽优雅。这同样是生活的真实。

值得注意的是，在展现诗意的时候，电影大师李沧东，作为作家的本性，不可抑制地显现，他也许不再那么信任图像，而多次采用文字表达，如《薄荷糖》开端结尾，皆是歌声表达，《绿洲》中恭姝想象中为忠都尽情高歌的辞藻，全然是诗，尤其《诗》的结尾，吟诵着美子的绝唱：

阿格尼丝之歌

你那里好吗？

还是那么美吗？

夕阳是否依然红彤彤？

鸟儿是否还在树林里歌唱？

你能收到我没敢寄出的信吗？

我能表达自己不敢承认的忏悔吗？

时间会流逝，玫瑰会枯萎吗？

现在是道别的时候，
像一阵清风吹过。
像影子，
对从未许下的承诺，
对一直掩藏的爱意，
对轻抚我疲惫脚踝的小草，
以及跟随着我的小脚印，
是时候道别了。

随着黑暗的降临，
蜡烛会再次点燃吗？
我祈祷，
没有人再哭泣，
我想告诉你，
我是多么深深地爱着你。
在仲夏无尽地等待。
一条昔日的小路就像祖父的面容，
即使孤独的野花悄然消逝。

我爱得多么深，
每当隐约听到你的歌声，
我的心就狂野悸动。

我祝福你，

在渡过漆黑的河流前，

用我灵魂的最后一丝气息。

我开始做梦，

一个充满阳光的早晨。

我再次醒来，

在炫目的日光下，

我看到了你，

站在我身旁。

这首声声呼唤、吁请对话的文字之诗，低回往复，柔肠百结，在影像的互文中，大大拓发了李沧东电影的艺术境界。

大师之上

前文也提到李沧东与沈从文有诸多气质近似处，因此也许可以提这样一个有意思的问题：《诗》的结局，如果沈从文来写，会不会跟李沧东一样呢？

肯定不会。看看沈从文小说《萧萧》的结局：萧萧是童养媳，嫁了个小十岁的丈夫；后来萧萧受长工花狗大的引诱，怀孕了；丈夫家里的尊长急坏了，考虑该沉潭呢，还是该遣送？忙活了一阵子，结论是：让萧萧把孩子生下来。孩子生下来了。一天天长大，和小丈夫一起放牛，打草，玩得不亦乐乎。

这个故事里，萧萧的过失在当时的情境里，无异于《诗》中的"犯罪"，但沈从文放弃了道德伦常裁断，让结局归于人性的自由发展，毫不着力，显得温情，天质与自然；而《诗》中，李沧东让美子在严厉的灵魂拷问、挣扎后，作出了决断：投河自尽，以死救赎。在这个地方，李沧东的鲁迅式的裁断，正是其高贵处，然而，作为艺术，却也是其"着力处"。如果归纳李沧东的五部电影结局，基本上都是同一逻辑主宰下的近似结局，在这个地方，强悍地挺立着李沧东的"我执"。再看看《边城》的结局：

> 到了冬天，那个圮坍了的白塔，又重新修好了。可是那个在月下唱歌，使翠翠在睡梦里为歌声把灵魂轻轻浮起的年青人，还不曾回到茶峒来。
> 这个人也许永远不回来了，也许"明天"回来！

这便是沈从文，你看不到他的主体裁断，他已经融合在天地大化化生的韵律与逻辑中，所以一切笔下人事，自然如花开花落。东亚美学的最高境界是自然，看看唐诗意境、宋元山水笔墨，即可明了，而一着力，便落下一等。

正是如此，我们可以比较李沧东电影中的诗意与沈从文小说中诗意的差异：前者是镶嵌性的，后者是弥散性的；前者是固执于人性的诗意，后者是潜行在天地大化运行中的诗意，这种诗意不外在人事，但又在一切人事之上。所以沈从文艺术中总弥漫着"薄薄的凄凉"。

这种美而忧愁的韵味，正是东亚美学的精髓。不信，且看小津安二郎电影《秋刀鱼之味》中，那种薄暮老父亲与儿女相亲相依却又欲说还休的苍凉与惆怅，小津安二郎自己就明言"电影是以余味定输赢"。侯孝贤电影《风柜来的人》，阿清对女主角那种欲说还休、忽焉又远、即之愈近的怀春情愫，也是此般情味。李沧东曾说到侯孝贤此片对其有巨大影响，然而处理情愫的这种微妙分寸、整体调子中的"余味"，似未得精妙。如果再把视野放宽，我曾注意到中国艺术史上，曾有文人画《潇湘八景》，东传日本和韩国。有意思的是，此类图传到日本，变得空灵，禅画风格；传到韩国则更为质实，北宋李成、郭熙风格；而中国文人笔墨与意境中、介乎"空灵与质实"中的微妙分寸，却全然失去了。由此看来，李沧东的不足，或许是民族性使然。

如果更深究一层的话，我们会发现沈从文小说中，在人性之上，有更深广的无可逃遁的"命运"——《边城》中老船夫隐隐觉出翠翠可能重蹈母亲的命运，《长河》里好看的夭夭可能遭逢的、不能预知的坏事：夭夭依随老水手烟杆所指，望见红紫色的远山野烧，说："好看的都应当永远存在。"老水手有所感触，叹了一口气："夭夭，依我看，好看的总不会长久。"——张新颖认为沈从文在日常人事中，写出了"天地不仁"的况味，我以为这只是一面，另一面，他同样写出了风行雨施"厚德载物"的境界。两者都通达了更深广的世界。以此观照李沧东电影，我们会发现，人生、人性之上更广阔的"命运"显然缺位了，李沧东艺术由此也失落了更浩瀚苍茫的维度。

自然，这完全不是艺术手法的问题，而关乎艺术家的世界观。

（原载于《学问：中华文艺复兴》，花城出版社，2016 年第 3 期）

排云一鹤，我诗孤迥

——高成明和他的舞蹈艺术

该怎样形容高成明呢？

一袭青衫，清癯，飘举，一点点孤独。

十年后，由于和杨丽萍合作《孔雀》，他和我坐在了昆明朗澈的晴空里。十年前，首届中国舞蹈节，他率广东现代舞团来昆明展演，同时担任"荷花奖"评委，我们得以相识。

看他的作品，读他的为人，让我想起了刘禹锡的诗"晴空一鹤排云上，便引诗情到碧霄"，对了，他就是一鹤。四十年里，他孤往跋涉，排云直上，在舞蹈的长空里尽情挥洒了他的哲意与诗情。不过，鹤舞未必晴空。今天的高成明，回首他的艺术与人生，已然洗尽尘滓，独存孤迥。

偶然命运中坚守

高成明的命运充满了太多山重水复的偶然，也由此得到了不少柳暗花明的收获。

少年时代，当其他年轻人还沉迷在政治狂热中，大把大把挥霍青春光阴时，高成明很偶然地遇到了一位音乐家及其一阁楼的藏书。他于是一头扎在书堆里，雨果、莫泊桑、巴尔扎克、托尔斯泰，这些响亮的名字，从此为他打开了一个受益终生的世界。十三岁的时候，从未与舞蹈有任何瓜葛的他，受朋友之约，参演样板戏《白毛女》，几场下来，他竟跳成了男一号，这时，他才开始发现自己身上蛰伏的舞蹈天赋。十五岁，他成为云南省歌舞团演员，主跳民族舞。

二十四岁，他同时收到了中央歌舞剧院的调令及北京舞蹈学院的通知书，他母亲轻轻的一句话，点醒了他，"这样的时代不会太久，将来必是人才的天下"，他由此毅然跨进了北京舞蹈学院大门，专攻古典舞。后，留校。八年间，桃李芬芳，他成为古典舞系副系主任、北京市中青年骨干教师。

又是一次偶然，他身上胎伏着的自由天性，在遇到香港当代舞团艺术总监曹诚渊时，不可掩抑地喷涌出来。告别荣誉与掌声，他悄悄转身，南下广东，毅然决然，选择了现代舞。筚路蓝缕，披星戴月，十二年求索，他成为广东现代舞团团长。四十部新作，十多项国际性大奖，在其麾下，广东现代舞团风生水起，甚至连《纽约时报》也称其为世界性舞团、广州市的靓丽名片。

然而，又是一次命运的"偶然"，舞团改制，他黯然离开了自己倾情十二年的舞团。在丽江波澜不惊亘古如斯的溪水边，静坐了一周，高成明挺起了胸膛。他来到了广东省艺术研究所，创办了"高成明舞蹈工作室"，编、导、制，一肩承担，前所未有的重负，前所未有的轻松。一走向世界，其新作《守望》与《惊蛰》，惊艳全场，一举夺得日本名古屋国际现代舞大赛三项金奖。

"该感谢谁呢？"

"就是《孔雀》，也是和杨丽萍一次偶然的约定。"高成明说。他也许不知道，有个叫海德格尔的哲学家，早就论述过人生在世"被抛"无着的命运；有个叫佛陀的圣者，早就教诲过人生无常的真谛。

虽然没有宗教信仰，但在了然命运的种种无常与偶然后，高成明说，现在多了一份敬畏，为人为艺，不要逆来顺受，不要中流砥柱，偶尔的慵懒，寻常的随遇而安，洗净铅华，一切如水流花放般自然。

然而，对于创作，在偶然的命运里，唯有坚持。"坚持是一种最宝贵的品质。"他强调。前年，他和一些老同学聚会，当年的舞者，现在多已改行，唯有他，四十年跌打，三度转型，几回风雨，仍然在坚持。他的作品《守望》，演员定在一个点上，展开全套惊人的动作，折射一种内心的挣扎与坚忍。高成明认为"守望"正是为自己性格写照。他坚信，他的舞蹈生涯已经证明，只要坚持，艺术就一定会达到企慕的境界。谈到未来，他平静地说："还要做下去，哪怕身体不能动了，思想还能借演员身体飞翔；创作不求数量，不再在意获奖，只希望能留下一两部尽人皆知的经典。"

向世界真诚发问

苏格拉底说："未经省察过的人生，没有意义。"高成明就是一个向世界真诚发问的人。

当年逼仄的小阁楼上，那些皇皇巨著，一下子点亮了他洞察人性的目光。当读到雨果，读到《巴黎圣母院》那些错综复杂的人性面向，他开始怀疑高大全、红光亮的人性宣传；他开始明白，人性是立体纠结的，劣迹斑斑的内心可能残存悲悯慈善，道貌岸然的外表下也可能掩饰着一颗皱巴巴的心。他于是萌生了询问生活、探寻人性的朦胧愿望。这也许是他最终走上现代舞之路的原因。

他在很多场合讲到，现代舞究竟采用什么样的舞姿、动作、节奏、结构，并没有那么重要；重要的是回到内心观照，回到本真情愫；真诚地向中国当下生活发问，在表现艺术个性同时，能透入现实疼痛，并由此接通普遍人性。这才是成功的作品。

他的作品《谁有病》，讲精神病院里六个病人和一个医生的故事。前者被后者诊断为"有病"，但在压制与反压制、嘲弄与被嘲弄的叙事进程中，病人与医生的内心世界，一一鲜活展现，以致病人坚定认为，医生才有病。作品中，两种不同的世界观，多元繁复的人性状态，完全没有对话和沟通的可能。孰是孰非，真耶幻耶？作品没有答案，但真实地揭示了生存的疼痛与人性的悖论。

高成明毫不掩饰皮娜·鲍什对自己的影响，"我不关心如何舞，只关心为何而舞"（皮娜·鲍什），皮娜·鲍什的舞蹈理想，直中高成明内心。生活琐碎、日常动作，乃至禁忌行为，都可以搬上舞台，在表演的状态里，这些都可以成为艺术，关键是，这些动作展现了何种意义，是否深度询问了人生与人性。

"在浮华的时风里，皮娜·鲍什这样的艺术家，更应该引起中国舞界的沉思。"高成明意味深长地说。

舞者本色是诗人

纵观高成明作品，无论是古典舞，还是现代舞，从《江河水》《剑指》《轻·青》，到《梦白》《守望》《又是一年》，都舒卷着水月空蒙的古典诗意。高成明原本有一副诗性情肠。

还是少年，还是一次偶然，他邂逅了一位诗人。这位工厂里的地下诗人，时人眼里的"堕落者"，长发披肩，俊采飞扬，谈诗，谈性，谈爱情，一出口简直是金声玉振，身旁自然美人如月如云。在贫乏的年代里，这位诗人让高成明恍然大悟：原来心灵是自由的，是披美缤纷的！他隐约觉得自己就应该成为这样的人。

果然写诗了，在北舞学习期间，高成明写了大量的诗词和歌词，还收到过来自诗坛的敬意。诗歌，让高成明深深地浸润于中国的古典传统，要眇温润，含蓄优雅，境生象外。所以多年后，他的现代舞作品在国外亮相，西方人惊呼：东方式的身体与韵味，完美地演绎了当代的精神与理念。不凶险，不媚俗，高成明希望赋予现代舞这种舶来艺术样式以中国神韵，他一直都在细细拿捏古与今、中与西之间的巧妙分寸。他意识到，是文化传统，只能是文化传统，最终决定着艺术家走出更高更远的气象。

孤舟蓑笠翁，独钓寒江雪。高成明说："诗人在一个时代里，肯定是最痛苦、最孤独的人，所以才能写出悲天悯人感人至深的诗。"

观众席，一束白光打在一位白发老者身上，老者在灯光中走向舞台，蓦地，空中垂下一袭白衣。接过。穿起。老者就成了李白。这就是高成明的现代舞剧《梦白》，在恍兮惚兮如梦如寐的意境中，高成明完成了对李白"仙、狂、醉、愤"的书写。这既是他向李白以心会心的致敬，也是他内心孤独诗意的展现。

高成明在众人沉醉的年代，埋首书卷；在怒放的古典舞盛期，毅然转向人迹罕至的现代舞；在广东现代舞团最璀璨的聚光灯下，走向独我探索的灯火阑珊处，他定然深味孤独。由于对舞蹈事业过于投入，过于沉醉，他说，他不善理财，不爱热闹，朋友很少，而且，"作为丈夫，作为父亲，一直以来，我心怀歉疚。其实我心里有着很饱满炽热的感情"。望着怅然若失的他，谁会怀疑他有着最温柔的情意呢？

"这么多年来，舞蹈是我唯一的倾诉。"他有些慨然。

像自由一样美丽

旅美学者林达有一本书，叫《像自由一样美丽》，讲述犹太儿童在集中营中，通过绘画，坚守自由，眺望美丽。这个书名，用来描述高成明的艺术心灵也十分允当。

当年，高成明从古典舞转向现代舞，就是因为他觉得古典舞则美矣，规束与程式却太多，很难自由全面地展现个体的身体状态与心灵世界，尤其难以深入当下中国人的生存境况，因此他一接触现代舞，就情有独钟。其实，在他的过渡性作品《轻·青》中，这点已经露出苗头。依然是美丽流转的旋律，依然是天人相亲的意境，但《轻·青》明显放弃了主题叙事，回到了纯粹的形式自由，肢体于焉舒展，自由于焉绽放。

高成明在编舞中，尊重演员的个性自由，努力激发演员对创作的参与，"大体则有，定体则无；演员们在限定的框架里，根据各自特质，自由完成作品；哪里多点、哪里少点，我们互相碰撞，互相圆成"，高成明甚至因此创作了《针对不同舞者的设计》作品。不难理解，他作品中的张志，身体掌控出神入化，王迪感性倾泻淋漓尽致，两者个性鲜明。

在与观众关系上，高成明说，这么多年摸索，已经逐步意识到所谓先锋、所谓前卫，已不再那么重要，更重要的是，尊重观众欣赏自由，谋求在共鸣中的引领，这点，在《孔雀》中已有尝试。至于创作，民间舞的、古典舞的、芭蕾舞的、现代舞的，都可以拿来为己所用，"我现在不是哪个舞种的编导，而只是舞蹈编导"，他总结近年来的创作体验。显然，高成明已经在舞蹈的各个边界中，自由穿越，追寻"从心所欲而不逾矩"的自由。

这是孔子所求的自由，也是康德与毕加索所求的自由。

像自由一样美丽，万里长空，排云一鹤。

一鹤排云的背景啊，正是万里长空。

（原载于《舞蹈》2012 年第 10 期）

自知明艳更沉吟

素朴生葳蕤，可以用来诠释王秋艳其人其画。

王秋艳是素朴的，待人接物，教书画画，不矜华，不浮漫，甘于自处偏僻一隅，含英咀华，温静若秋水。

王秋艳的艺术求索，也是素朴的。她说，她第一次见到范宽的《雪景寒林》真迹，便澡雪灵魂，如受电然；自此，她便投身传统，涵泳传统：晋唐山水空勾无皴的古雅，青绿金碧山水的焕烂高华，五代北宋高山大野的笔丰墨实，明清文人浅绛水墨的松灵纵逸，她都一一披寻；她笔下的一勾一皴、一色一线、一花一叶，从传统中来，往性灵里去，不轻佻，不耍巧，迥异于当代画坛"乱花渐欲迷人眼"的时风，出落得真诚素朴，楚楚动人。

以日常行止修炼品性，以古典传统滋润性灵，王秋艳把她的心灵变得柔软澄明，"澄江一道月分明"，月印千江、千江一月；这样的心灵，才是艺术家际遇、澄明山河花朵的心灵。记得大哲王阳明和朋友看花，他对友人说：汝未来看花时，此花与汝同寂，汝来看花，花与汝同时明亮起来，可见此花不在你心外。

正是如此，王秋艳素朴、柔软的心灵，唤醒、澄明了山山水水、花

197

花朵朵，故而她在自己的《画余随笔》中写道："麦子熟了，麦熟的气息氤氲着鼻息，麦芒开了，微甜中有麦子涨开麦壳的细碎声音，麻雀飞过金黄的麦田。""在退下水不久的岸边地面上，长着疏疏落落的蒲草和芦苇，潮湿而软的地面上，印满爪迹，那么多、那么多鸟的脚印：鸟儿是否和我一样，喜欢这柔软沙岸在脚下的舒服感觉，而在此悠游散步？"于是，山鸟山花，造化万有，不光在王秋艳的文字中，更在她的画面上一时活泼泼地明亮起来。

素朴生葳蕤。

"绘事后素"，孔老夫子说的，也是在素朴的底子上，葳蕤绚烂才能自然活泼起来。

现在我们来走进王秋艳披美缤纷的画作吧：

《曼峨风静》《曼峨雾霭》《曼峨山静如太古》诸作温润灵动：《曼峨风静》大面积铺排暖色调金黄浅红，再缀以韵律优美的墨色屋顶，全幅诗意流淌，暖意迎人；《曼峨雾霭》前景略施石绿，背景淡色扫染，整个景致云烟淡荡，空蒙摇漾；《曼峨山静如太古》石青、石绿为主调，淡赭晕染，富丽而能文雅。从用笔看，这几幅作品前景花树虽为工笔细勾，但线条细腻文秀，与远景山河的大块面温润渲染，融洽谐雅。尤其《曼峨山静如太古》，以一当十，大胆舍弃勾勒"工笔"，取用渲染，画面反而松活灵动起来。

《纳西古乐院》《神林之一》《神林之二》诸作素净沉实：《纳西古乐院》竹树细笔勾勒，纤毫毕现，土石取北宋皴染之法，笃实沉厚；《神林之一》《神林之二》取法唐宋，用笔细密，花叶、远山、近水，细笔勾勒，余则淡色敷染，展现了渊源有自的传统功底。

团扇《静观山水之一》《静观山水之二》诸作富丽雅致，山体空勾，填以石青、茅房赭染、松笔扫拂、一敦硬、一柔和、两相映衬、团扇虽小，然咫尺之间天地长。尤为重要的是，这几幅作品，工笔的富丽设色中，仍然能得文人娴雅之韵；如果放宽眼界，我们会看到王秋艳已然撷取了来自北宋王诜、元代钱选文人化金碧、青绿山水的一瓣心香。

团扇《田园之一》《田园之二》《田园之三》《田园之四》诸作清新丰沃：此系列作品，在题材上，大胆突破传统题材限制，写泥土味、青草味、家园味丰沃的脚下生活，情感真挚、汁水饱满；在用色上，不求杂多，每幅或以淡赭、或以石绿、或以藤黄为主调，再求主调的丰富变奏，色调和谐而丰富；在笔法上，化用文人笔墨的皴擦点染、松秀蕴藉，且与色彩敷染，相亲相近，水乳交融。读此系列作品，让人自然想起陶渊明的"田畴交远风，良苗亦怀新"，想起杜甫的"夜雨剪春韭，新炊间黄粱"，画与诗，皆是写结结实实的生之欢悦、物之生机的，自然也可以一窥艺术家素朴而葳蕤的胸次。

显然，当今艺坛，少的正是这样的胸次。

稍稍归拢，我可以发现，王秋艳的绘画，在重彩而能雅致、工笔而能松秀、色彩而能笔墨、传统而能当下四个方面，做出了可贵的探索和努力，且开始卓然自成。

值得进一步指出的是，王秋艳已然在艺术的原创性与地域人文风物关联的深源上，悄悄掘进，《神林之祈》系列作品即为明证。放眼古今，可以说一切原创的艺术都是"方言"的艺术。毫无疑问，南高原光色旖旎的风物、烂漫幽深的风情、高天厚土的德行，正是艺术家原创力的温床。尽管《神林之祈》系列作品，还有一些不融洽处、不完美处，但毕竟已经自觉置身于南高原神奇博大的"创造力"温床之上了。

这，就是美丽的开端。

记得唐代宰相张籍，曾寄语一个怀瑾握瑜的后生，"越女新妆出镜心，自知明艳更沉吟。齐纨不足时人贵，一曲菱歌敌万金"。和那个年轻人一样，王秋艳也很年轻，且用沉静与执着，默默涵养着自己的瑾瑜；有理由期待，在艺术创造的漫漫长途上，她终会用画笔，歌唱出天雨流芳、瑰彩绽放的一曲菱歌。

（原载于《艺术市场》2015 年 12 月）

灰调与金石

——读惠远富的画

惠远富不是当下时世中的画家，他的绘画也不是。

当惠远富拎着一壶酒，高一脚低一脚走在昆明重机厂破落的废墟时，他高大的背影显得格外落寞……

这，很自然。谁不迷恋这活色生香的万丈红尘？

独有他，背对红尘，大半年窝在一张行军床上，守着一堆堆锈蚀剥落的钢铁，一丛丛葱茏响亮的杂花、杂草，废寝忘食，乐而忘忧，铺洒出一幅幅厚重拙大的灰调子，并且在不无压抑的灰调子中，奏出金玉之音。

这些画，应该是符合业已逝去的重工业文明的基本格调的。工业文明，在我看来，强调的是"力"，重、拙、大、涩的力，而衰落的工业文明，则还多几分涩味。惠远富"昆明重机厂写生系列"，乍看平凡，但再看看，再回味，其实是较成功地捕捉了这一分重、拙、大、涩的气质的。他笔下、刀下交错的管道，废弃的铁桶、吊车，沉实笨重的炼钢炉，一块一线，一色一调，无不结实地持存了过往时代的斑斓以及他自己些许苍凉的胸魄。

显然，惠远富是一个拙朴诚实的艺术家，一个愿意随时回到生活现场、让素朴事物焕发光芒的艺术家。这也是他多年来坚持写生的根本因由：

那些钢铁与厚土，砖石与花草，借他的灰调子，获得了别样的生命。这里，不能不提到另一组他更精彩的写生作品，即"2013—2014店头古堡写生系列"。

这一组作品主调仍然是灰调子，如果说重机厂的灰调偏向青褐，那么这一组则是偏向嫩绿与鹅黄的变奏；惠远富把灰调子的细腻、微妙，发挥得曲折尽致，尤其是在有层层窑洞与枯树的数张横幅中，薄层得厚重、素朴而绚丽，体现出卓尔不俗的油画素养。当然，这也来源于他实地写生，与大地、与山河、与花草相亲相近的场域感发力。

之所以强调写生，是因为当代中国有大量写实的画家，但他们不写生，他们写"照片"。远离了我—你照面的生动现场，遗落了色彩对比的微妙层次，放弃了果断书写的笔触，绝多所谓的油画，实同准确平板的照片无异。"我见青山多妩媚，料青山见我应如是"，造化不负人，写生的重要意义在于：自技法而言，写生可以极大地显发色彩，让色彩的对比，中间色与暗部的丰富性，绚然生光。自创造精神而言，我曾经提出过"以手为先的场域化创造理论"，言明：在与对象互生的场域中，通过手的"动"与"作"，心源开启，身体的创发力逗引出来。我想，勤于写生、自甘落寞的惠远富先生，肯定是深明其中真义的。

归纳而言，惠远富油画艺术有如下几个鲜明特色。

其一，擅长运用全幅灰调造型与表意。西方古典油画，尤其俄罗斯巡回画派，习惯追求灰调子的高华优雅；而惠远富油画，掉头不顾，让灰调子走向黑、褐、暗，变得压抑而涩重，无疑，这是一着险棋，一失手，便沦为脏、暗、花，但是，他履险如夷，让跳跃粗犷的刀笔肌理，带动嫩绿、鹅黄的色彩协奏，让全幅灰调子披美缤纷，绚然有金石之味。

其二，在薄层空间中，通过色彩与笔触重叠，追求丰富细腻的表现力。惠远富明显放弃了古典油画焦点透视的空间，借鉴了中国长卷平面化的空间处理手法，在挤压得极薄的平面上，施展腾挪翻转的手腕，以刀代笔，笔笔有变化，层层出新境，也穿插上中国画谱中的树法，质实缀以虚灵，"看似寻常最奇崛"，既保持了油画感，也得到了些微的中国画神韵，这在其店头古堡写生系列中有精彩表现。如果深究一下，惠远富毕业于中央美院第三工作室，即董希文先生开创的油画工作室，这种中西融合、"油画民族化"的努力，自可理解。

其三，在冷静抽重的基架中，点染上活泼的诗意。惠远富油画讲求构成，追求平重，这也许是来自塞尚的传统，但更可能是其气质使然；然而，另一方面，他会把质实浊重的板块，以门窗破开，几何化的窗格中，透出一点绿意，几痕花影，画面霎时生动起来。这里跳动的，我相信，正是惠远富悒然郁郁的胸中的诗与歌谣。

惠远富早年画了各种或装饰化的，或古典化的，或弗洛伊德式的作品，也不错，也有扎实的功力，但是，只有当我看到他2003年画的妇人肖像时，妇人衣服上那略带神经质的脏调子与破笔，让我坚信，他开始走上了自己的艺术之途。

这条路途，将会越来越人迹稀少，他的孤独，他的落寞，很自然。

很高贵。

（本文曾收入云南省美术馆编《河流之上》，云南美术出版社2016年版）

疼痛与还乡

　　宁智老师的作品，做给谁看呢？做给自己看。他是一个少有的沉默、淡泊与执守的艺术家。

　　中国主流当代艺术，已经被美术馆体制与商业资本悉数收编，已然是不争的事实。在这样的时代里，唯有少数的观念艺术，还保持着比格尔所谓的前卫精神，亦即一种对主流进行不断批判、对自身进行不断反省的创造品格。南高原上的宁智先生，正是自觉秉承这样的精神传统，在静默的角落，以十二分的虔诚，深深浅浅地行进在他的艺术林中路，他的《45度》呈现的就是这样一种坚守的姿势。这样孤独的背影，是令人感动的。

　　西方艺术从三维视幻，走向二维平面，再从平面，走向日用成品，从成品，又走向身体，乃至空无依傍的"观念"，这背后其实是艺术"形式"自我反思、不断超越的历史。一切真诚的装置艺术、行为艺术、数码交互艺术等诸多观念艺术形态，正是在这样的背景里生成，自然葆有这样的创造品格。当代观念艺术，某种意义上，消灭了古典手绘作品的"灵韵"，但另一方面，却也深深地解放了艺术的材质，为创造洞开了自由之门。宁智的作品，尝试了种种形式材质，从钢铁到丝毛，从沙粒到玻璃，从造化天工到人工废品，我知道，他为了找到那个适合为他的情性与知性赋形的感性"分寸"，多年以来，进行了孜孜不倦的探索与询问，这样的努力，甚至让一贯宁静的他，多少有些感到焦灼。

苏格拉底说，未经省察过的人生，没有意义；当代艺术正是对当代人生进行深度省察的艺术。我曾经在多个场合提到，中国当代艺术缺失了磅礴的气象，那是因为它缺失了两个重要的省察维度：其一，当下中国的现实疼痛；其二，内在心灵与神圣超越的紧密关联。缺少了这两个维度的当代艺术，无论形态多么打眼，市场多么火爆，多少有些显得单薄、矫情与力不从心。宁智老师在这两个层面，都做出了真诚而可贵的努力。他的《诊》《空无的守望》《她最终赢得了一个大写的V》系列作品，明显有着对当代中国商业化、工业化、世俗化现实的疼痛与忧心，尤其是《食·大地上的种子》，更是表达了他对美好价值颓然消解的怅惘与沉痛。

另一方面，作为他的同事与朋友，我深知他是一个耽于冥思而心性敏感的人，他非常关心"灵魂"的事，所以他的艺术里，对超越性的神圣世界，一往情深。社会雕塑《大地圣歌》堪为佳作，朴素、庄严、妩媚、金子般的皇天后土，神圣自行涌现；此外，水面上的光芒，玻璃中的佛陀面影，铁锅中的十字架，都牵扯着这一主题。海德格尔曾经借助古希腊的神庙、梵高的农鞋、荷尔德林的诗，深入阐释了人只依靠自身理性，完全无法在大地上筹划诗意的生活；缺失了与神关联的维度，生命幸福饱满的泉流，便霎时枯竭了，所以他呼唤重返人神共处的世界。我相信，宁智是深刻而鲜活地憬悟与觉知了这些的。他的艺术，多少提醒我们，还有另外一种值得一过的可能生活。

当然，由现实疼痛转化为个人疼痛，由他域神圣转化为本土神性，并非简单的符号移植、拼贴就能实现，而需要饱满心灵的反复咀嚼，艺术匠思的出神手腕，宁智老师在这两重转化上也许还不那么圆熟，但显然已经

宁智《45 度》，行为艺术

做出了真诚而有益的尝试。

实质上，在宁智老师的作品中，我更欣赏他的《切开的果》《众生之眼》《舟》，因为它们简单、纯净，却又韵味悠长，尤其有着东方美学的亲切神韵。"删繁就简三秋树"，"道生一，一生二，二生三，三生万物"，错彩镂金之美，固然是美，但返璞归真，清水芙蓉，更需要手腕与天质。宁智老师在他的艺术笔记中多次提到，恓惶失措的现代人，要像荷尔德林一样，重走还乡路，对他自己及其艺术来说，尤其如此。我的理解是，他的还乡，于内走向天真之心，于外走向泥土、水云、天地神人共在的世界；一切水印一月，一月印一切水，这样的世界自然也是单纯的世界。在瑞典海恩岛海岸，他用芦苇创作的《舟》中，我看到了一颗去留无意的心，真的走在了还乡之路上。

诗人李森教授经常说，欣赏你同时代的人，欣赏你周围的人，是一种高贵的品质；出于对我身边这位清淡如水的艺术家的欣赏，我写下了这些轻度的文字。

（作者为宁智《艺术与归家》一书所写的序，云南人民出版社 2011 年版）

一脉幽兰半山云水

——读郭斐山水画

郭斐先生的山水甫一打开，一脉幽兰就在空谷开放了。

这幽兰，是赵孟坚笔下的，秀逸飘拂，清致楚楚。

当然，画如其人，也可以说，这幽兰就是郭斐先生。作为艺术大家的夫人，半个多世纪以来，艺术家郭斐一直在全显光先生日星灿烂的光亮里，恬静自守，散淡地发着自己碧玉清远的光泽。这光泽也许只一粼一闪，一丝一晕，但只要谁有缘亲炙到了，一定是刹那间神清气爽，眉目清亮。

郭斐先生山水，近出黄秋园，上溯石涛、髡残，及至元代王蒙；在漫天下大写意的简率风气里，独标繁密一格，且繁密能润泽，能清通。晋人云山河之美"千岩竞秀，万壑争流。草木蒙笼其上，若云兴霞蔚"，恰足以当之，其山水笔墨间正兴蔚蒙笼着这样葱郁而勃勃的生气。

郭斐先生早年山水用笔细密、俊秀，多勾、点、写、染，少皴、抹，着意于土石之上草木的描绘，夹叶的、鹿角的、蟹爪的、胡椒点的，丝丝缕缕、涓涓点点，千枝万叶，千姿百态，一派葱茏。其画面尤擅以浓墨提醒，以花青、石青、石绿罩染、点染、薄染，再施以水法渲染、铺洒与荡漾，云横峻岭，烟锁幽谷，茂林稠枝，草蔓萋萋，全幅便葱翠如滴、

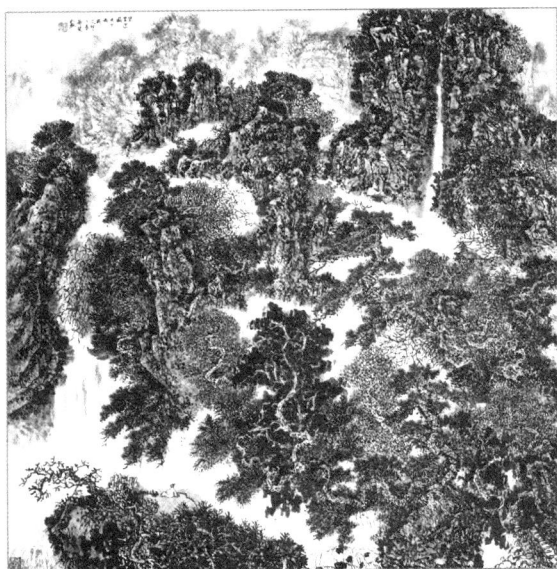

郭斐《碧云深藏天下雨》，1999 年

清气空蒙了。

耄耋以来，郭斐先生用笔趋于豪纵老辣，在保持整体的细笔勾写中，或偶施大笔点垛重叠，或破线、长线率意挥扫，一派天真；尤其以前不太着意的坡坨、山脚、水际，今多以渴笔，放手擦抹，寥寥几笔，自信果断，气势撼人，这应该与全显光先生山水创格影响有关。可以说，近年来郭斐山水有意在细谨间而生发豪纵，于婉秀中透出豪华气派，其山水已然面貌自成。

值得特别点明的是，郭斐先生职业实为医学教授，长年左手治艺，右手回春，深谙人体筋络气脉交通畅达之道，故而其在山水布势开合上极富手腕，其山水之虚实相生，气脉流转，气韵氤氲，业已臻于老境：其顶天立地的峰峦土石之间，总吞吐着云烟淡荡的清韵；其葱茏繁密的草木背后，总蒸腾着虚室生白的清气；其幽绝清寒的深谷泉际，总栖坐着文雅清流。显然，天地草木的清韵全部只为归向这一文雅的襟魄。

这是以天地林泉洗文心，以空谷云烟养清心。

自然，这每一幅画中皆出现的文雅清流，即是郭斐先生自己。如果说郭斐先生山水不及王蒙的浑厚，不及石涛的颖变，不及髡残的苍辣，不及黄秋园的雄壮，那么，反过来，王蒙、石涛、髡残、黄秋园，绝不及郭斐的清与秀。

郭斐先生山水其清在神，其秀在骨。

试问：滔滔俗世，谁能够一辈子不为名、不为利，只为自赏而芬芳呢？

郭斐先生可以，空谷幽兰也可以。

兰之猗猗，扬扬其香；君子之守，君子之伤。

一种风流吾最爱

——寇元勋其人其画

"掬水月在手，弄花香满衣"，形容的也许正是寇元勋这种人。

一派空明，一袭诗意，然而尚需一脉古意，方足当之。

四十年来，寇元勋守在云南花木葱茏的一隅，安静地喝茶，吃饭，伺候着笔下那些莺莺燕燕、花花草草，不哗众，不取宠，把日子过得风流自赏。

尽管如此，寇元勋其人其画，绝对让人眼前一亮，过目入心。

寇元勋相貌高古，其人身材伟岸，乱发当风，声若洪钟，像极江湖山林间啸傲杀伐的好汉，然则其开口一笑，便灿若罗汉，憨憨然，淳淳然，真非尘俗间人物也。

寇元勋有茶癖，有美食癖。一遇美食，便可为之生，为之死，为之"上穷碧落下黄泉"，其罹患痛风顽疾多年，本当粗茶淡饭，但他从不以为意，经常忘乎所以，扪腹大啖，啖得酣畅淋漓，啖得怡然自若。

熟悉魏晋风流的人都知道，这样有深癖者，往往有深情。

寇元勋擅卜算。

寇元勋还爱唱歌，吼一曲《沧海一声笑》，"豪情还剩了一襟晚照"，实在是唱得苍凉旷落，孤独雄浑。

当然，绝大多数时候，寇元勋把这一襟深情，都轻轻收敛住了，化为其笔下花草与烟云。

　　近年来，寇元勋笔下出现了一系列花草古僧形象，多破笔枯笔，萧然草草，水渍墨晕，纵横挥洒，随抹随写，随写随生，在花意盎然中映现古淡僧影，极富高古旷逸之致。此种合花鸟画与人物画而为之的手腕，在当今国画界，北方有李世南，南方则有寇元勋，然则前者苦涩，后者枯淡，前者紧致，后者松灵。

　　寇元勋的松灵，还体现在近年花鸟画创作的新变中。寇元勋实在能画一手纯正的文人笔墨，观其早年富有代表性的兰竹石图，以书法写之，以诗文润之，以豪气振之，竹清，兰幽，石丑，画面清雅劲秀；后又以云南民族佳人风物入画，细笔袅袅，计白当黑，略施颜色，与水墨相融，自得明丽风致。

　　当然，看得出来，从早期至今天，跃动在寇元勋笔尖的豪纵之气，无一日减之；近年来，其创作更是顺乎天性，不再刻意追求笔墨书写，让豪纵与疏野结合，与古淡结合，与婉秀结合；借水法带动，墨撞色，色撞墨，水墨色流溢、渍染、晕化，再以松灵的用笔，"池塘生春草"般随势成之，点线面穿插对比，水墨色呼应重叠，果黄花红，披美缤纷，鲜妍而雅淡；画中花鸟虫鱼，或发呆，或雀跃，或嘤鸣，似与不似，抽象与具象，有笔墨，有构成，有情味，既传统，也现代。尤为重要者，寇元勋似乎越来越不着意于画，笔墨越来越放松，越来越空灵，这是真正大写意渐臻于老境的标志。

　　寇元勋显然是走上了一条人迹罕至的林中路。

　　诗人弗罗斯特说，"也许多少年后在某个地方／我轻声叹息把往事回顾／一片树林里分出了两条路／而我选择了人迹更少的一条／从此决定了

寇元勋《梅花道人》，国画，2015 年

我一生的道路"，寇元勋应该有与弗罗斯特同样的惆怅与孤独。

据说，某一天，寇元勋正盯着墙上一个扇面上自画的一只垂首兀立的黑色乌鸦，凝神黯然。一非专业老师路过，十分好奇：一只黑乌鸦，有什么好看的呢？

寇元勋十分严肃地说：

"这是一只孤独的乌鸦！这只乌鸦就是我！"

可见，寇元勋有酝酿在骨子里的孤独，这种孤独也是魏晋名士骨子里的孤独。

（原载于 2018 年 3 月 2 日《云南日报》）

辑四　思想：荡漾的风雅

-

民间的风雅

传统，对我而言，就是八十三岁的外公寅海先生交到我手里的一本诗文手稿。

手稿不是他的，是他的老师前清秀才石溪先生的。石溪先生，我并不陌生：外公家堂屋墙上有副对联"同瀛（协"寅"音）协济，寰海讴歌"，不动声色，妙嵌"寅""海"二字，且气象不凡，这便是外公从春园书院毕业时石溪先生所亲赠。当然，我的外公，是当得起这派气象的。

外公在湘中乡下，毕生教书为业，耕读不辍，桃李满天下；而且，外公诗词书画，皆蔚然通达，八十多岁了，能出口成文，一手王（王羲之）面欧（欧阳询）底的书法，遒媚流美，挥洒自如；更重要的是，无论社会如何风雨如晦，如何黑白颠倒，他自己如何蹲猪圈、背黑锅，他都顽固地视彬彬传统为生命，比如当年被打成"右派"，批斗会上，他不顾性命，旁若无人，细细把衣冠整理得熨熨帖帖，以至今天还在村里传为笑谈；比如今天，我们后辈儿孙，每次见他，若不恭敬地问候，他便会勃然愠怒，拂袖而去。

这真让人好奇：在一个环境闭塞、弦歌不闻的小山村，外公的执守，到底为了什么？

打开石溪先生的手稿，我似乎有了些答案。"当年月烛辉金屋，今夕风涛湿锦罗"，是七夕感怀；"荷红映日，花呈益寿之祥；竹绿迎风，声奏长生之曲"，系祭祖考诞辰文；"佳节遭逢，微忱用展；况老入星斓，早辉南极之光，而半子情深。忝祖东床之腹"，乃祭岳父文……手稿写的都是乡村生活的日用伦常，却丝毫不失庄严典雅；尤可惊叹者，数十页米粒大的蝇头行楷，字字笔力遒劲，映带潇洒，写得风流自赏；通览全卷，一派雍容文雅，绝无乡野的寒俭气，更无当世的燥火味。此般气息，此般风度，作为一个浸淫中国书画时日不短的研究者，我负责任地说，放在任何一个历代书法名篇面前，皆可气定神闲，不掩"国色"。

确实如此，我在国内的各大博物馆，欣赏书画名作时，常常情不自禁地，在诸多名作与这卷湘中老秀才的手稿间来回穿梭，且穿梭得十分畅达自然。这能说明什么呢？说明我们传统的文化生态中，从领袖群伦的精英，到一般的乡野文人，都葆有共同的风雅气息。

这种气息，在今天，我们已经十分隔膜。

记得在沪上求学时，徐建融老师给我们讲书画鉴定，他提醒我们，注意"小名家"：一个时代的书画史，大名家就那么几个或十来个；多的是名不见经传的"小名家"，他们成百上千，他们经年累月苦心探索，有得有失；最终来了那么一两位集大成者，含英咀华，卓然秀出，比如五代花鸟画大师黄筌，就是在诸多晋、唐花鸟画中小名家的长期艺术探索中，卓然自成的。可见，"小名家"确是大名家生成的丰厚土壤，二者有着血脉相连的亲切气息。因此闲暇养趣时，我把目光投向了民国以前的"小名家"，每每玩赏他们的手迹，多有悠然心会的喜悦。

去岁盛夏，时值昆明市博物馆举行"欧洲恩特林登博物馆先锋派藏品交流展"，我去参观，恰巧碰上了正对面展厅的"云南明清扇面书画展"，一脚踏入，一股亲切的气息扑面而来。以艺术史眼光衡量，全展皆为"小

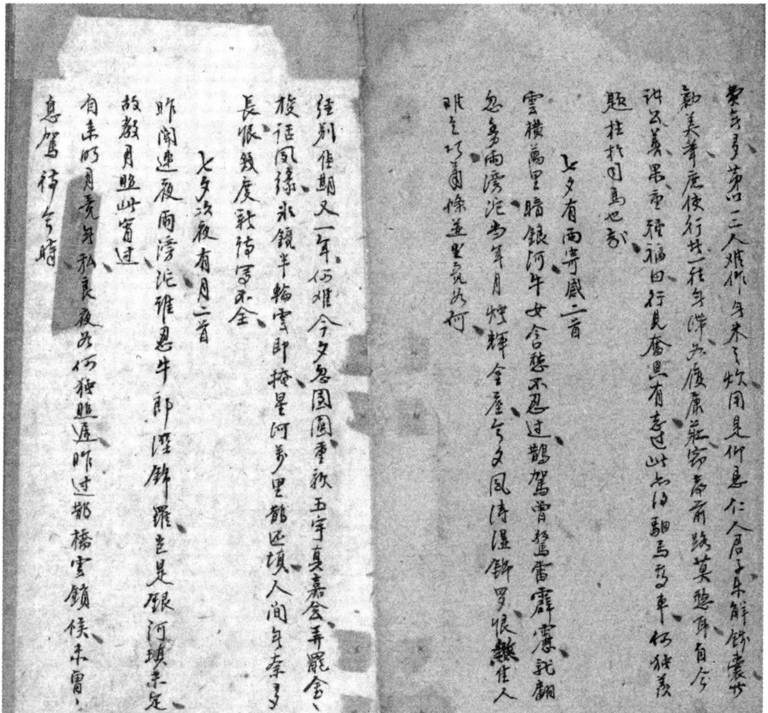

石溪先生手迹

名家"，且花鸟、人物水平，与皖浙沪相差甚远，但山水、书法大有可观：清中叶昆明布衣李诂山水，出自"米氏云山"，皴、勾、染浑成，笔墨节制，而又恰到好处，咫尺间自有一段风雅；尤其其再传弟子成长铣可谓名不见经传，但其山水格调，文秀高华，深得北宋大家王诜山水情致；而昆明光绪进士李坤，行楷皆擅，行书出自刘墉，笔墨温厚，意态雍容，实有出蓝之美。

然而，环顾周遭，这样一个展览，观者廖廖，门庭清寂；与之对照鲜明的是，对面展厅冠以"毕加索"之名的展览，可谓门庭若市，"一小时卖出近千张门票"；事实上，展览上毕加索作品，也仅一幅，且并非佳作。我对于西方艺术史，也是熟悉的，自然不至于偏狭若此，但这样迥然不同的景观，还是该让人默然深省的。

显然，在今日的时风中，绝大多数的人，对这样传统的气息，是陌生而隔膜的。

几天后，我在云南大学"艺术批评"的课堂上，极力向我的学生推荐这个"小名家"的扇面展，并告诉他们，复旦大学葛兆光教授著《中国思想史》，强调精英思想史背后，有着更广阔的关于一般知识、思想、信仰的"思想史"；如果移用到艺术史上，同样可以说，在精英艺术史的背后，有着更广阔的一般民间"小名家"的艺术史。这些成千上万的"小名家"，真实而温热地散发着传统文化生态的气息。

风雅的气息。

好在我对这样的气息，还并不隔膜，这得感谢外公当年远远递过来的那卷手稿。

（原载于 2016 年 7 月 29 日《美术报》）

般礴天地的自在与孤独
——我所了解的全显光钟馗艺术

"独与天地精神相往来"，说的是大自在，也是大孤独。

在我的导师王洪义教授那里，我第一次见到我师祖全显光先生的钟馗，想到的正是庄子的这句话。

猛厉恣肆的自在，睥睨旷古的孤独。

王洪义老师跟我说，他一直缺乏勇气在公开的媒体上谈论全显光先生，"因为我的老师显然是一流的，我却连二流也够不上，如果斗胆自报出身，其实是有辱师尊的"。

这令我十分震惊，要知道，王洪义老师在上海滩的艺术圈子中，也算声名赫赫。那次，他还告诉我，全先生脾气很大。

这，我不奇怪：才气大的人，脾气往往也大，比如章太炎，比如陈独秀。

恰恰相反，他一点也没有脾气。我第一次见到全显光先生，双手一握，那种糙重的感觉，是农民的双手，朴厚极了。

但那双大得吓人的眼睛，像极了他笔下的钟馗。

七十九岁的老人，一口气跟我聊了六个小时。没有废话，全是关于艺术的要言妙道。

我这次明白，黄宾虹与伦勃朗在高处相通；全氏钟馗性感而傲慢的胡茬儿与胸毛，正是来自二者的"重叠"画法。全显光先生于上世纪五六十年代，在德国莱比锡书籍与版画艺术学院留学七年，他专业为版画，但同时在沃尔特·门泽工作室学油画，与老莱比锡画派大师海森克、新莱比锡画派林克是同学，在门泽指导下，他遍临莱比锡博物馆伦勃朗真迹，伦勃朗油画中数百次"重叠"所形成的浑厚华滋之精义，其由此心会。

他同样终生精研黄宾虹的笔墨"重叠"。

他的钟馗艺术，只是其艺术创造极小的一部分，在国、油、版、雕诸领域，他都有令人难以置信的不凡创造；更蔚为大观的是，他的"德国式"体大思精的基础教育体系。

我在硕士学位论文答辩会上，一展示我关于全显光先生的研究，艺术学大家潘耀昌先生、卢辅圣先生双双颔首。

我的这篇论文后来获得了上海市优秀学位论文，是当年美术学专业唯一论文。

毕业后，我回到云南大学教书。我极力邀请他来云南讲学，因为他是昆明人。

他来了。我陪他到故居一游，他忽然问我："你知道我为什么终生爱画钟馗吗？"我当然不知道。

他长叹一声："小时候家里穷，穷到有时候，到老鼠洞里去掏米粒吃。逼得没有办法，为了讨生活，过年就去学画门神钟馗。有时候，当有人买了，还说'好'，我就十分激动，要知道这可是晦暗生活里的一星阳光啊！"

自然，他的钟馗，带上了特别馥郁的民间味儿。

他对民间情味与智慧毕生深赏。他成熟时的钟馗，上半身是伦勃朗画

全显光《天下太平钟馗》，国画，2016 年

法，保持立体层次，细腻丰富，下半身则完全舍弃立体刻画，十分肯定地走向线条书写，走向灵活多样的线条穿插与构成，完全平面化，宛如剪纸。无须奇怪，这是他向民间剪纸艺术的虔诚致敬。

民间艺术带给他的不仅仅是技术，更是深藏民间的那种无法掩抑的猛厉生动。我们知道，中国绘画讲气韵生动，但北宋之后，在文人艺术中，气韵生动，日益精致，乃至沦为疲弱。只有在民间才存留了真正元气淋漓的大生动。

全氏钟馗慑服心魂的生动，就来自这里。

更有意思的是，无意间，在他的怀表盖里，我发现了他的钟馗，油画所画，神采照人，我惊呆了，问他："这么小，怎么画成的？"他笑笑："凭手感，闭眼画的。"

人书俱老，从心所欲而不逾矩，庄子笔下的解牛庖丁，或解衣般礴者，大概类此。

而且后来在他沈阳的家里，我见识了他的丈二钟馗。

正所谓小不盈尺，大可全壁，全氏钟馗，有执扇，有仗剑，或顶立，或偃卧，可醉酒，可簪花，雄厚处逼人，妩媚间动人。

尤其八十五岁以后，其钟馗又为之一变：中国画而深求油画风调，在挤压得极薄的平面中，通过百多次用笔、用墨、用水，反复重叠，实现丰富已极、细腻已极的"微差"塑造，且不掩脏、乱、犷、矿，霜皮龙鳞，老辣恣肆。

为什么他如此情牵钟馗呢？联系钟馗作为一介书生怀才沦落继而在鬼蜮中振起的故事，再看看全先生的人生：他虽然是鲁迅美术学院的知名教授，然而，在苏式主流美术一统天下的日子里，他命途坎坷——调工作几番不成，工作室随意被取缔，批斗，抄家，排挤，样样遭逢，艰难备尝，但他隐忍默守，埋头苦干，以才华与气质，书写不屈与愤怒。读其钟馗，他的苍凉勃郁心境，可见一斑。

除了愤怒，钟馗显发着一种般礴天地的自在与孤独。

今年八十六岁的全显光先生，人前人后，哪怕在毛头小子面前，都依然保持着十分的谦卑，看过他的大量钟馗后，唯有我知道他的轻蔑、傲岸与雄心。

（原载于2014年8月3日《光明日报》第11版）

高山大野茶古如友

遇见好山好水，必得缠绵一番，这是我们湖南乡下祖传的习惯。多年前，我第一次到杭州九溪十八涧。在九溪与钱塘江交接的水口，有一山头，归拢溪山幽翠，俯瞰钱塘江海：一个美丽的句号，低调，含蓄，却气象不凡。

这便是好山水了。

我自然得缠绵一番。缘山而上，没几步，蓦然一惊：陈布雷先生之墓，撞入眼帘。陈先生我是熟悉的，旷世才子，蒋中正的第一文胆，一支巨笔，风虎云龙，半生江海，未料，最后归结在这样一个静好所在。

再几步，一宛转，怦然心动：陈三立、陈师曾父子之墓，稳镇在数百亩碧玉摇荡的茶园中。这两位陈先生，我更熟悉，他们雅致的诗情画意，曾浸润过我不短的青葱岁月。更堪叹赏的是，在他们墓前，纵目四望，漫山葱茏，一派清润。

温柔的人有福了。

这个时候，看看茶园，想想他们的诗，他们的画，想想他们的文，我想起了喝龙井茶，翠肢小小，天天地舒展于一盏清波中，啜吸间，清而淡，淡愈远，接来的是吴中的山、吴中的水、吴中的嫩桑。"吴中山水要

226

清诗"，我也就理解了他们的才情，理解了江南的才情。

"诗味还随茶味长"，自此之后，我的审美裁断中，一直为这般江南的诗味和茶味，保留着最重要的位置。

直到有一天，我在彩云之南西双版纳的勐海茶区和勐腊茶区，见识到百年古茶树：苍翠无际的茶海波澜，卷舒浩瀚的丽日烟云；虬枝硕叶，风姿霜质，大开大合，大模大样，全然不是江南的小家碧玉，而是吞吐云山的磅礴气象。

我开始动摇自己的审美裁断。

在艺术史的课堂上，我开始提醒学生：南宋以来，中国艺术，无论书画，抑或园林，日趋文雅，文雅得精致，精致而委顿，委顿得僵硬；汉唐北宋，苍莽粗粝的气象，渐渐失落了，淡隐了……

或是巧合。

其时，我边讲，边随手举杯，大口啜饮普洱古树茶。霎时，波推浪涌的苦味，自舌尖滚向舌根，盈满口腔，浸润喉咙，然而苦味不涩、不薄、不闷，圆厚而温润。少许，呼吸间，津液生起，已觉甘甜，甜如丝帛，丝丝入喉，喉韵悠长。最堪奇绝的是，整整半天，这杯茶的甘甜余韵，不曾散逸，真有如古人形容音乐，余音绕梁，三日不绝。

如此苍健浑厚茶味的茶，平生第一次际遇。

我对茶素无雅好，有便喝，喝便了，这次自然一如既往地忽略茶的品牌，所以我赶紧打电话给赠茶的朋友，询问茶的名称。

是为普洱古树茶之"高山大野"品。

气象卓然的好名字，是这个味道！高山者，浏亮悠长也；大野者，质朴犷野也。最高明处在，"大野"负载"高山"，更裹蕴"高山"，恰如浑厚的苦味里，缠绵着甘甜的悠长。

227

"高山"有韵，"大野"有格。

有韵难，有格更难，格韵兼备，是难上加难。

此为画论，亦为茶论。

所以清韵淡远的江南龙井，比起气格雄浑的滇南古茶，今天，于我，已不过瘾。

品茶如品画，亦如品人。

有必要提提赠茶的人，一个西北皇天后土中走出来的汉子，质拙若罗汉，然则内里灵韵流动，尤有除却妻子余皆可挥手散尽的慷慨古风。十年前，我们一见如故。诸多困厄的境遇，业已证明，他深富高山大野的格调，"照人胆似秦时月，送我情如岭上云"。如今，这个西北汉子，正艰难地跋涉在并不平顺的生活之途，但，作为老友，我深信富有"高山大野"格调的人，终会有裁山断水、海阔天高的作为与气象。

这个人叫郭旺盛，山西人，也爱普洱古树茶。

（本文曾收入《岁华》，云南人民出版社 2014 年版）

雕塑庄严

　　如果土地要说话，那它一定会选择米勒说话的方式来进行。米勒，这个诺曼底农民的儿子，在巴比松贫瘠的土地上，虔诚地精耕细作了二十七年，最了解土地。他的出现，让所有的田园诗和田园牧歌都黯然退场。

　　米勒刚到巴比松时，脚下石楠丛生，一片荒凉。这也正是认识土地的好时候：土地从来都不是无保留无穷尽地给出与赠予。米勒笔下，哪怕是收获时的土地，都是那样矜持瘦硬，无涯无际，透着一种收藏万汇的坚忍，一种无情的凄凉。他习惯于把地平线画得很高，在《晚钟》中地平线已高过了画幅的三分之二，切割了人物的肩膀，以至有评论家认为这是一处败笔。果真如此吗？再看看他的《牧羊女》和《拾穗者》，地平线仍然如此。可见他就是要把人栖身其中劳作其中的土地，铺展得广袤，坚实，不可挑战。然后，人才出场：三个农妇，躬身于漠漠田野，专注地拾取土地的馈赠——稻穗（《拾穗者》）。在这里，土地的内在紧张涌出：富藏但锁闭，收敛却也赠予。

　　这样一种朝向土地的态度与智慧，来自《圣经》。虔诚的米勒不会不知道，耶和华在把亚当逐出伊甸园时，曾说："你既听妻子的话，吃了我吩咐你不可吃的那树上的果子，地必为你的缘故受诅咒。你必终身劳苦，才能从土里得吃的。地必给你长出荆棘和蒺藜来，你也要吃土间的菜蔬。你必汗流满面才得糊口，直到你归了土；因为你是从土而出的。你本是尘土，仍要归于尘土。"在土地的长养与毁灭之间，人不得不汗流满面，米勒安然接受了土地的全部仁慈和残忍。

有意思的是，梵高笔下的土地与之恰恰相反，那金色的麦田（《收获后的小麦田》），那绿意盎然的奶牛场（《牛》），在迫不及待的厚涂与重叠笔触中，淌出丰盈、火热与醇美。梵高虽然很热爱米勒，他早期《吃土豆的人》，就有意临摹米勒，然而伴随着生命的霍霍生长，越到晚期，他内心就越感匮乏：那流金的麦地，就是温饱的匮乏；那成双成对的敞开大口的农鞋，是爱情的匮乏；那包着绷带的自画像，是友情的匮乏；那扭曲向天的丝柏，是神性的匮乏。这是一颗强烈地渴慕丰饶与给予的心灵，所以他只有在想象世界里完成对土地的美化和期盼。

米勒不是。

当"比兄弟还亲"的卢梭安静地在他怀里死去时，他通过那从明亮的《雏菊》（作于卢梭死的同一年）告诉我们，他的泪光里闪耀着幸福……就这样，老实巴交的米勒种地，画画，比梵高多了一分农民的从容与自足，他没有美化土地，他是诚实的，他尊重土地。

铺展开一片这样的土地，是为了雕塑出劳动的庄严。

在《播种者》《簸谷者》《拾穗者》等画幅中，米勒不厌其烦地让劳动者成为主人，他们贫寒，辛苦，却无一例外地如熟透了的蔬果般饱满，结实。看看《拾穗者》正中间那个妇女的左臂，反复皴擦，是多么生糙和厚实；对抗贫穷与辛劳，劳动者就是长养出这样不可移易的姿势与气质。米勒还热衷于描绘各类劳动工具，《晚钟》中有铁锹和小推车，《拾穗者》中有布围兜，《牧羊女》中有牧羊鞭，《倚锄的人》中有锄头……这些都构成了他接近劳动、理解劳动的最重要组成部分。海德格尔曾用"上手"一词，来表达劳动者与工具的关系：工具虽由人制造，一旦完成却自有生命，自行说话；要改变人与物之间相互的自持，达成"上手"，就需要在劳动操作中逐步信任，相依为命；而且工具系牵着土地，它建立人与土地间最基本的信任。看看《倚锄的人》，劳作与休息都系于此，可以知道米勒是怎样欣悦地理解和接纳了这两重信任。

面对《倚锄的人》而蜂起的诽谤，米勒在给他好友，传记作家桑榭的信中说："有人怪我拒不描绘乡村中的'迷人景象'。其实，我所见的何止于迷人，我看到了无比壮丽的景象。我看到了基督说过的那种小花，'所罗门王最神气的盛装也比不上它们之中的任何一朵'……一个农夫清早起来，就在那边劳作，喘息，现在他想直起腰来稍稍休息一下……这一切都笼罩在壮丽的光辉里……"其实，米勒笔下的形象，五官都很模糊，只是粗线勾出，这说明他关心的不是哪个具体的个人，而是劳动本身，无分贵贱，只要以坚实的姿态，建立与工具与土地最亲近的关系的劳动和劳动者，都将分有最"壮丽的光辉"。

（原载于《艺术教育》2008 年第 4 期）

秋水文章明月心
——热爱我的乡下老乡沈从文

　　曾经跟一位多年从事现当代文学研究的先生开玩笑：对于我来说，现当代文学史如果缺少了沈从文，那将毫无意义。先生很熟悉我，微笑着默许了我偏执的真诚。

　　真的，除了父母与曾经的恋人之外，我还从来没有像热爱沈从文那样，热爱过谁。

　　一直以为，世间美的东西是永远无法收藏的，比如天上的流星云朵，比如地上的蝴蝶和爱情。可是沈先生，这个土气而爱美的乡下人，却用他那柔软的心，将那些美好人事一一收藏，并让它们在"姓沈"的文字中，盈盈流淌着秋水般的光华。当这光华在我乡下初中老旧的校舍里，第一次照亮我眉睫的时候，我就怀疑，这个乡下人的心，是不是用月光或者流水做的。

　　当然，"美，总不免有时叫人伤心……"沈先生说的，说得多好，这句话肯定是在明净水边，是在对普通细腻人事的温爱中生长出来的，他肯定伤过很多的心，他真是个爱美的天才。

　　爱美的人总是多情，多情而且深情。"我这一辈子走过许多地方的路，行过许多地方的桥，看过许多次数的云，喝过许多种类的酒，却只爱过一个正当最好年龄的人。"读这句子的时候，我正咀嚼着微酸还甜的爱情，那时我就明白，我们每个人都应该在最好的时候，把世间最好的感情，献给我们心爱的人，是的，应该感谢先生。

先生和夫人的合影我见过，那是二十世纪三十年代拍的，都是好年龄，明洁，温静，显示着爱情的庄严。此后，他们风雨生涯中一辈子的相濡以沫，果然也验证了这种庄严。

"一个多情的鸟，绝不是哑鸟"，凤凰乡下满山满坡的歌声中，长养先生这样一生不倦的歌者，应是很自然的事。先生却是一个沉静的歌者，众生喧哗，而他默守隐忍，永远永远，把最热情的好歌声交给生养他的厚土与人民。当兵时，当一个好兵；写文章时，写最优美的文章；恋爱时，爱得最深情；搞服饰文化艺术研究，也搞得气象蔚然；就连下放喂猪，也喂得像模像样……

这是一个真正乡下人的作为。

像农夫爱抚土地上的每一株庄稼，水手热爱水上的每一片月光，做什么都要做得最好，为其他浪费智慧与精力，就不值得，所以他去留无意，宠辱不惊。做人也就要做成这样，不辜负生命，才有意思。据黄永玉回忆，沈先生最后一次回凤凰，一天下午听高腔与傩堂，听到"……不信……芳……春……厌……老……人……"他满眼泪水。

毕竟先生老了，作为一个歌唱一生的歌者，那种行将失去歌唱的悲凉，我懂。

勤勉的歌者总是跟世界体贴得最近，抚摸着世界的生糙，感受着世界的温婉，他定能心会这两者以外的无可言说无从倾听的整体混沌，虽则混沌却也神圣。因此沈先生让笔下的翠翠、傩佑、龙朱，一切的山水人事花木虫鱼，都闪耀着神性的温暖光辉，美，爱，充满着虔诚的尊敬。我还从来没有见过哪个作家，对笔下人物如此真诚，对世界和生命如此谦卑，这实在是一种仁者才有的大气象。翻阅中国典籍的时候，我常有一种感叹：我们其实真的很聪明，很有智慧，然而聪明多半流于机巧，智慧大多失之冷漠，那种温暖的宽容，良善的热忱，爱的智慧，却恰恰失落了。

值得庆幸的是，这位从湘西美丽山水朴厚人情中走来的乡下人身上，却流溢着这样的气质，这许是先生长久以来引我热爱的原因吧。《圣经》上说：温柔的人有福了，因为他们必将承受地土。是的，只有一生背靠着土地，承纳着地土的人，才会有那么明亮温柔的仁者气象，沈先生真是有福了。

今年是先生诞辰一百周年的日子，他曾说："我和我的读者行将老去……"说得那么伤心，那么谦卑。

然而月光流水是束缚不住的，美和爱也束缚不住，秋水文章明月心，又怎么会被"老"束缚呢？

（原载于 2002 年 12 月 17 日《江南时报》）

长者的微笑

迦叶面对佛陀手中那枝花，只微微一笑，笑得多好啊：不是冠缨索绝的狂笑，也没有呼天抢地的痛哭，涵化了人生的大喜大悲，面对风雨世界，微笑是一种举重若轻的姿态。在苍然的白发沉浊的目光映衬下的长者的微笑是最动人的。阅读黄永玉先生那些朴素而清凉的文字，就恰恰如晤这样的长者的微笑。

只有多情而且深情的人才能吐露那样纯澈的微笑，我真的很羡慕黄先生那样一往而情深地年轻和变老。"我们那个小小山城不知什么原因，常常令孩子们产生奔赴他乡献身的幻想"，他从十二三岁时就开始流浪，爬山、过桥、看云、看水和爱。生活教会了他对普通人事的细腻和热爱。他写到故乡的泉水，"年代久远，泉水四周长满了羊齿植物，映得周围一片绿，想起宋人赞美柳永的话'有井水处必有柳永词'，我想好诗好词总是应该在这种地方长出来才好"。我也想，这样的文字也只有心底清洁而深情的人才写得出。长诗《老婆，不要哭》中"我们的爱情随生活一起生长，生活丰富了我们的爱情，爱情考验了生活的坚贞"，是的，正是因为爱，"我深爱这个世界，包括它的悲苦"，正是因为对山水人事爱憎分明的爱，这个人才会那么坚贞和有情有义。

深情往往执着于美，美是感伤的，尤其是当美与故乡勾连，在回想中呈现的时候，那种感伤就弥散氤氲温柔蛊人。竹篁流水畔的湘西古城，长养了沈从文，长养了黄永玉，也长养了他们一生发现美亲近美的脾性，他们的笔下都是一片流水般清凉、朴素而忧伤的美。

我相信许多年轻的乡下人，当他们狠狠心奔赴他乡的时候，肯定不时回头，回头的目光里尽是眷恋……故乡是洒着祖辈血泪的地方，是母亲留守的地方，所以越走越远越远越想越想越美，美得伤心。

故乡的美，就出现在游子打拼后疲惫的笑容孤清的梦中。我能理解沈从文一生自称"乡下人"的那份自卑与坚贞，他们都以乡下人特有的热情与勤劳，去活出乡下人的高贵与尊严，生活教会他们懂得承受与珍惜，歌哭悲笑对于他们来说，都是理所当然该领承的福。

远足的游子不辜负故乡，以挺立的姿势，回头对故乡从容一笑，故乡就灿然生光。

许多关乎异乡与故乡的故事，黄先生虽然讲得感伤，但更多是美好。这颗饱经风霜的心早就包容了世事悲辛，在他看来，与其固执于伤痛，不如去真诚感谢和祝福。"最近辗转得到他（吴廷标恩师）的消息，我很认真地虔诚地写一封长长的信给他，要找个认真的时间，一个认真的情绪和天气，告诉他，我不单长大了，也老了。告诉他，分别这半个世纪，我最少每个月都真诚地想你一次……"无论多少风雨时光，都重情重义；那么多的苦难悲辛，只在一句"我不单长大了，也老了"的悠远感伤中淡然化解，化解得那么轻松，黄先生对得起他美丽的故乡。

看吧，含泪的微笑就挂在长者脸上，那本身就是太阳底下最美好而感伤的风景……

微笑还是一种顽皮的幽默，一种并不圆熟的智慧，一种返璞归真的精致。无疑，黄先生就是叼着烟斗时刻这样微笑的人，他不无沉痛地戏谑："（司马迁）只不过帮李陵说了几句话就被人将卵蛋刨了，当年西汉宫廷的价值观可能跟法国狄德罗所估计的相同，他说：'在宫廷狂欢的工具从来与政治媲美。'""一部文化史几乎就是无数身体的局部或全部被刨去的行为史。"一辈子的血泪颠簸所得来的这种幽默和洞见，无疑是刻骨的。"（傅山）经过一番为理想折腾之后，静悄悄地回到山西老家乡下过日子，做他的妇科大夫专业，写诗画画，穷得真开心。"黄先生借傅山自况，终究收敛住了，收敛得那么顽皮，那么自知。

遗憾的是，我们身边还有那么多不自知的老人。"落花无言，人淡如菊"。如菊的是长者的微笑，在峻嶒的皱纹里开成一朵淡而微苦的中国美学。

（原载于 2002 年 3 月 26 日《云南日报》）

身体、疾病与文明

肉体破碎处，无物可存。

这个常识，柏拉图由于个人的原因，忘记了或者说有意遮蔽了。在他看来，肉体就是莽撞的驽马，远离理念世界，不可驯顺，败坏一切。我们的肉体因此告别了灵魂，在历史的罅隙里，千年呼告，漂泊浮沉。一切都要等到尼采，他真正让肉体横陈于历史和哲学，与灵魂两厢贴服，道说真理。

尼采发现了真理，因为他被病痛折磨了一生。

一

1889 年 1 月 3 日，都灵广场。四十五岁的尼采看到马夫鞭打自己的马匹，流着泪冲上去，抱住马脖子，彻底崩溃。回家后，他常常大声歌哭，猛弹钢琴，在钢琴上奏出无边火焰。作为他的照料者，他巴塞尔大学的朋友奥弗贝克说："最近尼采思维世界的残片，以一种无法形容的低沉声调诉说，那些短促的句子，在道说他明澈而崇高的思想。他说他是死去的上帝的继承者，整个过程在钢琴上开始，也在钢琴上结束……"

一天后，在前往巴塞尔治疗的路上，当火车穿过一个长达三十五分钟黑暗的隧道，尼采和着车厢里母鸡啄食的声音，面朝黑暗，高声吟唱诗歌。尽管奥弗贝克一向认为尼采是个蹩脚的诗人，这次却轮到他目瞪口呆："喔，那是千古绝唱。"

可见，在发疯后的一段时间里，尼采还被一种黄金般的光芒和激情所笼罩。此前六七年的时间里，他迎来了自己最酣畅淋漓的创造激情，他在1888年写给卡尔·富克斯的信中说："从9月到现在，我所知道的事情比以前更辽阔，最艰难的工作也简单如游戏，我的健康像天气一样，一天比一天好，感觉有无穷的才智和坚定……"此期，他创作了伟大的《查拉图斯特拉如是说》，其中有这样的句子："我是光明，啊，但愿我是黑夜！但这是我的寂寞，我为光明所环绕／啊，假如我是黑暗，我是夜！我是怎样想吮吸光明的乳汁啊！……我不知道受施者的幸福，而时常梦想偷窃肯定比受施者快乐／由于我从不停止赠予，所以我贫穷；因为我看着期待的眼睛和渴求灿烂星空的夜，所以我嫉妒／……这是夜：我必须是光明！渴望暗夜者，渴望寂寞！／这是夜：我的渴望泻如清泉——我要说……"

光明与暗夜，赐予与收受，这是尼采早年狄俄尼索斯与阿波罗心象的再现，在舒张与节制的旋律中，他迈上了天才的顶峰。然而，他一直在痛彻骨髓的疾病中：

1875年，他三十一岁开始头痛，眼睛容易疲倦，身体有问题。

1876年，请假一年。

1879年，他说："这一生病痛比健康时多……但愿我瞎了。这个愚蠢的愿望是我的哲学，我不该看书而我却看了，就像我不该思考却思考了一样……"

1880年，他在给迈森堡的信中说："我这一生可怕的折磨几乎没有间断，这使得我渴望一死了之。关于折磨与自我否定，过去这几年的生活使我不逊于任何时代的苦行者，尽管如此，这几年的痛苦使我灵魂更纯净光辉，我不再需要艺术或宗教才能达成这个结果。"

他一直就在这种生与死、灵与肉之间，煎熬，挣扎，那么，他究竟得了什么病呢？

德波拉·海登在《天才·狂人的梅毒之谜》中丝丝入扣地指出：这是梅毒。梅毒感染早期，人会出现接触部位的下疳溃疡，但即使不治疗，下疳也很快在三四周内消失，留下一个不明显的疤痕。此后进入潜伏早期，出现头痛、咽喉痛、发低热、出皮疹的症状，等疹子消退，似乎病症全无。一直到潜伏晚期，梅毒侵犯身体各个器官，出现梅毒瘤。值得注意的是大脑和神经系统也会受损伤，由此引起病人的惊人个性变化，甚至触发病人几近"迷狂"的幻觉和创造激情，海登引用了确凿证据，比如耶拿大学的检验记录上记载尼采阴茎上有个疤，即梅毒下疳所致；荣格曾叙述尼采经常梦见自己的手指水晶般透明，可是上面坐着一只癞蛤蟆，而他必须吞下它，证明尼采于1866年左右感染了梅毒。

显然，尼采发疯前后汹涌奔放的灵感是缘于梅毒，这是一个令人沮丧的结论。

谁能想象，灵魂世界里，一场波涛汹涌的神性风暴，竟是由肉体而且是病恹恹的肉体催动。

毫无办法，事实往往就是这样。然而终于找回了肉体，可贵的是尼采同时坚持了灵魂，典型表现是《查拉图斯特拉如是说》诗中还有着放肆与节制的平衡：尼采既反对柏拉图的理性主义，也反对瓦格纳的感官主义。

二

黑格尔是生于大时代的人，他的绝对精神舒卷着磅礴的浪漫气质，自行展开，自我否定，自行回复，达到与历史的逻辑统一。在这样的历史里，鲜活的肉体绝无容身之处。

马克思正在这里起步，作为一个饱受饥饿之苦、有过七个嗷嗷待哺的孩子的父亲，他不可能不了解肉体与历史的真理：历史从来都是肉身化的历史，肉体破碎的地方，最辉煌的历史也会轰然坍塌。

还是回到历史，回到与肉体牵连的历史，通过疾病。

列宾有一幅非常有名的画《伊凡·雷帝杀子》，血腥而压抑，描绘了冷酷的沙皇伊凡·雷帝杀死了自己冷酷的儿子。作为第一个沙皇，据说正是他的乖戾和残暴，铸就了此后俄国冷酷的沙皇专制。

在三十四岁的时候，伊凡突然变得很荒唐。一天凌晨，他和他的皇后，乘着载满珠宝的雪橇，不知所终。当贵族和主教在离莫斯科一百英里的一个小村子找到他时，他拒绝回去。最后同意回去的条件是：他有权处置任何他想处决的"叛徒"，并在克里姆林宫外驻扎一支一千人的特辖军团由他调遣。他回到莫斯科，开始了屠杀。三百"特辖军团"成员在貂皮大衣和金边衣服上披上黑袍，成为修士，从晨祷到晚祷，伊凡不断来往于行刑室与修道院之间，热情高得让他几度虚脱。伊凡统治后期的日子，就是一个有关鞭刑、火焚和水煮以及各种可怕死亡方式的故事。

此前的伊凡是一个彬彬有礼的君主，他热爱知识，乐意与有教养的教士交往，唾弃那些不学无术的贵族。他制定了法典，部分改革了教会，并创办了学校。在与大臣商讨国务时仁慈明智，允许大家畅所欲言，接受各个阶层的谏书。传说他是俄国历史上第一个，也是最后一个穷人也能面见的君主。

如此截然相反的转变，亦缘于梅毒。苏联时期他的遗骸被挖出，骨头上有明显的梅毒损害。可以肯定他后期的疯狂，正是梅毒晚期麻痹性痴呆的结果，俄国的历史由此改变。

可见肉体就是这样常常以突如其来的方式，猛然中断看似宏大的历史叙事，把我们甩入一个无法寻访的裂隙，让我们遭遇偶然，心怀惊惧。如果说重要人物的肉体，以轻而易举的姿势让历史转身，那么凡夫俗子的肉体，同样在时刻不停地参与历史，尽管悄无声息，但时候一到，他就绽放真身，牵连出无法预料的结束与开始……

"海伦，你的容颜让我坚信／光荣属于希腊，伟大属于罗马"，拜伦热情讴歌的希腊和罗马，都毁于肉身化灾难。

卡特赖特和比迪斯在著作《疾病改变历史》中指出，公元前 430 年一场瘟疫侵袭了希腊，尽管时间很短，但雅典有 1/3 到 2/3 的人口死亡，更可怕的是它带来了恐慌，清明而优雅的希腊精神遽然破碎，满目疮痍。修昔底德描述此时的雅典人不再相信神律和法律，因为神无法拯救，而法律也来不及审判，都会归于死亡，所以他们终日暴食暴饮和淫乱。

苏格拉底正是在这样的时代氛围中，在民主制度下，以 281 票比 260 票被判死刑。现在我们可以很清楚地看出，作为苏格拉底的学生，柏拉图为何如此贬抑肉体褒扬灵魂：肉体的败落干扰了清明的判断；而且如果灵魂不朽，那么苏格拉底饮鸩而亡给他带来的悲痛，也得以安慰，"我去死，你们活着，谁好？只有上帝知道……"

谁能料到，牵引西方文明数千年的柏拉图理性传统，竟是缘于肉身的兴发。

三

毋庸置疑，疾病已从负面论证了灵魂——无论（灵魂）个性、（灵魂）群性，还是历史性——从未片刻脱离肉体，现在我们得寻找一个肉体与灵魂相互信任两相缠绵的健全身体。

尼采在《查拉图斯特拉如是说》中已然让身体出场："感官和精神是工具和玩物：他们后面还站着自己，自己用感官的眼睛寻找，也用精神的耳朵聆听。我的兄弟呀，在你的思想和感觉后面有一个强有力的主人，一个不知名的智者，它叫自己。它住在你的身体内，它就是你的身体。"

莫里斯·梅洛-庞蒂认为身体既非灵魂，亦非肉体，而是一个灵肉共在的场域，张祥龙把这个场域描述为一个灵肉摩荡具有音乐旋律的场域。

然而直接论证身体作为场域的存在，困难重重，梅洛-庞蒂则通过病例反证了这个场域的存在：一是幻肢症。一个右手已截肢的病人，如果你要他伸出右手，他会若无其事地伸出左手，丝毫未觉有何不妥，这说明身体共同分有某个场域。一是施奈德病例。施奈德脑部受伤后，只能完成一些机械的直线性动作，比如你命令其点火柴，尽管他很想执行这一命令，但身体无法完成这个动作，而一旦他需要抽烟或生火，他又能立刻点着火柴，这说明他的身体缺乏超越实用性以外的灵活性，只剩一堆直线动作的组合，当然他也听不懂故事，"人们发现，病人不能把故事理解为具有节奏展开、抑扬顿挫和富有旋律的整体，而是把它当作一个记录下来的一系列事实"，可见身体绝非线性化的僵硬存在，而是一个灵活而婉转的场域，否则肉体永远只是一堆行尸走肉。

我把这种旋律命名为婉转，它生发于肉体朝向灵魂，相拒斥而又相吸引，从而盈然转身的地方，是一种余音袅袅的婉转。看一首李清照《点绛唇》：

> 蹴罢秋千，起来慵整纤纤手。露浓花瘦，薄汗轻衣透。
>
> 见有人来，袜刬金钗溜；和羞走，倚门回首，却把青梅嗅。

"露浓花瘦""薄汗轻衣""袜刬金钗溜"，都暗示着一个怀春的肉体，只有在"倚门回首，却把青梅嗅"时，身体才嫣然开放，走而回首是一次婉转，回首而把青梅嗅是二度婉转，婉转的地方，青春生意盎然。

婉转的身体才性感，完全偏向一隅，或肉体，如写生课上对象化的裸体模特；或灵魂，如教堂中仰之弥高的圣母，都不性感。

"硕人其颀……手如柔荑，肤如凝脂，领如蝤蛴，齿如瓠犀"，性感吗？不性感。"螓首蛾眉，巧笑倩兮，美目盼兮"才性感。所以性感在古希腊弯腰着鞋、轻纱微透、波澜起伏的残破泥刻（少女）像，性感在"千呼万唤始出来，犹抱琵琶半遮面"……

显然，婉转的身体才生发出性感、羞感和美感，这些都是护持生命的最宝贵的原生品质。

现在有许多人急着通过"下半身写作"找回肉体，有部分人急于"以笔为旗"寻找清洁的精神，而我只想找回性感和羞感，我相信只有这样会害羞的身体，才真正温润动人。

2003 年 5 月 7 日

歌声如风，自信笺响起

我不知道，一个男人如果不被这样的情书打动，他究竟还能被什么打动……

事实上当里尔克收到茨维塔耶娃的第一封信时，确实被打动得无以复加，"在读了你的来信之后，看到它又被放回信封，便感到难以忍受"，他完全被幸福的暖流覆盖，以至临终前五个月，还在写给茨维塔耶娃的信中说，她的第一封信是满纸明亮的光芒，一下就把他卷入了光的中央。

关于书信，刘小枫先生曾就卡夫卡进行讨论，他认为卡夫卡的写信是一个重大心灵事件，"是承负日常恶的基本方式之一"。人对神的背弃，导致最常见的恶就是，人与人之间冷漠、疏离，对他人的牵挂与温爱，已无所住心，最终走向独我，让心灵渐然破碎。而写信这样一种事件，在某些孤独而伟大的心灵来说，则意味着对独我欠缺与破碎的思及，为爱的涌入敞开了空间。正是在这个意义上，我愿意把茨维塔耶娃与里尔克的通信，看作关乎两位诗人爱与生命、信仰与歌声的重大心灵事件。

在诸神遁隐的时代，世界的黑夜已经来临，海德格尔甚至说，黑夜已经趋近夜半，世界时代正成为完全贫困的时代，而我们对世界的觉知，还是一片冥暗，我们还没有学会爱情……

这个时候，茨维塔耶娃给正处在黑暗年代的诗人里尔克的第一封信一开头就说："您的名字不能与当代押韵——它，无论是来自过去，还是来自未来，反正是来自远方……"

可以想见，这样水晶般的理解给来自远方的诗人，带来多么幸福的战栗。

贫困时代里诗人何为？

荷尔德林不无惶惑地借他在哀歌中提到的诗友海因茨之口回答："你说，他们如同酒神的神圣祭司，在神圣的黑夜里，走遍大地。"走遍大地，用歌声寻找与醒示神圣遁走的踪迹。

里尔克在他《致俄耳浦斯的十四行诗》中，有这样的句子："没有认清痛苦 / 也没有学会爱情 / 死亡的趋使 / 还不曾揭开帷幕 / 唯有大地上歌声如风 / 在颂扬，在欢呼。"虽然关于生命关于爱的真理，还在黑暗里遮蔽不显，然而诗人歌唱依然，歌唱命名着大地。

在这里，我还是想提提古希腊神话中，那操着七弦琴叫俄耳浦斯的多情男子，他的歌声曾经令石头微笑，令冥母哭泣，他的歌声曾经挽救了他心爱的女子。

歌唱命名着大地，茨维塔耶娃对里尔克说："您将词汇亘古以来的含义，还给了词汇，将事物亘古以来的词汇，还给了事物。"

歌声如风，谁是风中的知音？

茨维塔耶娃说，她在阅读里尔克的诗句时，只匆匆一瞥，"第一瞥后，我就明白了一切，然后，黑暗；空旷；然后上帝，啊多么清晰"，歌声中神圣出场，她觅到了踪迹，"关于你的书该对你说些什么呢？一个高高的阶梯。我的床铺变成了云"，翘首天空，我的床铺变成了云。

啊，妖一样灵魅的女子。

诗人的歌声疏明了神圣，在朝向神圣的热切祈求中，生命得到祝福，在《拯救与逍遥》中，刘小枫先生很精彩地说："从根本上，在祝福的生命感觉之中，不是人自己，而是上帝在祝福人的现世生命。在祝福的肯定中，爱的生命感终于成为不可摧毁的力量。"

在这儿，我们才开始学会爱情。

在这儿才让我们真正地走进茨维塔耶娃与里尔克的爱情吧。十月革命后，诗人茨维塔耶娃因为对现实苦闷而流亡国外，先柏林，后布拉格，最后巴黎；这一年她三十四岁，此时的里尔克五十一岁，已完成了他生平最重要的作品《杜伊诺哀歌》和组诗《致俄耳浦斯的十四行诗》，正离群索居，静静地走向生命的暮年。

在不足十个月的生命时光里，里尔克遭遇了突如其来的爱情，对于来自茨维塔耶娃的爱，也许出于心灵孤独的必要，他保持了优雅的节制，但毕竟掩饰不住心灵的欣悦，他为她写了一首长长的《哀歌》，诗的结尾是："只有一条划定的路，穿过永不睡眠的旷野，通向生存的饱满。"

他们相爱，但终生未曾相见。

里尔克生前收到茨维塔耶娃的最后一封信（也是一张明信片）是："亲爱的莱纳！我就在这里，你还爱我吗？"

1926 年 12 月 29 日里尔克病逝，茨维塔耶娃写了致里尔克的悼亡信，悲情但温暖："我与你从未相信此世的相见，一如不信此世的生活，是这样吗？你先我而去，为着更好地接待我，你预订了整个风景……"在轻轻啜泣的文字中，茨维塔耶娃终于把里尔克白发斑斑的头颅，轻轻抱在右肩，喃喃地说："你，是我可爱的成年孩子……"

"我们多么草率地成了孤儿"，因为里尔克的死，茨维塔耶娃引用了另一位俄罗斯诗人的这句话，这位诗人给她写了十三年的信，爱了她整整一生，他的名字叫帕斯捷尔纳克。在深爱里尔克的同时——包括深爱她具有"一种受难的美"的丈夫——茨维塔耶娃毫不怀疑自己对帕斯捷尔纳克的爱。

对于这样一位在贫困时代已经学会挚爱的女诗人来说，我对此也深信不疑。

2002 年 8 月 8 日

捡拾文化的真实步履
——"百年老照"与"风情漫画"的文化解读

在余晖塔影中，走过南屏街青石铺就的街道，走进近日楼朴雅的展厅，《百年老照》与《风情漫画》两大展览，遥相呼应，一齐照亮了我们的眼睛："百年老照"，九十九幅，是清末民初一批法国人有心拍摄的，它们真实地留驻了我们这座城市的远年记忆，关于它的茶馆食摊、马帮镖队、滇剧道观等。"风情漫画"，一百多幅，是当代昆明著名漫画家李昆武，对老昆明物态人情的细心发现爱心体味，再出之以或庄或谐亦庄亦谐的灵心创作，它艺术地抵达了老昆明文化的深层真实。

无疑，这是一个读图时代，读图时代是一个人们审美趣味和审美理想高度平均化标准化的年代。五光十色的图片在文化工业的流水线上无限量生产复制，精致而冷漠，已很难吸引人们灼热的目光。然而今天的展厅内却观众如织，男女老幼流连忘返。这也许印证了我的一个想法："百年老照"与"风情漫画"给我们展现了一种原生态的生活，平凡而温暖，久远却真实，它负载的真实和热情打动了现代人生命里的某种品质，不仅仅是怀旧，而是对有别于我们当下生活以外的另一种生活的缅怀，眺望与想象，才使得众多观众不约而同目光灼灼。

穿过"百年老照"，我们来看一下清末民初老昆明的生活。玉带河清水涟漪，一石拱桥，桥头长草树，皆旁逸照水，河边三四顽童，光腚戏水，波光潋滟。此时"金碧灵囿"的牌坊正沐在新鲜的阳光里，拖辫遗老正在荒草丛生的城墙上晒太阳，阳光是金色的，洒在青石街道上，补鞋匠、木匠、古玩店里的老板，撑着油纸伞的长衫官绅，卖花的妇女，卖饵块的小贩，都趁着阳光赶各自的路。

还有茶馆，罗养儒在《云南掌故》里提到：晚上打烊后，还有一姓金、一姓姚的文人，至四合园喝茶，已成习惯。铺家还特为他们煨一壶水在炉上，到天亮。伙计起来拨火备水迎早市，才离开。因此人称金半夜姚天亮，其真实姓名反倒失传了。以后汪曾祺、于坚等都为老昆明茶馆写过很好的文字。瓷花碗、朴老沉香的桌椅，闲闲散散一坐，清茶一盏，俚俗短长，奇谈怪论，树鬼狐精，信口吹来，可消磨半天。可以说老昆明文化品格中的冲淡与平和，宽容与温暖，正是在这茶香味中氤氲涵化……

李昆武那些鲜活的风情漫画、歌谣，也同样幽默而真实地表现了老昆明鲜活的深层文化心理。"爱你爱你真爱你，请个画匠来画你。把你画在茶杯上，天天喝水亲亲你。"这是我见过的最具想象力的爱情诗，爱得大方热情且具诗人气质。"大月亮，小月亮，掀开锅盖煮月亮。不杀鸡，不杀羊，杀只老鼠过端阳。"谐谑中生活的苦涩与艰辛隐然流露。李昆武说有一幅，他画得泪眼婆娑："红漆托盘一枝花，枝上结柿花。姑爷说'扯来吃'，媳妇说：'留着领娃娃。'"生活的悲辛举重若轻地化解为舐犊深情，细细回味令人泪下。"不唱山歌干巴巴，好比吃饭没盐巴。三天不把调子唱，姑娘变成老大妈。"歌声喂养的民族，从容领受生活的幸福与艰辛，襟怀坦荡心地美好，懂得爱、宽容与珍惜，这就是老昆明长久积淀而成的文化心理性格了。

稍稍归拢一下，我们可以发现，云南文化，乃至老昆明文化，实质是环绕着三大湖泊生长起来的：环滇池的古滇青铜文明，环洱海的南诏文明，环翠湖的现代西南联大、东陆大学的大学文明。三者都背靠着阳光鲜花与红土成长，且都得到水的滋润，因而温润潋滟，自然宽容，绝无剑拔弩张的暴戾火气，与南传佛教文化、法国异域文化、少数民族多元文化，世世代代以来，相亲相近，天人和谐，和而不同，虽然高山大壑的地理条件限制了其通达天下的现代视野，但却细雨无声、雨润千华地浸润出了一种健康的文化生态与文化品格，而这恰恰是其他许多地域形态文化、都市文化，在走向现代化的过程中所轰然失落的。正是如此，"百年老照"与"风情漫画"的文化意义得以凸显：它多少为昆明走向现代化，而反观历史，勾连当下，筹划未来，提供了汁水饱满的精神资源。

在这里，历史显然不是风黄的事件，而是表达为事件的关系，只有处在与当下深层牵连中的历史事件，才是生气勃勃的。这样鲜活的事件，莫过于先辈们所曾经历过的平凡而具体而丰饶的生活，因为它长久积淀出来的文化品格、心理习惯，已潜在地植入了我们每个人的文化基因，所以不难理解，余秋雨说中国文化的真步履往往遗落在莽莽苍苍的大地上，当无数典籍被风干以后，它们依然鲜活动人。"百年老照"与"风情漫画"正是在做这种捡拾文化步履的工作，它们心怀虔敬，小心翼翼地在照亮历史生活的细节，以此提醒我们还有另一种历史，它来自广大而具体，温暖也艰辛的真实生活，它关及我们当下生活的失落与获得……

（原载于 2002 年 4 月 23 日《云南日报》）

"偏绿"思想史

　　配合着毛旭辉教授策划的《偏绿》展，我曾写过一篇《像春风一样自由》的评论，对参展作品及艺术教育理念，作具体分析，写得较为挥洒，但意犹未尽，"偏绿"这个题目，深切当下中国生态文明之困结，也深契中华文明、中华美学之精义，所以当时甫一听题，我就欢喜异常，现在借此契机，从文明、美学、艺术史三个层面，以史为脉，作一个学理性强一点的、关于"偏绿"这种思想的谱系性阐释。

　　第一个层面，就文明的角度来说：

　　二十世纪八十年代的中国非常西化，如果以色彩来说，中华文明就是一种黄色文明，西方文明就是一种蓝色文明、海洋文明、工商文明，但黄色文明相对来说，比较接近土地，是前现代的文明；蓝色文明相对来说，是现代文明。现代文明曾经以理性精神，带给人类希望，但十九世纪中期以后，其负面性逐步凸显出来，越来越灰色，也就是说，科学精神沦为工具理性和技术理性以后，就越来越灰色了，尤其是两次世界大战、纳粹大屠杀、原子弹爆炸等，给这个蓝色文明带来了重创。二十世纪六十年代之后，后现代文明降临，后现代就是对现代性的深刻反思，所以当今无论西方，还是中国，都在倡导绿色文明。我觉得后现代文明，本质是一种偏绿

252

的文明，这个绿色文明是对前现代黄色文明和现代蓝色文明的一种超越，既接纳前现代文明里面贴近人性、田园、土地的价值，又能够包容现代文明里面的理性科学、民主自由的东西，它呈现出一种绿色文明生态。可以说，二十一世纪的文明，将是绿色的文明。

第二个层面，从美学的角度来说：

先讲西方，西方现代文明有两个脉络，两种现代性：一个是社会现代性，主要是民主法制、市场经济、科层制度等，体现了现代文明可以落实建制的一面，本质是专业主义与工具理性。另外一种现代性是卢梭开创的，主要是从审美现代性的角度，来批判与反省社会现代性，唱现代文明的反调，这个传统，从卢梭、叔本华、尼采，到后来的海德格尔，还有法兰克福学派，一脉流传，都是对西方现代文明的弊端，如过度理性化、过度工具化、过度功利化，进行批判。这些思想家，胸怀浪漫理想与诗意，都非常主张回到自然，回到人的本真生命，总体价值比较诗性，比较绿色，所以我们谈现代文明的时候有两条这样的脉络，绿色审美现代性与灰色社会现代性，前者对后者进行深刻矫正和批判，两者形成了良好的张力关系，审美现代性，显然美学上，就是绿色的。

在中国美学上，儒墨道法，法家主刑杀的白色，墨家主实用主义的黑色，都不太讲究绿色，但儒家美学非常讲究绿色，很多人说儒家文化注重人为，讲究社会事功、道德伦理，但实际上儒家文化的最高境界是"参赞天地之化育"，所以《论语》"公西华侍坐"章里，孔子并不赞美那些要建功立业的学生，他最欣赏的是曾点。曾点说，他最高的理想是"莫春者，春服既成。冠者五六人，童子六七人，浴乎沂，风乎舞雩，咏而归"。就是在暮春时候，天气物候那么美好，草长莺飞，我们志同道合的朋友，去吹吹风，洗洗澡，一起唱着歌归来。孔子听了就说："吾与点也。""曾点啊，你正得我心啊"，所以有首对联，上联是"东鲁春风吾与点"。这其实是极高的审美境界，朱熹读《论语》，读到这儿，认为这是儒家思想的精义所在，大化流行，与天地万物同流，气象洒落。所以儒家文化最高境界是"参赞天地之化育"，参天的刚健有为，赞地的厚载容忍，会万物的生意，从这点而言，儒家美学思想是非常偏绿的。

下一联，"南华秋水我观鱼"，就是关于庄子的，道家文化的。道家文化最根本的就是主张自然，与自然相对的就是文明，文明就是人为（人的作为）。道家以自然反人为，非常反对过度的儒家礼制对人的伤害，所以庄子说愿意做一只乌龟，拖着尾巴，在泥巴里自由自在地爬，也不愿意被供奉在神台上。"七窍开，而混沌死"，七窍是聪明，是文明，混沌是自然。庄子讲了很多这样的故事。至于老子，"道法自然"，也主张回复本性，回到自然，这个自然有两个意思：一是大自然，二是人、物、事的天性，自然而然的意思。两者都是相当绿色的，所以道家思想是彻底绿色的。道家思想是中国艺术最重要的源泉。

那么佛教文化呢？佛教的中国化产生了禅宗，当然佛禅讲空，讲寂灭，似乎不太推崇这样彻底的绿色价值，但实质上，空不是无，寂灭不是断灭，佛禅内在本质，也非常偏绿。唐代常建很有名的一句诗"曲径通幽处，禅房花木深"，这是佛禅境界的隐喻，它真正曲径通幽以后的成就境界，是禅房花木深，所以佛禅达到最高的境界不是一片死寂，而是花木繁华的世界；李叔同的临终偈语，"华枝春满，天心月圆"，也是一个意思。

所以中国文化儒、道、佛三家美学思想，都是偏绿的。

如果回到中国诗歌史来看，自然的发现，实际上是有三个层次、三个阶段的：第一个阶段，就是山水的发现，山水人迹罕至，离文明最远，魏晋时候谢灵运发现山水，就有了山水诗；后来，可能穷山恶水，也不那么适合人居，慢慢地就出现了田园，田园是改造过的山水，田园由陶渊明推崇起来，"采菊东篱下，悠然见南山"，就是农耕文明；那么，从山水，到田园，再进一步的话，发现田园也没有那么方便，后来就到了白居易大隐隐于市。大隐隐于市，就是在城市里，也可以过得很自然，这个时候就出现了园林，园林就是圈养的山水。可以说，在中国艺术上，自然有山水、田园、园林三个层次。

在这里我稍微强调一下，中西自然境界的差异，西方文明、西方艺术里面的自然，像伦勃朗、米勒、巡回画派的自然，是神性自然，它里面贯注着宗教神性的东西，所以有庄严焕发的气象，那种崇高的悲剧性的大境界，在中国艺术和文化中不常见。以前我常说，我们中国文明可能缺乏这种超越性的维度，但后来我仔细研究了一下，我们中国也有这样"神"性的自然，只是此神非彼神，是佛，所以是佛性自然，佛禅体现出来的不是崇高悲剧性的庄严的东西，而是优雅的淡然的气质，"行到水穷处，坐看云起时"，同样存在超越的维度，主要看你的修为，或你识见的穿透力。

神性自然，佛性自然，当然都偏绿，而且是金色的偏绿。

第三个层面是从中西艺术史角度来说：

在西方艺术史上，我的观察是，绿色比较大面积地出现是在洛可可艺术里，像弗拉戈纳尔、布歇这些人绿色调子、绿色情绪的东西特别多，古典神话的背景、风习的背景，开始从室内，走到花园或自然，所以他们无意识地发现了绿色。后来到了巴比松画派，有意识地走向自然，表现太阳光中摇荡变幻的绿色光影，绿色由此得到了发扬，柯罗这些人是使用绿色的高手。当然，最重要的是印象派和后印象派，莫奈、修拉、塞尚这些画家，对绿色的各种变调，以及色彩并置如黄与蓝，产生的绿色幻觉，研究得很深。除了调子以外，他们还通过绿色造型，绿色表情，在印象派、后印象派笔下，自然脱离了传统主题隐喻的约束，真正复活了自然作为自然的生命。到二十世纪野兽派马蒂斯等，借鉴非西方民间艺术，大胆使用对比色，其中就有红色与绿色的对比，大大解放了色彩，被人称为色彩的厮杀。一直到当代，身负盛名的艺术家大卫·霍克尼，也是用绿色的一个高手，他画风景，画树木，应该是直接画法，绿色用得很纯，很亮，甚至还把当代数码图像中的绿色，用到画面上来。这是西方艺术史关于绿色的一个脉络。至于古典艺术，总体来说，调子重明暗，绿色使用比较少。

中国艺术史上，隋唐就有青绿山水、金碧山水，当然这个时候的绿色，纯粹为形式的，装饰的。直到现代一批留日、留法画家，像李叔同、颜文樑等，把油画里的绿色，带到了中国。1949年以后，向苏联学习，中国油画中，基本是灰调子，五十年代初，中国延安鲁艺培养的画家，画出了一批性格鲜明、气魄雄大的"土油画"，也基本上是灰色调子，绿色似乎遁迹了。六七十年代的"文革"美术，铺天盖地的"红、光、亮"，绿色比较少。八十年代，现代主义艺术大潮迭涌。有意思的是，我特意查阅了艺术史，整个八十年代那么多画家，就吴冠中画面上，有一点点绿色。九十年代，新生代崛起，像刘小东、曾浩这些画家，对宏大叙事、深度关怀兴趣少了，开始关注日常生活细节，他们的绿色就特别多起来，这是一个值得注意的现象。当今中国艺术界，画面上的绿色，被彻底释放出来了，除了造型、表情，还有观念表达，情绪渲染，绿彩纷呈，像周春芽画绿狗，就有一种说不出来的荒诞与恐慌味道。云南油画界，从第一代留法的廖新学，第二代刘自鸣、姚中华、丁绍光、蒋铁峰，到第三代毛旭辉、苏新宏、张晓刚等，都与新中国主流美术疏离，气格偏绿。当然，最后就是圭山画派，毛旭辉老师带领我们云南大学艺术与设计学院第二工作室的师生，从对自然与生命的体认，到绘画技法追求，里面都有很多绿色的价值。

这就是，我从宏观文明、中观美学、微观艺术三个层次，提纲挈领地阐析的人文与艺术中的"偏绿"思想谱系。

（整理自 2014 年 5 月 24 日作者在《偏绿》学术研讨会上的发言）

·

辑五　大学：自由的风雅

大学教育正义

我的博士生导师吴松教授，长治云南大学时，曾著有《大学正义》一书，其卓伟的思致与炽热的情怀，对我影响弥深。故多年来，我在三尺讲台勤耕勉作之余，对教育之正义、大学之本真，绝难忘怀，因而时时思想而殷殷求索之。本文是我云南大学通识品牌课的课堂实录，亦正是思索之果实。文章基于我多年来教学、科研的个人体验与体悟，以生动而饱满的案例、激扬而充沛的感情，深入浅出地诠释了大学的宇宙气象，指明了大学教育由知识而见识而教养而气质的四个境界，由此提出了博雅教育在宏观器识、中观决断、微观品味上的作为，最终言明了视觉经典美术在博雅教育三个层次上的重要价值。文虽浅陋，但深蕴为当下大学教育、博雅教育正本清源的担负与思考。

大学之大的意涵

大学为大，大在何处？ University 词根是 Universal，宇宙的意思，大学之大，在于要有宇宙气象。更具体而言，北宋哲学家张载的一段话，可阐释此宇宙气象，即"为天地立心，为生民立命，为往圣继绝学，为万世开太平"；此宇宙气象，又皆要靠大学人来坐实与拓发：

第一，为天地立心。天何言哉？（天不会说话），四时行焉，百物生焉；天地位焉，万物育焉。天行健、地载厚，天地有大德，但天地无言，天地的灵明，要靠人来倾听与发扬，因为人是万物之灵长"人类"。人为自然立法，人是天地的心啊，真正的大学，真正的大学人，就是要成为这样的心灵。柳宗元"千山鸟飞绝，万径人踪灭。孤舟蓑笠翁，独钓寒江雪"，千山→万径→孤舟→渔翁，由大而小，这是一个天空向渔翁归向的空间，隐喻着"钓雪"渔翁已臻吐纳天地之境，渔翁就是天地之心了；更有意思的是，湖南岳麓书院对联是"惟楚有才，于斯为盛"，也是天地之间画了两个圈，一个圈，圈出楚地，天地间，唯有楚地有才；第二个圈，在楚地圈出岳麓书院，人才于斯，方为盛事，再以岳麓书院为圆心，反推过去，一圈圈放大，不正是岳麓书院吞吐天地，为天地立心吗？这个"吞吐天地"的结构和情怀，在中国文化传统中是极为常见的，如果大家见过元代画家倪瓒的画，"江山无限影，都聚一亭中"，倪瓒画中常见的孤独一亭，不正如是？

第二，为生民立命。就是大学人要甘当脊梁，勇于为老百姓、为人民请命，所谓国事、家事、天下事，事事关心。因为大学人，或者说大学的知识分子，在智识上，有优先性，那么，古往今来的知识人，就应该在公义上，也要有优先性，要为天下的生民尤其是弱势的民众请命，这是所有文明对知识人的要求。在西方，知识分子来自两个传统：一是古希腊智者为真理而真理的理性精神；一是希伯来文明，要求传教士走出书斋担当天下的情怀。中国的士大夫亦如是。所以仅仅有知识，"躲进小楼成一统"，不应是大学人的作为。云南大学之大学精神"会泽百家，至公天下"，就很好，前句说的是为真理的襟魄，后句说的是为生民的担负，概括了大学和大学的作为。

第三，为往圣继绝学。人是天地的一点灵明，往圣则是灵明中的灵明，像孔子、老子、佛陀、苏格拉底等，就是雅斯贝尔斯所说的人类文明"轴心时代"所涌现出来的"道成肉身"的人物，这些人不光在智慧上通达，亦在行止上圆融，故而称圣。有意思的是，这些往圣，破空而来，联袂而来，也许是大人物与大人物惺惺相惜；然后又绝踪而去。"天不生仲尼，万古如长夜"，所以回望他们，追随他们，就是在人类文明绝大多数的平庸苦难中，回忆德行的高光，追随文明的高度。为往圣继绝学的民族，才是有根的民族；学统，往往就是道统。大学，世界一流大学除了知识创造、社会服务、人才培养的三大功能外，还有一个重要功能就是要传承文明，这在剑桥、牛津，中国古代的书院，都是不言自明的前提。我们见到英国的绅士，或者中国的传统士大夫，为何个个文质彬彬，行止从容？道理很简单，他们身上传承着往圣的"绝学"，有学统，有道统，他们是有根的，所以他们焕发着"彬彬"光彩，所以他们意态娴静从容。

所有原创性的学问，无论自然科学，还是人文科学，都是在真正深入传承的基础上创造出来的，传统是创新不言自明的前提，所以只有深入地"照着讲"，才可能有冯友兰所谓的"接着讲"，这一点一定要强调。

第四，为万世开太平。这似乎有点"乌托邦"，事实上，匹夫重当下，圣贤看万世。数学家刘声烈先生曾对我说："世界上那么多潮流，自由主义的、威权主义的、新儒家的，纷纷攘攘，从百年计，虽然马克思主义在世界上很多地方遭到了失败，但从千年计，马克思主义恐怕是人类最有魅力和生命力的学说。"说这个话的时候，刘先生已经八十多岁了，我不把他的话当玩笑。这些年，我认真反思了一下，发现所有有高度的文明，都是有"乌托邦"终极关怀的文明，都是着眼于万世的，像老子有他的

"小国寡民"世界，孔子有"大同世界"，佛教有"西方极乐世界"，基督教有"天堂"，马克思有"共产主义世界"，这不是偶然的，这是所有有高度的文明的梦想，也是文明的共识，是克服人类自身局限性的文明底线。人类就要朝着未来的世界、一万年以后的太平世界前进，如果没有这个根本性的矫正底线，人类随时可能被自己的弱点败坏沉沦，所以大学和大学人就是要有为万世开太平的大胸怀与大抱负。

大学就是培养这样的大学人的地方。

大学教育的四个层级

那么，大学到底应该教一些什么呢？我认为大学要教四个层级的东西：一是大学要教给大学人知识；二是大学要教给大学人见识；三是大学要教给大学人教养；四是大学要教给大学人气质。这里的大学人，既指学生，也指教师，还指一般行政职员，强调大学教育的交互性与场域性特征。

第一个层级：大学要教给大学人知识。

按照德国哲学家康德对知识的划分，这个世界上基本有三种知识：

求真的知识。与自然科学相关，也包括社会科学的一部分，可以通过实验验证的知识。

为善的知识。关于实践行为的知识，与个人道德、家庭伦理、社会正义相关，探讨的根本问题是幸福与正义，没有可以证实的答案，往往涵盖着悖论的两端，具体取舍要看具体情境中的价值排序。

爱美的知识。与人文艺术学科相关的知识，一般依托可感可亲的意象，更关怀人的感觉、体验、情感、想象、潜意识等，是人的自由本质最容易显现与实现的知识。

那么，在真善美以外，有没有更高的知识呢？

还有一种知识，就是涵化真善美三者，并且超越于三者之上的知识，这就是关于神性的知识。这种知识根源于人类的深源体验和神秘体验，通达于理性学理的宏大建构与圆通，所有有高度的文明，无论是希腊文明、希伯来文明、佛教文明，还是伊斯兰教文明，甚至是儒家文明，李泽厚都研究出了半宗教性的道德，在最高层面上，都会把真的知识、善的知识和美的知识统一起来，落实于神性的知识。

在这个世界上，除此之外，就只有各种各样的分类分支的知识了。我们大学首先教给大家的就是这样一些基本的知识。但这只是一个起码的层次。

第二个层级：大学要教给大学人见识（或者说是智慧）。

见识主要来源于两个层面：一是对知识的反思；一是对情感的反思。教育的本质是人的自我敞亮与自我生成，而反思是实现这个本质的必然途径。雅斯贝尔斯说"灵魂的眼睛抽身返回自身之内，内在地透视自己的灵肉，知识也必须随着整个灵魂，围绕着存在领域转动，因此教育就是引导'回头'即顿悟的艺术"，说的也是这个意思。

试问：我们所有的知识都是可靠的吗？知识到底与我们的生命有多少关联？我的成长、我的行为抉择、自我实现，与我所掌握的知识有多少关系呢？眼光再放宽一点，人类的知识与人类的抉择、人类的命运，有什么关系呢？这些问题大家是否考虑过呢？

开始思考这些问题的时候，意味着我们有初步的反思了。对知识的反思，尤其是对知识里面元知识的反省（知识是会扩展、扩充的），才能产生见识，产生智慧。可以说所有人类最具有原创性的发现与创造，往往都是对元知识的反思。

那么，什么是元知识呢？首先，我们来看这个"元"字，元，即第一的意思，如元首、元旦。所谓元知识，就是第一知识，就是所有知识的爹和妈，"道生一，一生二，二生三，三生万物"，其他知识都是其孳生、繁衍出来的子子孙孙。换个通俗说法，每个学科里面的公理、基本前提等，就是这个学科的元知识。例如，爱因斯坦的相对论。爱因斯坦之所以有那么大的创造性贡献，就是因为他完全颠覆了经典力学里牛顿世界发现的时空元知识：在爱因斯坦的世界里面，时间和空间是一体的，当超过光速的时候，时间会膨胀，空间会收缩。当爱因斯坦对牛顿世界关于时空的元知识进行反省与批判的时候，伟大的创造就开始出现了。又如因果律，因果律可以说是自然科学的逻辑前提和元知识。英国哲学家休谟曾追问因果律是否可靠，太阳今天从东边升起、西边落下，谁能保证明天就不会从西边升起，东边落下呢？休谟最后得出的结论就是：因果律，不是客观的，也不是理性的，而是经验归纳（心理习惯）的结果。这个反思很要命，将完全颠覆自然科学的基石，为了解决这个休谟难题，所以就有了康德后来为真善美知识划界的伟大贡献。

除了反省这些理性的知识，来获得见识以外，还有一个更广泛的层面我们将获得见识，那就是反思我们的情感。情感有很多种，亲情友情爱情，每一种都丰富异常，每一种到达最深源处，都可以兴发我们的潜能，升华我们的生命，更好地完成我们自己；大哲们常说不是知识，而是情感，才真正构成我们生命存在的底色。情感反思亦可获得智慧，甚至是更大的智慧，有的人天生就是情感的天才，比如说歌德，比如说沈从文。这里以爱情为例，可一窥情感反思与情感智慧。

从正面看，歌德有一句话"永恒之女性，引导我们上升"（《浮士德》），这位有着维特愁心、浮士德灵魂的文化巨人，活了八十三岁，创作了 127 部作品，一生恋慕女人无数，八十多岁的时候，还在迷狂地给十六岁的小情人贝蒂娜写情书，那情书简直热得烫手。又如安徒生，他在火车上邂逅一位心仪的女子，没说过一句话，从此各奔西东，一生中再没有相见，他也再没有谈过恋爱，只为这个女子神魂颠倒，单相思式地写了许多星辉、水晶般绝美的故事，这就有了"安徒生童话"的诞生。可见，人性本自私，但爱情可以克服自私，我们在自己饥寒交迫的时候，还会莫名其妙地对爱人嘘寒问暖；我们一无所有，还会希望爱人富足天下。更高的层面上，爱情锻炼了我们最温柔、最细腻、最卑微、最高贵的情感，在美好的、正面的爱情里，我们人类的潜能、美好的创造力，有时候会意想不到地井喷。

当然，恋爱造就诗人，反过来说，失恋也可以获得人生负面的种种深度，了然人生的种种局限，因此，可以成就哲学家。比如，歌德在年轻的时候，爱上了一位女子，但落花有意，流水无情，这位女子并不钟情歌德，歌德痛不欲生，想自杀，后来，退一步海阔天空，歌德对爱情开始反省，于是写了一本小说，爱情中的种种，他都倾诉在小说里了，小说写完，他就摆脱出来了，也不想自杀了，这就是《少年维特之烦恼》。

要言明的是，情感完全可能把人粘腻、裹卷、淹没，身处感情风暴中央时，往往难以超拔，所有升华和创造，都是缘于退一步之后的反思，所以要强调情感的反思，对智慧获得的重要性。

由个人的小情感升华转化，就可以通达悲天悯人的大情怀。大爱的智慧，是人类文明中所有宗教最高的智慧。除了圣徒，人类的圣贤，亦可拥有这样的智慧。二十世纪的情感天才沈从文先生，在回家乡的船上，看流水时，便给其新婚妻子张兆和写了封情书，情书中这样写道："三三，我因为天气太好了一点，故站在船后舱看了许久水，我心中忽然也像彻悟了一些，同时又好像从这条河中得到了许多智慧，不是知识。我轻轻地叹息了好些次。山头夕阳极感动我，水底各色圆石也极感动我，我心中似乎毫无什么渣滓，透明烛照，对河水，对夕阳，对拉船人同船，皆那么爱着，十分温暖地爱着！……我看到小小渔船，载了它黑色鸬鹚向下流缓缓划去，看到石滩上拉船人的姿态，我皆异常感动且异常爱他们。……三三，我不知为什么，我感动得很！我希望活得长一点，同时把生活完全发展到我自己这份工作上来。我全用自己的力量，为所谓的人生，解释得比任何人皆庄严些与透入些！三三，我看久了水，从水里的石头得到一点平时好像不能得到的东西，对于人生，对于爱憎，仿佛全然与人不同了。我觉得惆怅得很，我总像看得太远太深，对于我自己，便成为受难者了，这时节我软弱得很，因为我太爱世界了，爱了人类。三三，倘若我们这时正是两人同在一处，你瞧我眼睛湿到什么样子！"显然，沈从文从个我之爱的幸福氛围中，自然就兴发、融入了对人类，乃至自然万物的民胞物与、同体大悲的博爱。正如宋代有一个德高望重的高僧，他在走路时总是蹑手蹑脚，别人便问他："你走路为什么这么轻呢？"他答道："怕踩痛了山河大地！"可见，我们人类并不比一花一木、一尘一沙高明，在这个世界，我们都是共患难的苦朋友啊。不仅仅是要爱自己的情人、爱自己的父母、爱自己的朋友、爱更远的人，还爱这世界上的一花、一草、一芥、一末，无论是儒家推己及人的爱，还是基督无条件无差等的博爱，都是人类创造的爱的智慧和爱的境界。

这样的爱、这样的情感，是比智识更深的智慧，她为一切智识奠基。

第三个层级：大学要教给大学人教养。

"领导一个民族的是礼俗，而非知识"，文雅礼俗长期地熏习，就可以带来教养。毫无疑问，教养来自传统，尤其是人类古典的传统，无论中国还是西方，古典文明永远是一个文明关于教养的巅峰。某种意义上，教养可以说是古典文明数百年文火温养出来的，教养是每一个文明中最精致、最优雅的部分，教养让坚硬的规束，变得举重若轻，文雅而精致，一个文明中贵族自然就是最有教养的。有一个故事，法国大革命时，国王路易十六和王后上断头台，临刑前，王后不小心踩到了刽子手，马上道歉："对不起，对不起！"这就是教养。英国贵族中学伊顿公学、哈罗中学，据说小孩子才出生就要去报名，才有机会录取，学的全是务虚的苏格拉底、柏拉图、辩论术、马术等，全是关乎教养的。

教养是有所为，有所不为，有教养的人，有所为，意味着自我担当，有所不为意味着自我约束。今天的英国、日本，之所以还保留着贵族制度，就是因为贵族的教养，对世俗社会的公民，在文明上起着无可比拟的引领作用。

大学的知识、大学的见识、大学师生授受的"创造性文化生活"，像古典的牛津、剑桥、耶鲁大学、中国的书院，最终都是为了让学生获得彬彬教养，培养一个贵族至少要四五代人、两三百年的时间，现代大学短短几年时间，固然不可能向贵族一样来教养、教化学生，但大学作为文明的渊薮，从长远看，大学应该教给学生教养，至少是知道什么是好的教养。

第四个层级：大学要改变大学人气质。

如果说教养是长期外在约束而来，那么气质则是由内而外自然焕发出来的。孟子说人生有一大乐事"得天下之英才而教育之"，中国古人形容某个老师讲课好的时候，常常会说"如坐春风"，在我看来，好的教育就是"如坐春风"，"春风又绿江南岸"，"二月春风似剪刀，剪出杨柳女儿腰"，我们在春风中发芽，在春风中尽情地怒放，润物细无声，不知不觉中，气质就改变了。大学教育的最高层面，就是改变气质，一所好的大学，就可以改变你的气质。我们熟知的《再别康桥》的作者徐志摩，写母校剑桥大学，他说，剑桥大学博士是这样培养的：教授喜欢把学生叫来，围成一圈，边聊天，边闲散地吐着烟圈，学生被这样系统一"熏"，几年下来，也就熏成了博士。徐志摩似乎开玩笑，但也确实深得剑桥大学的教育精神气质：在一种自由的、散漫的、爱知求真、舒展自由心性的氛围中，熏染人格，改变气质。

教养和气质，都无法量化，但确实是一所大学的"灵韵"所在。好的教养，好的气质，会给你带来好的品味，这个品味，既可以是人文的，也可以是科学的；既可以是日常的，也可以是学术的。而品味才是真正创造性的源头。我们天天讲创新，但举凡人类文明的原创性贡献，都十分偶然，它不是作为一个量化的目标，天天高喊着追求，而是人类创造天性的自然的结果，是在自由散漫的氛围中，由爱知者常年孜孜不倦追求，妙手偶得的结果。当然，良好的品味，是发现创新基点的重要前提。以自然科学为例，我的忘年交著名古生物学家张喜光先生，在国际顶尖的 *Nature* 和 *Science* 发过好多文章，是个纯正的学者，他喜欢跟我聊天，喜欢把我写艺术的书丢在枕边，睡前信手翻翻，他不光有很好的人文教养，讲什么都妙趣横生，而且他经常会提到在几亿年前的化石里面发现的一些生物的形式美学规则，比如左旋啊，不对称啊，等等。这些有趣、有味的地方，往往会蕴含着新的发现，值得人去追索。他还提到，世界上古生物界的一位泰山北斗，给一位非常出色的后起之秀写推荐信，其中分量最重的一句就是：这个年轻人，在科学上，有着极好的品味，往往在研究之初，就对问题的解决，有异乎寻常的预见。这些，其实说的都是好品味就是创造力之源。

为什么名师出高徒？就是名师能把好的发现问题、研究问题的品味，在口传心授的氛围中，传给学生。

爱因斯坦说，教育就是所学知识忘却后的残余，也就是我说的见识、教养、气质，这些在知识忘却后，都将跟随你一生，为你一生的职业、一生的幸福奠基，这也是我强调大学教育要教的见识、教养和气质的原因。

博雅教育的三个面向

要把前面大学之大与大学教育的真谛落实在实践上，现在世界一流大学的通行做法，就是加强本科学生的博雅教育（liberal education），或者叫通识教育（general education），博雅教育更多侧重对人格的塑造、心性的养成，通识教育强调学科知识的打通，这个打通包含"中外通、古今通、文理通"，终落实于"学品通"。

博雅教育一般通过三个途径展开：第一，学生社团。有朋自远方来，不亦乐乎？嘤其鸣矣，求其友声。志同道合的朋友，在社团中互相切磋、砥砺，自然容易成才，比如耶鲁大学的骷髅会，每年吸收十五名耶鲁大学三年级学生入会，是美国一个秘密精英社团，成员包括许多美国政界、商界、教育界的重要人物，其中包括三位美国总统以及多位联邦大法官和大学校长，美国的历史学会、《时代》周刊的创办人都出自骷髅会的成员，在这样的团体中你不想成才都困难。第二，导师制度。导师与学生"长相厮守"，负责学生的生活，指导学生的研究，牛津、剑桥大学里面的教授，乃至诺贝尔奖得主，都要和本科学生朝夕在住宿学院里面学习生活，受到这些一流学者、教授的指点、感召、教化，学生的见识、教养、气质，自然可想而知。第三，课程设置。无论学文科还是理科，都会在课程设置上，实现人文科学、自然科学、社会科学三大模块上的兼顾与打通，从而培养文理打通、人格通达的博雅人才。在我看来，博雅教育主要有三个面向：

宏观层面，培养器识。器识是见识，更是襟怀与气度，要求思接古今，视通中外，一般通过对自然科学、文明史、思想史课程的学习获得。哈佛大学在这块核心课程是外国文化、历史研究与科学三类实现，普林斯顿大学是科学和历史、哲学与宗教两类实现，中国复旦大学是文史经典与文化传承、文明对话与世界视野、哲学智慧与批判性思维三类实现。科学让我们有宇宙视野，思想史、文明史让我们有俯瞰古今的眼光，站得高了，器识就打开了。以思想史为例，如果你熟悉中外现代思想史，你就知道如荷兰为世界贡献了银行制度、财税制度；英国为世界贡献了贵族制度、两院制度，还有经验理性；法国为世界贡献了对文化、艺术的迷狂与热爱，还有剑走偏锋的哲学及通过法国大革命播散的平等精神；德国为世界贡献了强悍执着的民族精神，及精密、宏大、激情内涌的形而上观念系统；美国为世界贡献了四权分立制度、经验主义、实用主义的思想等。那么，中国对世界文明的贡献呢？唐诗宋词山水画，加个科举制度，当然也可以说，轴心时代的老庄思想，为海德格尔等反思西方现代文明提供了启示。对每个文明、每个时代文明的辉煌与困境，如果你了然于心，那么，理解今天这个纷繁复杂的世界，你就获得了顺风耳与千里眼，可以说，就有那么一点点器识了。

中观层面，培养决断。器识最终要形诸实践，实践中的人，最多面临的就是选择，萨特先生经常讲选择才有自由，不断地选择构成了人存在的本质。换句话说，选择就是决断，尤其对一些事关大局的人和事来说，决断既意味着自由，也意味着由决断而来的后果与责任担负。毛泽东与蒋介石都十分崇敬一个人，这个人就是曾国藩。蒋介石曾经归纳曾国藩有三个特点：一是挥金如土，二是爱才如命（曾国藩手下的182个将领，有104个是秀才出身），三是杀人如麻。大家去读读曾国藩日记、曾国藩家书，就会知道他一生功业成败基本牵系于他的诸多决断，我们也可以看到他在决断前的种种挣扎与困扰，但一旦决断了，必一往无前。可以说，另一方面，决断其实也反映了人生的种种深层悖论与两难困境，伟大的艺术最擅长揭示这种悖论，如安提戈涅的悲剧中，国王的儿媳安提戈涅不顾国王克瑞翁的禁令，将自己的兄长，反叛城邦的波吕尼刻斯安葬，最终被处死，而王子也随之自尽，一意孤行的国王，最后也遭受妻离子散的命运。鲁迅说过"悲剧是将人生有价值的东西毁灭给人看"，在这个悲剧中，谁都没错，但亲情、伦理的价值与国家律法的价值打起架来，何去何从，就看决断。决断的作出，表面上看取决于人的意志，但深层牵涉每个人的器识与价值持守。

哈佛大学在这块的核心课程是道德思考与社会分析两大类课程，普林斯顿大学是社会科学一类课程，复旦大学是科技对话与科学精神、生态环境与生命关怀，加部分哲学智慧与批判性思维三类课程。在博雅教育中，有一些道德推理、伦理判断课程，老师很少会说"这些都是至善的，那些是爱国的，你们必须如何如何"，而更多的是设置一种情境，给学生一些人生的困境，让学生自己去抉择，一般困境选择时，单独看，几种价值都很好，都是善的、正义的，但当放在一起时，便会产生矛盾，这就有价值排序，在排序的过程中，既洞见了问题困境，也拷问了自己的灵魂。

微观层面，培养品味。"品味"这个词是非常独特的，非常中国的，西方文艺理论中说"趣味"，说"批评"，中国会说"品"，如诗品、画品、书品、人品、文品、学品（文品要好，学品要比文品好，而人品要比学品更好），"品"是三个"口"，最关联于"口"，再看看我们的诸种

273

感官，视觉最清晰，关联于人的理性，从某种意义上讲，西方文明就是一种视觉文明，如西画中的焦点透视、解剖学、光影色彩学，都是严格按理性呈现对象，组织空间。触觉次之，相对就要模糊一些，摸对造型艺术来说非常重要，有丰富的摸的感觉经验，造型艺术才有鲜活和生动，我有一本书《诗画乐的融通：多维视阈下的艺术研究》，专章论述"造型艺术的看、听、摸"，既究三者的差异，也讲三者的融通。诸感觉中，最微妙的，就要属味觉了，它关乎人最微妙的感官体验，完全无法量化，是一种恰到好处的分寸感，如做菜，火候不能过，也不能不及，最后好吃，好吃到甜还是辣、咸还是淡等，完全无法分析，但一吃就明白，所以说做菜的分寸感，和我们艺术的分寸感是一样的。中国艺术最讲"品"和"味"，所以相对世界上其他艺术来说，是最细腻最微妙的艺术。

那么，品味如何培养呢？一是对艺术细节摩挲体味；二是化艺术为生活，对生活细节优雅玩赏。两者皆对涵养人幽微锐敏的审美直觉，有重要意义。缘于此，世界一流大学的博雅教育课程里面，大量是文学、美术、电影、音乐的研究和欣赏。哈佛大学核心课程是文学与艺术，一般其核心课程一类只有1门课，但此类占到3门课，是最多的；普林斯顿大学是文学与艺术这类课程，2门，占25%；复旦大学是艺术创作与审美体验一类课程实现。尤其中国的艺术，在品味培养的两方面，皆可有相当贡献，如明代董其昌的绘画，很清洁，很文雅，但最核心的东西是有种故意不到的"生味"，他不是不可以画得熟练，但他就是不控制，有着随意自然的东西，这就是"生"，熟中生，这是中国文人艺术最高的境界。苏州园林太湖石的审美品格和董其昌的是一样的，太湖石本来头角峥嵘，但需要放在太湖里风吹浪打两三百年，火气磨掉了，把骨头炼到石头里去，外柔内刚，熟中有生。如果说到中国古代的茶道、香道，那就更讲品味了，更是对抗粗鄙生活的良药了。

至如对生活细节的优雅玩赏，看看中国古人的笔记、小品，会发现，他们的品味，不仅仅局限于审美的诗、词、画，他们也一样心气平和地把生活中的每一个细节弄得很美，让每一个细节都葆有自身的个性之美。清代文人沈复的《浮生六记》中有这样一个细节，竟将蚊子看作白鹤："夏蚊成雷，私拟作群鹤舞于空中，心之所向，则或千或百，果然鹤也；昂首观之，项为之强。又留蚊于素帐中，徐喷以烟，使之冲烟而飞鸣，作青云白鹤观，果如鹤唳云端，为之怡然称快。"这段话的意思是说：夏天蚊子发出雷鸣般的声响，我暗自把它们比作群鹤在空中飞舞，心里这么想，那成千成百的蚊子果然都变成仙鹤了；我抬头看它们，脖颈都为此僵硬了。我又将几只蚊子留在素帐中，用烟慢慢地喷它们，让它们冲着烟雾边飞边叫，我把它当作一幅青云白鹤的景观，果然像仙鹤在青云中鸣叫，我为这景象高兴地拍手叫好。这是何等达观和洒脱，想想是多么健康的人文生态。今天我们是现代了，是富裕了，但工业主义与商业主义的合谋，导致平均化与庸俗化铺天盖地，品味于是无情沦落了，糟践了。

元典与经典在博雅教育上之作为

对每个人来说，落实博雅教育，最根本的就是亲近人类文明中的元典与经典。上文论及了元就是第一，元典就是第一本书，元典具有生发力，元典自然生发出次一级的经典，经典进一步衍发，就成了文明中恒河沙数的一般典籍。博雅教育最好是回到元典与经典，从海量次生知识的覆盖中抽身而出，回头是岸。

哲学家雅斯贝尔斯说公元前600至前300年、在北纬30度上下的区域内，出现了人类文明的"轴心时代"。中国的轴心时代是春秋战国时代；西方的轴心时代是苏格拉底时代；印度的轴心时代是佛陀时代。在轴心时代里，各个文明都出现了伟大的精神导师——古希腊有苏格拉底、柏拉图、亚里士多德，以色列有犹太教的先知们，古印度有释迦牟尼，中国有孔子、老子。

这些人提出来的问题、发展出来的智慧，就成了文明当中的元典。有人说整部西方文明史都是柏拉图的注脚，为什么那个时代的人那么有智慧呢？根本原因是那个时代不像今天有这么多的知识，知识越多就越有可能覆盖我们的头脑，王国维先生曾经说过"人生过处唯存悔，知识增时只益疑"，叔本华也说过"不要让自己的脑袋成为别人思想的跑马场"，而轴心时代人类与世界照面，直面最本真的生命体验与经验，这些体验和经验是原初的、生动的、永恒的，所以承载这些智慧的元典，就具有穿透时空的力量。

举一个例子，言明何为元典。中国四大名著，《红楼梦》是讲女人的故事；《西游记》是讲孩子的故事；《水浒传》是讲男人斗争的故事；《三国演义》是讲男人斗争与阴谋的故事。开玩笑地说，"四大名著"，就是男人、女人、孩子，一家人的故事。然而中国元典中，有一部五千言的小书，也是讲"一家人"的故事的，这就是《老子》。《老子》推崇女人，尚阴，歌颂"玄牝之门是为天地根"，认为"柔弱克刚强""以雌胜雄"；《老子》推崇小孩，讲复归于婴孩，返璞归真，不失赤子之心；《老子》推崇男人的斗争与阴谋，"将欲取之，必先予之"，以静胜动，以退为进，所以学术界有说法，说老子来源于兵家。你看，小小五千言囊括了皇皇几百万言，这就是元典，也可以看出元典与经典的关系。

经者，常也，不变也，用意大利小说家卡尔维诺的说法，经典就是第一次阅读就有似曾相识的感觉，以后，常读常新，以至你需要通过它来定义自己，甚至是通过与它相对立的关系来定义自己。如果说，元典是原初智慧，经典则往往是一个文明积淀的"集体无意识"，是一个文明、民族的文化心理基因，这就是为什么我们初读就有似曾相识的感觉，因为我们会在经典中遇见自己。反过来说，所有元典和经典，都会在和"我"深层关联的关系上得到定义。由于经典的涵摄力，尤其是文学艺术经典对人类极致经验的探索与涵摄，所以有些经典会在与我们"相对立的关系"上呈现。

元典与经典往往就成就了一个文明的古典传统。阅读、亲近元典与经典，就是为了让我们能从今天信息爆炸、恒河沙数、学科枝蔓、支离破碎的知识中，超拔而出，直接亲近我们的原初智慧与文明基因，塑造健全的文化心理性格。今天世界一流大学的博雅教育，最重要的经验就是进行元典教育与经典教育。

美术经典在博雅教育上之作为

除了一般意义上的文字类经典，还有一类关联于视觉图像的经典，即经典美术。经典美术一般包括精英美术、宫廷美术、民间美术三个部分：精英美术即知识分子、文人、精英创造的艺术，经过专业训练的，有深度、有个性，细致而微；宫廷美术一般是为权贵阶层创造的艺术，是由画工与画匠来创作，技术过硬，形式华丽，风格宏大；民间美术往往是被我们忽略的部分，多姿多彩，大喜大悲，大红大紫，创造力自由奔放，有自成一体的造型与色彩美学。很多时候，当精英美术与宫廷美术走到了发展的绝境之时，就会到民间艺术中寻找它创新的基点。

那么经典艺术在博雅教育中有着怎样的意义呢？前文论及博雅教育在宏观层面上要有器识，中观层面要培养决断，微观层面要讲求品味。同样，经典美术在器识、决断和品味上有大作为，而这点极易为今天中国大学教育忽略。

　　在宏观层面，经典美术同样可以展现人类思想、文明的器识。西方著名的艺术史家罗斯金曾说过，人类的历史是由三部书构成的，一部为言论之书，一部是行为之书，还有一部就是艺术之书，且前两部书，都要依赖艺术之书来展现。他这里的艺术，就是指 fine art，即美术、雕塑、建筑。我们所有的言论和行为，最终要转化为一种可见的美术、雕塑、建筑实现。反过来说，鲜活的艺术背后有着深邃的思想史内涵。回忆一下人类的历史，我们能够记住的思想家、政治家寥寥无几，但当我们提到一个时代，比如说汉代，我们马上就会想起司马迁的《史记》和《史记》里鲜活的人物，你就会想到汉代的雕塑，汉代的画像砖、画像石。汉代的画像砖、画像石都是被填满的，不会留白，画面的上方画满了神、飞鸟、东王母、西王母等，中间是人间的历史英雄人物，下面是阴间世界、鬼怪世界，其他任何留白，都会被飞禽走兽等填满。又如霍去病墓前的石雕，顺着石头本有的纹路，稍加雕琢，那种非常原始、非常粗粝、非常饱满的生命精神，就涌现了，跟画像砖、画像石一样，这也是一种上天入地、包罗万象的时代精神。对照董仲舒的天人合一理论，眼睛像日月，身体的某个部分像山川河流，等等，身体哪个部分不舒服就与天地万象灾异对应起来，小宇宙全息着大宇宙，这也可以印证那个时代包罗万象、包举宇内的精神。

　　西方文艺复兴时代同样如此，德国著名文化史家布克哈特著有《意大利文艺复兴时期的文化》，这本书没有谈艺术，但其基本观点却是胎息于他另一本关于意大利雕塑和建筑的旅游艺术指南小册子。在《意大利文艺复兴时期的文化》里面，他发现在这个时候，西方现代文明就滥觞了，因为在这个时代出现了真正意义上的"个人"，尤其是出现了真正意义上的有极其强烈的自我意志、自我主宰力量的一些伟大人物，具体到政治上，就是在文艺复兴时，意大利很多城邦里出现了一批力量非常强悍的、专权的僭主，他们拥有一种开创力量、主宰力量和进攻力量，这种人格与传统中世纪人格是完全不一样的。他发现这种特质，不光是在许多僭主身上闪现，在文艺复兴时期的众多人身上，在日常生活中，就已经出现，而这一发现是他通过对米开朗琪罗、达·芬奇等伟大艺术家的研究而得出的。他发现中世纪的艺术，根本没有如此的个性，那些艺术家也没有一个像米开朗琪罗那样，穷个人之力，绘制天顶壁画，长达十年，把整个宇宙洪荒和先民人体绘制得那么有力量，那么强悍，那么性情暴烈，那么个性分明，他在文艺复兴艺术里发现的这种创造力和个性，是现代人格才具有的，以这种角度来观察文艺复兴时期整个社会的思想，他发现西方文明翻开了新的一页，也就是现代文明即将开始。一个时期的时代精神如何，整体气质如何，我们是难以触摸的，但是艺术却可以鲜活而隐秘地折射出来，所以我们在熟悉了经典美术与中西方艺术史之后，就可以直观那个时代的思想。

在中观层面，经典美术同样可以表现、探索个人的决断。一般来说，决断在众多艺术作品里，有两种展现，一是通过画幅鲜活展现决断困境与决断力量，这往往是画面感染力的来由。以名画《荷拉斯兄弟之誓》为例，这是一幅大卫新古典主义画风的作品，英雄们挺拔的身躯、背景中的古希腊柱式和古罗马穹拱，透着秩序与庄严，这正是十八世纪启蒙时代理性、严谨的时代精神和气质。这幅作品描述的是，罗马英雄荷拉斯兄弟所在的城邦与另一个城邦发生了战争，于是他们的母邦就选择了这三兄弟，代表他们去决斗，对方同样选出三位勇士，一决胜负。于是，荷拉斯兄弟的父亲，就举行了权力交接仪式，把剑赐予他将要决斗的儿子们。画面的右边有三个女人，正哭成一团，凌乱，软弱，悲伤弥漫，与画面中男人阳刚庄严的身体气质迥异，这意味着在这场庄严的权力交接仪式中，她们非常外在，非常边缘。那么她们为何要哭泣？因为三位女性当中年长者是三兄弟的母亲，一位是三兄弟之一的妻子，另一位是他们的妹妹，而其妻子、妹妹恰恰又分别是敌邦选出的三位勇士之一的姊妹、未婚妻。虽然这场决斗是代表双方的城邦，但从亲情的角度，无论谁胜谁负，最后结局都是失败的。对于男人来说，他们代表的是整个城邦的荣誉和正义，对于女人来说女人代表的是亲情和伦常，无论男人们怎么胜利，对于女人来说都是失败的。所以从这幅画的男人，我们可以看出决断；从这幅画的女人，我们可以看到决断的艰难；从整幅画，我们可以看到人生的两难和决断的价值，这种题材的画作，在西方有很多。

另一方面，是通过艺术家们复杂多样的生活历程，看他们在人生选择、艺术创造上的决断。艺术是人们的梦幻和憧憬，所以人们更能容忍艺术家尢视寻常的生活设置，艺术家的人生往往大起大落，艺术家的人格往往残破飘零，但由此也呈现生命与人生的多个面向，所以他们的决断往往更容易透视人性深层的种种。我们看三种艺术家人生中的决断：

其一，终生在穷愁逆境中的人，如梵高，他热爱艺术的决断，可谓一往无前。梵高的祖父，原本可以帮助他从事一些更为体面的经济之类的职业，但梵高拒绝了，他后来食不果腹，非常潦倒，主要依靠弟弟提奥来支持他，过得非常辛苦，尤其在感情上悲惨得一塌糊涂，几度癫狂，遭尽白眼。他的绘画，生前得不到世人的认同，他活着时卖出的唯一一幅小画，都是他的弟弟为了鼓励他，偷偷花 50 法郎买下的。梵高二十六岁开始画画，三十六岁就自杀了，十年，数千件作品，除了生病，就在画画，短短十年时间，画得非常成熟，他完全把自己的生命、爱情、生活无法释放的种种，逼到画面上来，把自己的生命全部耗尽在绘画中，所以不管懂不懂专业的知识，我们只要看到梵高的作品，就会被他的绚烂所燃烧，就可以看到坚不可摧的决断与拥抱。

其二，终生活在鲜花着锦中的人，如毕加索。西班牙艺术家毕加索，除了早年短暂的失意，其他时间都是顺风顺水，春风得意。毕加索的成功，我们都熟知，每当他的风格流行起来、被模仿以后，他就要把自己的风格抛弃，大约每五年他就要换新的风格，连同换女朋友，直到八十多岁，他还在创造新风格，还在恋爱。一般看来，大家心中的毕加索，都是创造的天才，充满决断的力量，但事实上，创造中的毕加索，对自己毫无自信，每天早晨总是赖在床上，对自己毫无信心，他的情人必须安慰他，"今天新的生活开始了，你是最有创造力的君王，你要对自己充满信心，你能创造伟大的作品"，然后毕加索就会在沮丧中，一跃而起，开始他的工作。第二天早上，他又会重复同样的沮丧。这个故事，可见决断的复杂性。

其三，先是繁华看遍，继而落寞凋零的人，如伦勃朗。伦勃朗是西方艺术史上顶级的大师，他少年得志，才华横溢，名声响亮，许多人高价购买他的作品，真是如花美眷，似水流年。后来他尝试按照自己的心意画画，却没有得到赞助商的认可，因此官司失败，终致破产，继而妻离子散，饱尝冷暖。破产后，伦勃朗作出了决断：只按照自己的意志，给自己画画。大家看看他衰老的老年自画像，一改早年春风得意的滋润，慢慢地画自己的丑陋、衰老、坚毅，也就是慢慢接受自己的丑陋、衰老、坚毅。

伦勃朗很多自画像都是在描绘自己的老态，左邻右舍老人的老态等，他能在普通人身上，在平凡当中，把人性中庄严的神性力量表现出来。可以说，伦勃朗的决断拯救了他的艺术，也升华了自己的人格。

诚然，生活原本复杂，充满无从选择的悖论，伟大的艺术亦是如此。一件作品留给世界的矛盾和困境越大，这件作品往往就会成为越伟大的作品，余秋雨先生有过一个演讲，就是讲伟大作品的这种两难结构，伟大作品不会给你一个不负责任、一劳永逸的答案，因为生命本身就充满无法必然决断的种种困境，但艺术在探究、揭示的决断诸多方面，贡献甚多，所以艺术家与艺术作品，大大拓展了普通人生存经验的界限，可以说，没有哪一部历史有艺术史多姿多彩。

在微观方面，经典美术最适宜熏习品味。关于品味，前面我已经提到中国董其昌经典绘画中精细入微的审美感受，其实在西方经典绘画中，同样存在这样需要灵心细品品味的地方，比如伦勃朗的大笔触，豪纵，挥洒，但质地峻嶒而细腻，乍一看，一笔写去虎虎生风，但细细推敲，造型状物的细腻之处，全照顾到了，这就是大师手腕。我记得著名画家黄永玉似乎也谈过他在国外博物馆看某幅油画原作的经验：远看是一个画家随手带过的不经意的油彩点，近看是一个取水女人的妖娆身体，连反射着潋滟水光的若隐若现的乳沟，都清晰在目，黄永玉感叹画家的高明手腕，也感慨自己能看到这些细节的长进。可见，经典美术就有无处不在、值得时时品味的细节，见多了，品多了，品味自然就高了。

另外，品味最适宜在时代氛围中熏习，反过来说，某种时代氛围最适宜熏习某种品味。以宋代为例，尚淡，淡而有味，你到《清明上河图》中去看，画面中的饭桌上，基本是以一些干果、酒类为多，根本就没有今天花椒、辣椒之类的丰富调味品，吃的大都是一些原汁原味的东西，这就是品味，是一个时代的品味。唐诗浑融，宋诗清淡，宋诗有云："诗味还随茶味长。"宋代大兴茶道，茶一向是淡而有味的，懂茶、会喝茶的人，茶一入口，先置于舌底，品咂几下，茶水才从舌尖到舌根，再缓缓流入喉头，品其喉韵，好茶都是耐得住回味的，有一种悠长、清淡的味道。宋代的青瓷，也是简淡，据说，雨过天青，宋徽宗指指天色，让瓷匠们照着，就烧出了"雨过天青瓷'，可见，宋词也是天容海色的澄淡。宋代亦不会欣赏盛唐繁花怒放、雍容华贵的牡丹，宋代欣赏的是清瘦的兰花、梅影。这便是不同时代的品味。经典美术最容易直观地再现一个时代的品味，也最容易根据个人兴趣喜好，熏习个人品味。

当然，"读万卷书，行万里路"，所有元典和经典，最终都需要回到生命历练的人生现场去验证、拓发与创造。

这样，大学博雅教育才能真正落实于人的塑造、人性的塑造与人格的塑造。

（本文收入甘阳主编《通识教育评论》第1卷，复旦大学出版社2015年版）

大学时评四则

一、大学精神何处去，上山下乡"拾荒"去

称赞大学生"拾荒"，笔者忍不住想笑。当年切·格瓦拉放着国家银行行长和工业部部长不做，热衷于砍甘蔗，那是因为他有强烈的革命理想主义情结，又确实不是当官的料。大学生"拾荒"又究竟为哪般呢？或为生计，或为炒作？为生计情有可原，为炒作无须惊讶。不久前，《南方周末》"众议"版大林先生文称，时下泛滥的商业主义与传媒逻辑误导相当一部分大学生虚化现实沉湎享受，这是事实。然而他认为大学生"拾荒"体现了大学生"踏实面对生活的精神"，有利于"客观正确地认识社会与自己"，果真如此吗？笔者不敢苟同。

认识自己理解生活，其实就是明了自我的价值期待与角色限定，价值期待总是"心比天高"，角色限定往往"命如纸薄"，所以人生于世，就须知己之长亦知己之短，有所为而有所不为。大学生的价值期待与角色限定肯定千姿百态，也应该千姿百态，但最重要的一点，无论如何二者应该是与大学紧密相连的，所以得谈谈大学，那么何为大学呢？

兼容并包，学术自由，蔡元培先生长校之理念，最得大学精神真髓。

兼容并包，就是大学相对独立于社会，会泽百家，宽容异端，造就思想；学术自由就是精专学术，学术支撑思想，思想参与批判社会，至公天下。合而言之，大学应该成为一个社会最重要的公共空间，她固然要成就学术大师——专研原始人粪便化石，也不碍成为学术大师的——但更要呵护和造就一批具有饱满的理想热情、清醒的批判精神和深厚的专业学蕴（是为有学术的思想）的公共知识分子。他们追求真理心忧天下，是社会肌体上永不松懈的"牛虻"。所以正是思想才深刻地洞察现实，也只有思想，才深切地关怀现实。按大林先生的说法，大学生通过"拾荒"，更好地认识社会，在笔者看来，多少有点像可爱的金岳霖当年每天要黄包车夫拉着他往王府井遛一圈，曰：遵照主席指示，深入生活。试问：认识社会，"拾荒"与"思想"谁更透彻与热切呢？

退一步说，大学生就算完全沉醉于精神象牙塔，毫不关心现实，那又何妨呢？谁也无法否认，大学就是需要旁若无人、无所事事、天天躺在普林斯顿图书馆桌椅下用口哨吹巴赫曲子的纳什，需要倒穿拖鞋、以大勋章做扇坠、痛骂袁世凯、为"天下读书种子"的章太炎。正是他们眷恋学术、追求真理的务"虚"精神，才滋润了大学千年不绝的文化气脉，大学也因了这么多奇形怪状的人事，而精神饱满目光炯炯。除了研学求真、教书育人，现代大学固然不排斥服务社会的功能，但她的根本气质还是务"虚"的。如果一定要求务"实"，精于制造诸如"拾荒"高级技工类工具型人才的话，那就无干大学，而是职校、技校甚或"工厂"了。大林先生批评传媒与商家合谋，误导大学生虚化现实好高骛远，不够务实；恰恰相反，笔者以为，在这现象背后，却透出了现在的大学生太功利主义，太实用主义。至于大林先生开出"拾荒"的药方，恐怕是既医不好"虚幻"的病，反倒窒息了时下大学精神原本奄奄一息的气脉。

身为大学生，作为青年中的精英，谁要真按大林先生逻辑，抛弃生命中最美好的年华，搁置在大学里精研学术、淬炼思想、成人成才的宝贵机会，去"拾荒"，来"正确"认识社会，那么笔者肯定以为他多半是头脑发昏，越俎代庖，价值期待混乱，角色认定倒错了。

一千年前，孔老夫子就反对越俎代庖。代庖结果自然有二：自己不学无术，还抢了人家（真正拾荒者）饭碗。孔老夫子的愤怒当然就仅此而已了，然而，就算不计国家培养人才的成本损失，还有更可怕的，大学生"拾荒"，笔者怎么看怎么像当年"上山下乡"呢？读罢大林先生大作，笔者毫不怀疑其热忱与良知，故设若某天，面对失望如斯的大学现实，大林先生再一声断喝：大学精神何处去了？笔者只能戏曰：上山下乡"拾荒"去了。

（原载于 2006 年 7 月 15 日《春城晚报》）

二、校园媒介与大学精神

如果没有记错的话，孔庆东、许知远都曾不无留恋地一再描述北大的"三角地"，这个地方各种奇形怪状的海报书摊云集，经常有一些琐碎乃至荒唐的人和事。但是，这些事是学生自己的事，这个地方是学生自己的地方。

在云大三年，我依然不知道云大是否有我们自己的"三角地"：银杏道、东二院或鼎鑫的海报栏吗？它们常年被一些面目可憎、语言无味、毫无想象力的商业、行政海报所覆盖，没有精气，没有荒唐。

许久前，曾在冶金公寓"白宫"前墙上，见到一张写得很认真的海报，内容大约是欲寻找一位质色俱佳的女生共度中秋。我顿时会心一笑，以为这是我在云大见到的最好的海报。用不着惊诧和嘲笑，只有在自由宽容的大学才会有与众不同的人和事，正如只有在当年的西南联大，才会有当年"奇形怪状"的金岳霖一样，这才是大学的荣光！

校园媒介包括报纸、杂志、墙报、海报、广播、电视等，它们是我们大学校园的公共话语空间。北大校长蒋梦麟有一个说法：一个大学里，一派是校长，一派是教授，一派是学生。一个学校的历史传统其实就体现在这三部分人的身上，比如五四新文化运动以北大的教授为主，五四运动以北大学生为主，而蔡元培校长的"循思想自由之原则，取兼容并包之主义"则对师生起到了保护作用：这三者的努力构成了北大的五四传统（钱理群语）。所以校园媒介也就是在校长、教授与学生之间构建一个公共话语空间，寻求三者之间的平等对话与沟通。它彰显着学生的热情，教授的远引，校长的宽容，自觉记录并传承着一个大学的精神传统。这个空间的稳固、独立与对话的自由，才能反映真正的大学精神。

大学精神多赖精英创造与传承。1701 年，十位神职人员在纽黑文附近的布兰佛小镇相聚，将各自捐赠的共四十本书放在桌上，郑重宣誓："我为大学的创建而捐上这些书。"耶鲁大学教授孙康宜认为："这项仍被今日师生津津乐道的传统（它或许是虚构的），代表了一种非实用的文化精神。他们相信，耶鲁大学最光荣的一面，乃在于它对书的尊重：学校自始至终建立在书的基础上……"可见，大学的文化是一种建立于书本之上的"务虚"的精英文化，所以，毫无疑问，在主流文化、大众文化和精英文化之间，校园媒介应该义无反顾地选择并承担守护精英文化家园的重任，传扬有思想的学术和有学术的思想，不谄上，不媚下！

启蒙，自由价值的张扬，寻常理性的普及，是精英文化的永恒话语，而媒介担负着重要的启蒙作用。英国教授罗伊·泼特在《现代世界的创造：英国启蒙运动的未知历史》中认为，早于法国启蒙运动 100 年，英国的爱狄生、斯蒂尔等报刊作家已经通过《旁观者》《闲聊者》《卫报》向公众灌输知识精英们的理想和追求，普及一种新的美学标准与道德准则。大学作为社会精神的批判者与校正者，首先要自我批判、自我校正，而这又离不开校园媒介所进行的自我启蒙。放眼商海横流的当今校园，对文化热、国学热、西学热、新左派与自由主义等中国重大学术思想潮流，持有敏感和关注的校园媒介，可谓微矣！

作为一个新闻系的学生，一个对大学精神与新闻理想执着迷恋的孩子，我经常以上面所论的校园媒介精神为参照，来打量云大校园内的各种媒体，也常常自以为是地认为它们有三个重要层面的缺失，以至不能很好地负载起云大"会泽百家，至公天下"的气蕴：一、公共性缺失。多独语自语，少对话，少交锋，难以听到思想碰撞的响亮声音。有些定位于拓展公共对话空间的媒体，也日渐避重就轻，在琐事旧闻的脂肪上搔痒。二、精英立场矮化，商业色彩浓烈。吃喝拉撒鸡毛蒜皮旷男怨女自怨自赏的为数不少，有藐视读者智商之嫌。各个媒体既无法表达精英思想，也无法聚合精英人才。记得一位资深人士在解释《纽约时报》的吸引力时说道：它提供了一种别的媒体无法提供的身份认同感——你与最杰出的人物为伍。二、启蒙话语寥落，启蒙精神所追求的种种高贵精神价值与实践法则，在大学里应该永恒坚守与传播。而今云大不知道殷海光、顾准、遇罗克的大有人在，说得清民主自由与宪政内涵的更是微乎其微。而对这种"精神荒漠"的状况，作为大学之公器的校园媒介应无法规避责任。

媒介生态理论认为，媒介本身就成为一个铺天盖地的社会生态系统，成为我们与世界打交道所必需的"中间"环境，潜默地塑造着现代人的生活方式、情感价值和人格理想。因此在陶铸人才、化育人心的大学里，大学校园媒介理应与大学精神两相涵化，在拓展公共话语空间、持守精英立场、播扬启蒙精神、升华师生情操、构建健康的校园文化生态上有所作为！

（原载于2002年9月20日《云南大学报》）

三、在"审美"中养成个性

孔子说"绘事后素"，意思是说绚烂的绘画，首先也得以素白的底子为前提，因此素质教育即本质教育；本质教育就是使人成其为人的教育，这里的"人"不是宽泛抽象的意义上的人，而是各个具体的有血有肉个性鲜明的人，因此素质教育即个性教育。

尊重个性，引发个性，养成个性，个性教育就是要培养个性舒展的人。"造化钟神秀"，只有这样的人，才自然葆有着天赋之"神秀"，自然兴发生成出属我的思维方式、心智结构及情感品味，才容易与惯常的框框套套疏离，构成突破乃至反叛，从而获得新的体验，拓发新的创造，这样的人，实际上往往容易成为创新型人才。《南方周末》上曾载文分析，中国有很多国际奥赛得奖者，却没有诺奖获得者，其原因在于：奥赛只要求在既有知识体系内分析、处理问题，而诺奖项目都是在未知领域内的全新发现与创造，能力要求层次，有天壤之别。如果我们再进一步深究的话，就会发现：大凡世界一流艺术家和科学家，往往都是一些有大个性的人，而植根于他们个性而来的诸多洞见、品味，乃至妙异灵感，就往往启迪了他们的大发明、大创造。

那究竟如何养成个性呢？

窃以为艺术审美创造，是养成个性的首善之途。首先，艺术最关联人的情感智慧，最容易作用于人格与人性的底色，好的艺术会为我们铺展出美好的情感底色，而这个底色直通创造直觉。回想我自己的学术创造泉脉，就与小时候在湖南乡下大量阅读世界优秀童话，如《安徒生童话》《格林童话》《一千零一夜》等有关。其次，古今中外的好的艺术，最容易跨越诸多政治、文化隔阂，具有开放性，可以供不同文化、种族、阶层的人，从各个属我的角度，进行欣赏、解读、判断，也就是说，可以为塑造各种不同个性提供蔚然焕烂的精神资源。再次，艺术具有创新性，艺术史，尤其是现代艺术史，一定只书写"第一"的作品和人。真正伟大的艺术作品，定然是在某些层面上构成了对既往同类作品与同时代作品振翼绝尘的超越与拓展，通过审美、领悟和玩味这种创造意蕴，无疑能启迪、塑造人的求异思维。最值得注意的是，艺术一定具有形象直观性，直观的意象，贮满凝练过的情感，直接通达我们的人格底色，扣发出飞腾的想象力，而想象力往往在惯常思维终止的地方起飞，牵引出全新的创意和发现，这又恰恰为养成个性提供了可贵的创新精神。由此可见，艺术审美创造在养成个性、引发创造上，确实意义重大。一个家喻户晓的例子是：相对论的宗师爱因斯坦热爱小提琴，量子力学的始祖普朗克沉迷钢琴，他们都拥有个性鲜明而且沉迷于音乐的心灵，同样在物理世界，演奏出了焕然一新的动人乐章。

一个人在艺术审美创造中，玩味、沉潜、涵化日久，就会积淀出比较稳定（是稳定而不是封闭）的情感底色和思维智识，慢慢形成个性。如此一来，有个性的人，就能以一种一触即发的感兴状态，在哪怕是艺术之外的日常生活中感受、发现、创造，也就是让日常生活都成为启迪新创造的汩汩源泉。一言以蔽之：艺术养成了个性，个性也成就了艺术。这是一种两相塑造的螺旋形上升过程，人在这一过程中日益获得个性舒展，走向健全与开阔。

要强调，除了直接创作，审美欣赏同样是创造。

看来，在艺术审美创造中养成个性，让个性引发创造，这是我们教育中一个亟待重视的课题。

（原载于 2001 年 6 月 3 日《云南大学报》）

四、成长的代价与教育的童话

二十二岁的时候，送了朋友一本《海的女儿》，我在扉页上写道："我一直以为，生命的疲顿与萎弱，很大程度上是因为我们失落了天真，放弃了幻想，忘记了童话……"

关于童话，我无法不想起艾特玛托夫的《白轮船》，这是一本伤心的书。

主人公是一个小男孩，无父无母无名字，只有一个爷爷两个故事。一个故事是，每天黄昏，他躺在山坡上，遥望远方波光烁烁的湖面，在蓝莹莹的湖面上，会有一艘白轮船，雪白、优美、威武、吐着浪花，向他驶来。这时，他就会想变成一尾孩儿鱼，从门前纯净的溪流里，游向蓝色的湖泊，和他自己的白轮船。

另一个故事是，曾有一只梅花鹿，雪一样纯洁和善良，她拯救并养育了人们的祖先，所以所有人都是梅花鹿妈妈的孩子，所有孩子都应该相亲相爱。可是后来，人们反而捕杀梅花鹿，以获取鹿角炫耀于人，梅花鹿妈妈于是伤心地离开了这个地方，她说她永远不再回来。这个故事，是小男孩的爷爷告诉他的，他爷爷是一个身上有干草味道的人，他善良、软弱，

291

一辈子痴情地相信这个故事。

有一天，小男孩和爷爷，真的见到了梅花鹿，三只，在雪峰脚下，红枫林边缘，映着波光水影。最后结局是，迫于生计，爷爷还是杀死了梅花鹿，小男孩伤心地走进了河流，谁也不会知道，他变成了一尾孩儿鱼，游向了优美的白轮船……

在这篇童话般的小说里，我们的小主人公过早地发现了成长的残酷：在成人世界里，善和美是多么脆弱。而人无法不成长，拒绝成长就只有放弃生命，所以小男孩走进了死亡与美的河流。

由此想起了棕榈奖影片《铁皮鼓》，主人公奥斯卡四五岁时，偶然发现了成人世界里的龌龊，于是决定不再长大。他睁着惊恐的大眼睛，敲着铁皮鼓，四处游走，真的，他不再长大。其实"铁皮鼓"只是作为"游戏"的一种隐喻。游戏，自由快意超功利，对应于儿童，对立于成人，所以小奥斯卡用游戏来拒绝长大。然而，事实是：人无法不长大，一长大，无法不放弃，成长本身变得富有悲剧性。《白轮船》与《铁皮鼓》提醒并强化了这一悲剧：美与善的希望是有的，路却没有一条。

这个结论，对于寻常意义上的人情世理说，是难以接受的，但可以认同，认同它会让我们自觉反思成长的代价与责任。《麦田里的守望者》中的少年霍尔顿，就告诉我们：尽管人生有多重无奈，自己已经不堪，但每个人都可以选择一片悬崖边的麦田，麦田里孩子们正忘情地游戏，我们的责任就是守护孩子，不致跌落悬崖，同时我们自己也可以获得关于麦田的童话，尽管我们都已经长大。

其实，这也是关于教育的童话。

（原载于 2002 年 6 月 7 日《春城晚报》）

茫茫世景中的风雅颂诗
——评海男长诗《穿越西南联大挽歌》

　　海男是个耽溺的诗人，耽溺于一脉情愫，耽溺于几星回忆，耽溺于数痕梦影；所以她的情感的泉澜，常常推荡着语言，顺着耽溺的藤蔓，蔓延、缠葛、铺张，网织出迷离灵烁的"巫性之美"。然而，在我，我深赏其单纯之美，看看《看纳帕海，看晶莹之微澜》：

　　　　纳帕海在迪庆，在几个峡谷之间
　　　　被牦牛、草甸、奇异的雪峰所拥抱
　　　　坐在纳帕海看水，看晶莹之微澜
　　　　看我的眼泪怎样从面颊滚落再滚落
　　　　沿纳帕海水岸走，会遇上沿途的黑颈鹤
　　　　遇上黑颈鹤在水边的漫步
　　　　遇上黑颈鹤扑入纳帕海的游姿
　　　　遇上黑颈鹤满怀喜悦地与水中微澜的游戏

　　　　纳帕海之外，是被鹤唳所歌咏中的物事
　　　　直抵蓝色地平线的青稞架，在春秋之间

变成了金色的一幅帛锦。而在春秋之下
也正是纳帕海以微澜显形露相的时刻

看纳帕海，看一只黑颈鹤飞远又飞近
看微澜，于是，偶然降临，凌晨在黑夜之后已降临
风神降临，冰雪就降临

这首诗何其单纯，写纳帕海的微澜，写黑颈鹤及青稞架，平叙、白描、清素浅浅，即或有些用词稍嫌坚硬，但毫不损伤其盎然诗性。

在这里，我想讨论一下诗性，抛开诗歌形式上的意象锤炼、结构凝练与内在韵律生发流转，从内容上看，我以为，一首好诗的诗性，应该体现在两个方面：其一，对物事细节鲜活地直观；其二，对浑茫远境不经意地眺望。海男的这首诗，正富润此两点：与黑颈鹤游戏的纳帕海的晶莹的微澜，烂若金帛的青稞架，飞远又飞近的黑颈鹤，皆鲜活楚楚，摇曳曲折；而"看纳帕海，看一只黑颈鹤飞远又飞近／看微澜，于是，偶然降临，凌晨在黑夜之后已降临／风神降临，冰雪就降临"，是诗人不经意的一瞟，毫不着力，轻松接通了关于命运、关于神秘的浑茫远境。再想想孟浩然的《春晓》：春眠不觉晓，处处闻啼鸟。夜来风雨声，花落知多少。昨夜风雨落花的鲜活浏亮；风雨落花背后、天人感通的浑茫远境，水乳浑融地呈现在明净的诗境里，亦可验证此诗学原理。

在这个意义上，我认为古今中外的教育，本质上皆深富诗性。在这里，要言明，我不是谈论"诗教"，而是倒过来，要阐发与言明教育的诗性。

教育的诗性

雅斯贝尔斯指出，"所谓教育，不过是人对人的主体间的灵肉交流活动（尤其是老一代对年轻一代），包括知识内容的传授、生命内涵的领悟、意志行为的规范，并通过文化传递功能，将文化遗产交给年轻一代，使他们自由地生成，并启迪其自由天性"。换句话说，教育即是以人类文明的知性智慧、德性智慧与诗性智慧，启明、点化与引领受教育者的天性，使其在自己的根上，开自己的花，结自己的果。而所有人的天性，有发扬的一面，故而需要启明；也有沉沦的一面，所以需要引领。

纵览古今中外的古典教育、现代教育，要实现对教育者天性的启明与引领，使其自我生成，一般来说，皆须双管齐下：其一，对日常细节熏习与浸润；其二，对浑茫远境兴发与振拔。前者指向日常细节的生动意象，落实而安稳；后者指向超越庸常的浑茫远境，关联道（中国）或神（西方），超逸而辽阔。两者应处在相辅相成的张力分寸中。从教育的内容而言，知性智慧、德性智慧与诗性智慧，三者都各个包含着实现这两途的质素。至此，教育的诗性本质，就十分清晰了。

我们不妨再引用一下中国教育史上最浸润诗性的一个案例，《论语》"公西华侍坐"章载，暮春的一天，孔子问及弟子们的志向，诸多弟子都有澄清天下的抱负，独有曾点，不紧不慢，说他乐在这草长莺飞的春光里，来一次春游——"莫春者，春服既成，冠者五六人，童子六七人，浴乎沂，风乎舞雩，咏而归。"孔子立时颔首嘉许，"吾与点也"。这个绝佳的案例，教育的诗性本质，得以鲜活呈现：既落实于春光春色气韵生动的意象，又指向参赞天地大化的辽阔远境，所以一向一本正经的朱熹，都对此念念不忘，"曾点见得事事物物上皆是天理流行。良辰美景，与几个好

295

朋友行乐。他看那几个说的功名事业，都不是了。他看见日用之间，莫非天理，在在处处，莫非可乐。……且看暮春时物态舒畅如此，曾点情思又如此，便是各遂其性处……曾点气象，固是从容洒落"。

更值得指出的是，1167年，朱熹与张栻在湖南岳麓书院会讲时，"忆昔秋风里，寻朋湘水旁"，曾兴致勃勃地为岳麓书院的多处风景园林景观重新命名，其中就有"咏归桥"。美国学者就此研究，得出结论：岳麓书院的风景园林景观，精微地担荷着宋代理学家格物致知、正心诚意的教育功能。一鉴方塘、半川暖风、一弯小桥的教育，无疑正是中国教育的诗性灵魂。

至于主要以悲剧与史诗净化、升华人性的西方古典教育，其诗性本质，可不赘述。

西南联大教育的温润诗性

西南联大，作为中国教育史上精彩绝艳的篇章，其成功处，除了冯友兰在纪念碑辞中所归纳的"联合大学以其兼容并包之精神，转移社会一时之风气，内树学术自由之规模，外来民主堡垒之称号，违千夫之诺诺，作士之谔谔"之外，我以为，最重要的是，其最淋漓尽致地回归与发扬了教育的诗性本质。

诗性是创造力之源。

西南联大自北平而长沙，自长沙而昆明，自昆明而蒙自而昆明而缅印，堪称教育史上的万里长征；这群"在路上"的知识分子，在中国知识人史上，是空前绝后的一群，他们逃难、学习、调研、救国，灾荒离乱，国恨家仇，柴米油盐，他们是最接地气的一群；他们远远地走出了书斋，走出了风黄的高头典章，最真实、最结实、最平实地亲近、体贴与摩挲了中国日常生活的一切细节；他们把自己的知识、思想和信仰，深深扎根于这厚实的中国日常生活细节中，由此获得了郁郁葱葱的创造力。西南联大大师之众、人才之盛、成果之硕，举世瞩目。举另一反例，有统计表明，西南联大经济学系教师，多数留洋，在全校，西学实力最雄厚，但原创性学术成果最少，根本在于，照搬西学理论，不与地方性经验、传统融合转化，乏地气。

另一方面，西南联大的师生于日常生活中，长思兴发与振拔，捐躯赴国难，烽火传文脉，风雨存道统，以及所有知识内部自身的引领与升华力量，都为他们打开了知、情、意上的浑茫远境，所以他们的教育生活涌流出勃郁的诗性。有钱穆先生笔记为证：其时，他正蛰伏在宜良乡下一隅，写《国史大纲》，他在笔记中，如是描述自己的居处，"院子有一白兰花树，极高大，春节花开清香四溢。道士采摘去赴火车站，有人贩卖去昆明。张妈以瓶插花置余书桌上，其味浓郁。楼下阶前流泉，围砌两小潭蓄之。潭径皆两尺许，清泉映白瓷，莹洁可爱，张妈以中晚两餐蔬菜浸其中，临时取用，味更鲜美……"如此文字，自有韩柳气格，但更富生活滋味，然诗意襟度，诗性意境，随手剪裁皆是诗。

当然，对西南联大教育温润诗性的表现与总结，汪曾祺先生最是只眼独具，看看他笔下的晚翠园曲会吧：腴润婉丽，百转千回；读读他在文章结尾，揭示的真谛吧，"参加同期曲会的，多半生活清贫，然而在百物飞腾，人心浮躁之际，他们还能平平静静做学问，并能在高吟浅唱、曲声笛韵中自得其乐，对复兴民族大业不失信心，不颓唐，不沮丧，他们是浊世中的清流，旋涡中的砥柱。他们中不少人对文化、科学做出了很大的成绩，安贫乐道，恬淡冲和，是中国的知识分子优良的传统"。

为风雅赋诗

八载筱吹弦诵，风雅未辍，西南联大蓄积了丰盈充沛的诗意，只等待那么一个人，一首诗。这个人终于出现，她带着榴花摇曳的炽热与忧郁，敏感与魅惑，带着一首风雅颂诗，她就是海男。海男的《穿越西南联大挽歌》，是第一首真正为教育所赋的长诗。

诗人深契教育诗性的两端入思，一方面，她穿越历史的烟云，化身为诗中身穿蓝花布裙、圆口布鞋的女学生，舒活身心，开放感官，尽量经验与铺陈诸多西南联大的日常生活细节：装着书卷的褐色皮箱、奔逃中呼啸而来的子弹、校舍土墙上的胚芽、空中的警报、浦江清的家书、梁思成的居所……这些弥漫着乱世边城昆明生活气息的细节，为诗性的激滟流淌，为西南联大教育史诗的纵横舒卷，牢固奠基。另一方面，如诗中所言，"我身体中所接受的教育告诉我说／在这茫茫的世景中／唯有从低处到高处／再从高处到低处的人生境遇／值得我们去倾力相爱"，诗人一直在倾力追寻"从低处向高处"的振翅飞翔，所以她写道，"在触须下，那些悄无声息的精灵之魂／正牵我，勇敢地去飞扑／啊，苍蝇和蝴蝶的飞行，哪一种飞行更美更辽阔"，所以她还说，"我身体中所接受的教育告诉我说／生命是值得瞩目的／它也许是波澜和荒草相互缠葛之心／然而，它自始至终有一个飞的理由"。为了书写与复活西南联大高蹈的教育远境，诗人从多如沙粒、多如树叶的日常庸常细节中，振拔而出，自然生发了多次遥望星空的意境，设置了参军慷慨赴国难的情节，甚或卒章处，燃烧了闻一多先生民主涅槃的一团火焰。

应该说，这是一首体现海男雄心与抱负的诗篇；我们熟知海男惯常个人主义色彩浓郁、梦呓式的诗歌风格，但从长诗《中国远征军第一次出缅记》《古滇国书》开始，我们可以发现，海男的诗思的触角开始向越出自身的梦影，向更辽阔、更深邃、更芜杂的公共历史事件、事境，蔓延，缠绵，裹卷；而且她有天分把坚硬而辽阔的公共人事，自然转化为属我的绮丽迷柔巫魅幢幢的"海男式"诗境，这在前两首长诗中，皆有出色表现。

这一次，海男向更辽阔的西南联大教育史境进发。也许是由于教育与文化的障壁，也许是诗人出于对学术与大师的敬畏，这一次，诗人似乎未能耸身摇落，妖娆舒展，所以诗中一端对日常细节观照，似可更为曲折、细腻与摇曳，诗味会更浓；另一端，对教育与文明远境眺望，尤其是对诸多学术大师背后牵连的千古文心、文脉与文道，亦可更透入一层，以接通更为宏大浑茫的文明远境。当然，向这样宏大远境的腾越，最有力的方式，是通过锤炼精粹的骨架结构实现，一般而言，这是史诗的使命了。

尽管如此，《穿越西南联大挽歌》仍然是一首茫茫世景中为风雅而歌的瑰丽颂诗。

（原载于《东吴学术》2015 年第 5 期）

理论之品格与治学之门径

　　学术研究，大而言，是人类文明传承并创造的重要部位，小而言，是一个学人安身立命、自我实现的依托。很多不得其门而入的初学者，往往视为畏途；实际上，简而言之，学术就是敏锐发现问题、有理有据地解决问题，并能自圆其说的"理论"话语衍义系统。因此本人在多年的学术学习、研究经验基础上，深入所谓学术"理论"内部，详细阐析一下"理论"之"明晰性""曲折性""默会性""原创性""创新性"五大品性，对同学们辨伪存真、一窥治学门径，或有启发意义。

理论的明晰性

　　大家本科阶段上过很多课，读过不少书，但是一旦让你系统地分析论述一些东西，比如对某位艺术家的学术贡献、某种艺术现象进行客观学术评价，对某一艺术理论来龙去脉进行梳理，或者说如何提出有价值的学术问题，其在学科领域里创新点如何，大家知识储备可能多少会有一点，但东鳞西爪、七宝楼台，知识是散乱的，零碎的，模糊的，连不起来，难以成系统，从而无所适从。

实质上，好的研究、好的理论，其穿透力，直指问题本性，在问题提出，问题分析，到问题解决，整个过程非常明晰而朗澈，从概念的定义涵摄、思维过程的自然衍义，到学术语言的表达言说，都是系统的、有机的，从而清晰的，就像一排柜子，这一格摆什么知识，那一格摆什么知识，格格分明，格格有序，又整体活络，节节通达，这样一来，知识的散乱、零碎状态，就能得到克服。可见，理论的明晰性，在于建立起知识系统。

举个哲学的例子，比如康德的哲学体系，把人所具有的能力分为知识（纯粹理性）、情感（判断力）、意志（实践理性）三大块，且以审美理性沟通纯粹理性与实践理性。除了这三块以外，我们还有没有其他的更多的知识呢，确实没有了！这是一个非常完整而严谨的系统，所以它的哲学概念不无晦涩，但理论整体清明畅达，如果我们按这样的思路入思，我们的研究和知识就会非常系统化。

建立这样的知识系统有几个要素：其一，要注意学科、学术理论里面的元概念。元概念是学科里最根本的概念。就像几何学里面"两点之间直线最短""三角形内角和等于180°"等。这些公理，是不需要论证的，就像人们盖房子所需要的几块基石，以后的学术大厦，都是在这几块基石上垒起来的。又如中国艺术学的"道""气""兴"等，皆是这样的元概念，整个中国艺术学的理论系统，在这个基础上，衍生、累积。元概念也像人的老祖宗，会生子，子生孙，子子孙孙，这个系统就会不断地庞大起来。所以大家一定要搞清楚元概念是什么，以及由其衍生出来的次一级及次次级概念，这些概念是怎么样衍生的。

无论是艺术学，还是哲学，真正好的理论，好的概念，都是有生命力的，有活力的，就像花花草草一样，可以衍生、成长、茁壮、蔓延、铺展。如艺术学科里"气"的概念，在中国古典的诗学理论和绘画理论里，皆可算作元概念。"气"衍生出来一个概念，叫作"气韵"，谢赫六法的第一法"气韵生动"，这个"气韵"就偏重于滋润、清远。这个"气"，还可衍生出比较凝固的比较有力的概念——"气骨"，像诗学里讲曹操父子的诗文风格就是"建安风骨"，有"风骨"的诗，比较朴素，但又非常高古，有劲力。其实在大家的绘画作品里，也会有一些笔墨可以体现出这种风骨。元概念不停地衍生，次概念再衍生出一系列概念串，所以追根溯源，把握住元概念，顺流而下，知识就可以不断地系统化。谢赫六法，从南朝谢赫提出来，由唐宋及元一直到明清，六法还是六法，但是后来六法的每一法，内涵都在不停变化、衍生，从人物画，到花鸟画，到山水画，对应不同的画法，极有生发力与阐释力。显然，如果把这样的衍生系统搞清楚了，大家的知识就会变得系统化。

其二，除了把握元概念外，还要熟悉学科的基本知识构架。像艺术学有四大块：艺术批评、艺术理论（或艺术哲学）、艺术史和艺术管理。这四大块，各有不同方法，各有不同研究，一个问题提出来，大家要知道定位在学科的哪个部分，在此部分中又处于什么位置，如此，才能高屋建瓴，一览众山小。任何一个学科，都会形成一个基本框架，就像中国美术史，也有这样一种基本框架，比如先秦以前的青铜艺术，秦汉地下的墓葬艺术，汉代的画像砖、画像石，魏晋艺术自觉，北宋文人画兴起，元代文人艺术兴盛，明清大写意泛滥，各种各样的艺术块面，构成了中国美术史的基本框架。对于这些基本框架，不要要求具体、非常细致地去了解，可先在大的、宏观的构架上去掌握，以便于知识形成系统。

其三，大量阅读本学科的元典和经典著作，也可以使知识系统化。元典之所以为元典，经典之所以为经典，是因为它们在本领域内提出的问题、概念与思想，已经成为本学科的基本构件，成为后世研究无法越过的垫脚石。艺术学四大块里面的元典和经典，其实并不多，无非就是中国古代的一些画论、诗学及美学方面的著作，还有西方翻译过来的一些艺术著作等。多去反复阅读这类书籍，最好边读边做笔记，读多了，这些书籍，就会给你一个坚实的、宏观的知识基座，像海绵一样，以便你吸纳其他杂多纷繁的知识。

在读经典著作的时候，大家要多关注一下艺术史学史。艺术史学史主要是对艺术史这一方向的基本著作、基本理论、基本方法，进行反省和批判，对每一时代艺术史的主要贡献、主要缺陷、如何继承、如何发展、学科边界如何等，都有厘清、分梳。目前，这一块做得最好的，应该是中国美术学院，尤其在西方艺术史学史方面。任何学科都有自己的软肋，也都有自己的优势，每一种理论也是这样。每一个学科的史学史，就是在反省这些基本问题。所以大到提升学科的整体水平，小到提高自己的理论原创力，都需要多关注学科史学史。

我的导师吴松校长，曾在云大搞"三原教育"，即原典（与元典含义相同）教育、原野教育、原创学术。受其影响，我花了八到十年时间，来阅读与艺术学科相关的一些基本著作，边读边做笔记；元典与经典的好处是，常读常新，总有一些新的启发或新的反省，像谢稚柳的《水墨画》我读了不下十遍。最初读得很苦，尽管已经能写出一些漂亮的文章，但是还没真正找到发现学术问题、如何做学问的突破口；后来我就立下决心，要把这些艺术学科元典和经典著作（艺术批评、艺术理论或艺术哲学、艺术史、艺术管理）全部读完，这个过程一直持续到我到上海去读研，同时配合着我去博物馆看书画经典原作，笔记越做越厚，直到读研期间有一天，灵感突如泉涌，我发现我会做学问了：会发现有价值的学术问题，能提出有阐释力的概念，且能贴着问题，自如掌控与构建明晰的学理系统。

由此，可见元典和经典对于从事学术研究的重要意义。

大家在阅读过程中，要注意自己的阅读方式。边读边提出自己的想法，正面的启发，反面的批评，都可以。如果从某本书里得到一个新观点，直觉预感可能有进一步研究的价值，那么可以记下来；以后再读其他书的时候，你会发现又有材料与之相关，那就积累下来，这样慢慢地，关于同一问题的材料，就会越积越多，这意味着你对此问题的认识，也越来越深，思维也在步步衍生。当你材料积累得差不多的时候，一篇有创造力，有一定想法的东西，就自然而然出来了。

理论的曲折性

一个基本事实是，世界是复杂的，世界中的"心"是复杂的，世界中的"物"是复杂的，"心""物"相生，更是复杂的，所以任何试图对世界进行触摸、把握乃至阐释的理论，不可能不复杂；刘勰在《文心雕龙·物色》中提出，好诗应"随物以宛转，与心而徘徊"，这虽然说的是艺术创造，但亦可用来形容好的理论，好的理论一定是体贴着世界的"物"与"心"，随之宛转徘徊，从而获得生发力、穿透力和阐释力，这就是我所谓的理论的"曲折性"。

明晰性，固然是一切理论所固有的本性，然而，纵览人文科学一切有生发力与阐释力的理论，往往都极富"曲折性"。比如黑格尔的"具体的理念"，既具体，又能抽象，极其"曲折"。实际上，这是黑格尔从康德的"知性直观"概念而来。在黑格尔这里，概念是能动的，有生命和涌发力的，概念通过"正反合"的辩证发展过程，恢复到单纯的自身（即一），这个自身蕴含着丰富性（即多），所以直观中可以有知性，抽象中可以有具体，他的"绝对理念"应作如是观。

又比如，佛教唯识学里，讲人对世界的认识，分眼、耳、鼻、舌、身、意六识，第六识意识的思虑与分辨表层底下，还有一个第七识"末那识"，即恒思虑与恒我执，是人自利的根源，而这七识，皆会断灭，皆由不灭的第八识"阿赖耶识"所生起，但这七识，皆可熏习"阿赖耶识"，在"阿赖耶识"中落下种子，为"阿赖耶识"摄藏，世世轮回，续续积累，形成业果之"因"。在这里，我们可以看到"阿赖耶识"与前七识相生的"曲折"，尤其是"熏习"的氛围场域性与"种子"的续续生发性，都无法彻底概念化与现成化，都极其微妙，所以这一理论，对我们人类认知能力的把握，远远比理性、知性、感知或前意识、潜意识诸概念，来得深刻，来得包孕力。

再如，早期尼采讲悲剧精神是酒神精神与日神精神的两相摩荡，海德格尔讲真理在大地与天空的永恒争执中现身，都深富曲折性。

稍稍归纳可知，理论的曲折体现在，理论应该是曲折的、动态的、生发的，乃至具有些微的模糊性。当然，曲折并不是故意晦涩，故意叠床架屋。

由于关联世界中最丰富、最复杂的"心""物"关系，艺术，无疑是最微妙的，最需要曲折的"艺术学"来体贴触摸。顾随先生讲中国文学中韵文的两种风致，一坚实、一夷犹，如杜甫"星垂平野阔，月涌大江流"，真是锤字坚而难移。至于屈原"袅袅兮（↙）秋风（↗），洞庭（↙）波兮（↗）木叶下（↙）"，其上下摇曳的韵致，顾随先生拈出"夷犹"一词，"夷犹"为双声而起落，从发音到词义，皆具起伏摇曳的风致，用之概括品赏屈原艺术的微妙，真真可谓曲尽其妙。艺术的"微妙"与艺术学的"曲折"，于此可见一斑。

艺术中最为微妙的有四个方面，即作品形式的微妙、艺术创造状态的微妙、艺术接受的微妙及艺术史精神气脉流转的微妙，因此艺术理论，要贴着艺术的复杂性、微妙性来描述、阐释与研究，这样的理论才不是简单的、直接的、乏力的，故而我一直倡导"曲折艺术学"体系构建。举个例子，有一首诗"松下问童子，言师采药去。只在此山中，云深不知处"。这首诗非常单纯，但是又非常摇曳，就是所说的非常曲折，很有意思。"松下问童子"，诗人本来是拜访这个童子的师父寻隐者去的，第一句直叙，到第二句就开始"曲折"，"言师采药去"，这位隐者不在。一般来说，不在的话，也就告别回去了，但又一次曲折，"只在此山中"，收回来，还是可以遇得到的。但最后再一次推开去，虽然师父在这座山里面，但是"云深不知处"，还是找不到他。大家看看，如此单纯的诗里却收藏着如许波澜，真是高明极了，我们的理论，在明晰中如果也能蕴含这么多"曲折"，那么，就能达到相当高的境界。

理论的默会性

相对于其他学科来说，艺术无疑具有更鲜活独特的学科品格，所以艺术教育就更讲究师生授受间的点化与心会，尤其在中西方古典艺术传统的精神结穴处，更是闪耀着这样的默会灵光。这里所谓古典传统，在中国指的是晋唐宋元传统，在西方指的是文艺复兴传统，两者在技术制作与意蕴养成上，都凝练积淀出了无以超越的巅峰传统，而这往往难以用语言表述，只能靠特定场域情境中的心灵妙悟来参证抵达；所以这种古典传统的精髓，对二流艺术家来说，往往难以体会，从而否认其存在，然而在一流艺术家，这种精髓则心心相授一脉流传。这样的例证在中外艺术史中俯拾即是，如张怀瓘《书断》评张芝书法云："精熟神妙，冠绝古今，则百世不易之法式，不可以智识，不可以勤求，若达士游乎沉默之乡，鸾凤翔乎大荒之野。"艺术乃"沉默之乡"，其高妙之境，不可以智识言说，只能悠然心会。邱振中干脆认为中国古典艺术，"在可观察、可分析的形式之外，存在一些隐蔽的目前尚不能加以观察和分析的形式构成细节，它们是'神'的载体，我们可以把这部分细节称为'微形式'。'微形式'可感而不可说"。又如瓦萨里在论述文艺复兴画家安托里奥·达·柯勒乔时指出："人们要用言辞讲述他作品中迷人的愉快感简直不可能。他画头发不按前辈大师做作、生硬、干涩的精确方式，而是画得松软轻盈，质感很强，那头发像金子一般，比真正的头发还要漂亮。"本雅明也曾分析过萦绕在古典作品周围那种即之愈远、忽焉又近、无可言说的灵动光晕。英国画家雷诺兹爵士由是认定大师们的作品一定有某种秘不示人的技术，所以他把一幅卡拉瓦乔作品彻底层层洗刷，企图弄清其作画过程。可见中外艺术史上确实存在一种无言契合的传统，这一传统在各自的传承谱系里，对于它的嫡传艺术家来说，往往积淀成了一种不言自明的前提，然而众多艺术史与艺术理论著作却反而忽略了这种难免暧昧却最闪亮的部位。

这种默会传统恰好与英国著名哲学家迈克尔·波兰尼的"默会知识"（tacit knowledge）理论不谋而合，他认为人类知识可以分为"明确知识"（explicit knowledge）和"默会知识"，在可以言传的"明确知识"背后是大量的"默会知识"，它不能用我们的语言系统明确表达出来，只能借助个人身力体行的参与来获得。我在研究"德国学派"时，专门论述过这样的"默会知识"，约略分为四类：

其一，师徒授受的行业秘诀。其二，"德国学派"内部不言自明的学理前提，如用透明画法、用圆曲体"画转过去的部分"，塑造厚实体量感；

注重负空间的经营；多画、快画、乱画和限色画法等。其三，需要敏锐颖悟的艺术直觉，如画出"看不见"的生猛力与势，如画乱的分寸、色彩重叠的"微差"等。其四，一种"格式塔"式的豁然而生的创造力。这种创造力与原有知识完全断裂，产生了全新的创造。

如果我们没有掌握一个学科的默会知识，那么可以说，你还没有真正进入这个学科的堂奥。

理论的原创性

云南大学艺术与设计学院的办学思想，即"三原教育"：原典教育、原野教育、原创学术，这是吴松校长提出，李森院长多年践行的。原典教育与原野教育，最终落脚于原创学术。什么样的学术，才是原创的呢？我多年阅读、思考与研究的经验告诉我，真正的原创性理论、思想，完全无法按照一般逻辑演绎或经验归纳，集腋成裘，步步深入而推理得来，而一定是和我们以往的、既有的、日常的知识、思想状态，发生巨大的断裂，然后有一个难以预料的跃迁。比如在你的创作过程中，包括艺术理论研究中，如果有一个特别原创性的东西涌现，那一定会和你原有的生活、知识、思想状态之间，出现一个巨大的裂缝。如康定斯基，在他的传记中，大约有这样一个记载：有一天黄昏，他一脚迈进画室，看见一丝昏黄的光线，打在自己的画面上，只剩下霍霍闪烁的光色，他幡然醒悟，如遇神灵感召，自此找到了自己终生创作的路子，即走向纯粹的光、色、影、点、线、面的抽象之路。

既然出现了裂隙，出现了跃迁，你就要跳到另外一个地方去，要跳到哪里去呢？在我看来，所有原创性理论的跃迁，实质是有三个回归。其一，回到人的潜意识。人的心灵在日常状况下，都有理性控制，而潜意识世界是非理性与理性交杂的混流，人的潜意识和意识之间有一个巨大的断层与裂隙，虽然已有弗洛伊德的理论来揭示人的潜意识世界，但是这个世界目前还是一片幽暗，根本就搞不清楚。根本说来，人对自身是不了解的，尤其是自己的潜意识世界，更不了解。就像佛教的阿赖耶识（种子识）一样，落在自己心里的那颗种子，到底包孕了些什么东西，是搞不清楚。不在一定情况下，比如说一种艺术创作高潮状态下，比如说做梦、癫狂、生病，你都不能打开那个世界。很多原创性理论，就和回到潜意识、打开那个世界有关。

其二，回到文明的奠基处，就是文明奠定第一块砖的时候，如轴心时代，在中国即先秦诸子百家时代，甚至更早一点的"山海经"时代。在西方是苏格拉底时代，甚至是荷马史诗时代，或者旧约圣经时代，或是古埃及的亡灵书时代，那个时候文化、文明还没有现成化、固定化，人跟世界打交道，直接照面，所以人的智慧和经验都非常原初，都非常具有生发力，几千年来人和世界打交道的深层智慧，还是这样。荀子言，化性起伪，知识越来越多，文明越来越发达，人跟世界打交道，就越来越"隔"，人们很不容易回到那种原初状态去。我们到现在还要倡导读原典与经典，像《老子》《庄子》等，看上去很单纯，但有千年不绝的生命力，就是这个原因，因为它们存留着人类最原初的智慧。所以一些原创性理论，往往也要回到文明的奠基处，回到最原初的智慧中。

其三，回归神性。我们这样宗教感淡薄的民族，对这一点，可能不容易理解，实际上，人类文明中，很多原创性部位，都与此关联。如奥古斯丁，他以前并不信神，并不认为有一个神存在。但《忏悔录》中记载，有一天晚上，他跟他妈妈聊天，聊着聊着，自己就感觉长了翅膀一样，然后飞起来，飞啊飞啊，飞得越来越高，直至飞到宇宙星空当中，俯瞰整个世界，在飞升过程当中，他感觉自己逐渐和整个世界融为了一体，感觉特别饱满，特别温暖，有一种很深的感动，从那一刻开始，他就感觉世界上有神的存在，他就开始矢志不渝地信神了。讲这个例子，并不是为了宣传宗教。有创造巅峰体验的同学们一定会明白，此种与神性合一的状态，在很多艺术创造的审美状态里面，也会常常出现。这种通神状态和日常状态很不一样，存在非常大的裂缝。一旦有过这样的通神状态的话，你的日常状态将会瞬间刷新，人格顿然改变。除了这种神学意义上的，审美意义上也是如此：被一首音乐点燃，被一支舞蹈点燃，或者是被伦勃朗的或梵高画幅所点燃，这样的例子并不鲜见；一位艺术家在创作一个作品前和完成这个作品后，自己心灵的刷新改变，也是常事。甚至在科学发现与创造中，也存在这种神性降临、无从寻访的经验。

正是因为这三种跃迁性的裂隙与回归，所以要强调一下，原创性理论并没有那么容易产生，也无从清晰规划，具有极大偶然性，所以唯一需要的就是一种闲散自由的氛围与人与生俱来的、对未知的好奇心。在这样的氛围中，自由心灵凭好奇心不断探索，有可能有那么一两回际遇原创性思想，更大可能是终生无缘原创。即便如此，也得接受，因为这是常态。所以我们天天谈创新，是大有问题，大可反省的。

理论的创新性

如果研究能做到具有原创性，那你就革新这个学科了，你就是伟大的学者、伟大的科学家、伟大的艺术家，而这当然是很难做到的。那么，对研究生来说该如何根据自己感兴趣的专业方向，尽可能做出一点点创新呢？

根据我个人研究经验，我归纳了一下，主要有四个方面：

其一，有思辨能力、擅长反思的同学，可以追问和批判这个学科的元理论，如果你能对奠定这个学科基础的元理论进行怀疑，甚至能提出一种更好的理论的话，这个创新将会是巨大的，当然，也是最难的。像爱因斯坦的相对论，革新了牛顿的三大定律，牛顿认为时间和空间是分立的，但到爱因斯坦，他就怀疑空间和时间不分立，而是紧密联系，关键在于光速，只要我们达到光速甚至超过光速，空间会收缩，时间会膨胀。我们讲"现在"，就是一"刹那"，说的时候马上变成了"过去"，未说的时候，还是"未来"，真的无法把握，但是假设我们坐在超光速的飞机上，"现在"就膨胀，可以向过去和未来延伸，可以回到过去，也可以看到未来，理论上是这样的。这在科学上是伟大创新，实质上，哲学上，现象学的胡塞尔、海德格尔"内时间"观也是这样的，"现在"、"过去"与"未来"随时牵挂与交叠在一起，"现在"的潜背景就是"过去"与"未来"。我在研究艺术学科经典的创造理论时，也提出过一个怀疑，中国和西方讲艺术创造，无非是三个要素：外师造化（模仿论），中得心源（表现论），传移模写（传统学习）。制约我们艺术创造的，古往今来的艺术理论里面就这么几点，没有更多了。我发现这些理论似乎不能贴合艺术创造，尤其是造型艺术生发的微妙性、复杂性、偶然性，由此产生了怀疑，提出了"以手为先"的场域化艺术创造理论，强调了手感与身体感，由此对经典创造理论进行了完善与超越。所以我对基础学科的这点贡献，源于对学科里的元理论的反省和怀疑。

其二，学科交叉。现在人文、社会学科、自然学科，很多创新成果都是学科交叉的成果。前现代社会，大家看看在西方文艺复兴之前，中世纪那些教士既是科学家，又是美学家，还是教士，真、善、美合一，三种知识打成一片。现代社会以后，理性精神和科学不断发展，知识越来越专业化，各个知识共同体分立得越来越厉害，每个专业的范畴越来越小，钻得很深。但是经过最近这些年，深入推进对各个学科的研究以后，大家会发现，整个世界再怎么分，其本质还是浑然一体的；很多知识，只有在学科交叉视域里，才能获得或接近真相与真理。

艺术学科也是这样，如果你们尝试做一些新东西，就不能不尝试做一些交叉性研究。近年来，艺术学界比较热门的就是艺术社会学，即艺术学与社会学的交叉。如以前研究中国古代绘画，可能会着重笔墨、构图、师承等各种角度，但很少注意艺术家的生活圈子，像文征明的师傅是谁，他的同僚是谁，他的学生是谁，他的助手是谁，他的朋友是谁，他的赞助人是谁，这样的圈子，对他的创造有没有影响？其实是有影响的。这几年，一些国外这方面的著作翻译进来了，中国美院的一些艺术赞助人研究成果，就是侧重艺术学和社会学的交叉。还有公共艺术研究，以前艺术都是在艺术家个人工作室里完成的，最近十年以来，广州、上海等地的一些学者呼吁"艺术的社会学转型"，配合艺术实践推动，艺术能不能改变人们的生活，艺术能不能参与到社会的改革当中、人权的呼唤当中、环境的美化当中，能不能彰显一个社会的公众参与精神呢？所以很多艺术作品走向社会，走向社区改造，走向公共参与。这包括少数民族地区的影像研究与实践，如国外的一些参与式影像项目，就是艺术和社会交叉实践，很早就在云南实施，他们安排一些专业学者，到少数民族地区，训练他们如何使用摄像机，并提供摄像器材，让村民们根据自己的眼光，拍摄自己的社会、自己的生活，最后在自己的村里放给村民看，得到反馈意见，这完全改变了传统"外人"拍摄的"他者"视角。这种参与式创作，也是艺术学与社会学和政治学的交叉。

当然还有很多艺术学科内部的交叉，如雕塑和绘画之间的交叉，绘画和音乐的交叉等等，用这样的方法和眼光研究，往往会有一些意想不到的收获，但交叉研究一定要言之成理，自圆其说。学术没有大家想的那么高深莫测，那么高不可攀，某种意义上只是一个人自得其乐、安顿灵魂的一种游戏；每个人要活得快乐，活得饱满，就需要有所实现，其中最有实现感的一种，就是搞一个有点创新的研究，自圆其说，至少可以说服自己，就会感觉很开心了。非要搞一个惊天动地、一呼百应、包打一切的"葵花宝典"，那不是学术，也不可能，也没有必要。

其三，找到新材料。有些论文，可能结构、框架、方法很一般，但如果材料是新的，就有创新。我之前做过一个研究，成为上海市2010年美术学科唯一一篇优秀硕士学位论文，这篇论文是对新中国艺术"德国学派"的研究。我们现在通行的美术教育体系，都是二十世纪五六十年代从苏联学过来的，然而，当时除了向苏联派出留学生外，还向民主德国派出了一批人，如全显光、梁运清、舒传曦等。后来这些人带回了一套完全不同于苏联的"德国学派"教育，在主流体系以外，取得了不凡成就，但识者寥寥，这个材料就非常新，非常有价值，我有机缘接触到这些，所以就研究了，效果很不错。

其四，运用新方法。用新方法研究老材料，也可以得出新的结论，比如用精神分析学来研究赵孟頫作品和人格，用社会学、赞助人的方法，来研究明代吴门画派或清代新安画派的画家，或扬州八怪，跟盐商（老板、赞助人）的关系，在当年是非常新的。现在比较前沿的视觉文化研究，已经不再局限于经典美术的绘画、雕塑、建筑，已经把研究扩展到包括摄影、电视、电影、数码艺术等广阔的图像世界。接受美学以前研究读者对文本的接受，都是从理论到理论，现在视觉文化研究里，借鉴传播学媒介效果研究，要进行样本调查与统计，读者面对作品时有何反应、眼睛眨几下、心率怎么样、体温有无变化等，甚至可以用一些科学仪器测定，由此确定作品在传播过程中，对受众产生的效果。这种研究方法，在经典美术领域以前想都不敢想，但现在就可以这样研究了。

最后强调一点，无论怎样创新，最终要得出新的结论。每年硕士论文评阅，发现一个最大的问题是，同学们花很多功夫，用大量材料，写了很长的文章，最后得出一个属于常识的结论。比如，得出一个结论"毕加索是一位伟大的艺术家"，花那么大精力得出艺术史的一个常识，毫无意义，如果得出"毕加索不是一位伟大的艺术家"，这样就有创新。你可以说他的拼贴、立体主义是胡搞，可以说他的东西是模仿的，也可以说他是制造噱头、长袖善舞的营销家，等等，只要言之有据、言之成理即可，学术就是自圆其说，自得其乐。我的经验，要想比较快地进入学科前沿、做出一些创新的话，比较有效的方法是，系统地读这个学科的重要期刊，因为期刊最迅速地传递了这个时代的学术热点与前沿研究。我在读研究生时，就将美术学科里最重要的期刊，如1979年到2007年的《文艺研究》《美术研究》《世界美术》《新美术》《美术与设计》《美苑》系统地看了一遍。一方面，有兴趣的材料，我就积累下来；另一方面，整体掌握了中国艺术界二十多年的学术热点流变历程。当然，只看杂志论文，弊病同样明显，即知识会零碎，不成系统，难于深邃。

[本文为艺术与设计学院研究生入学教育讲稿，原载于《西南林业大学学报》（哲社版）2017年第1期]

古典艺术的默会传统及其教育传承

相对于其他学科来说，艺术无疑具有更鲜活独特的学科品格，所以艺术教育就更讲究师生授受间的点化与心会，尤其在中西方古典艺术传统的精神结穴处，更是闪耀着这样的默会灵光。这里所谓古典传统，在中国指的是晋唐宋元传统，在西方指的是文艺复兴传统（后文论述的一些艺术家时限上可能不属这一范围，但他们都是这一传统的深入领会者与忠实传承者，在这个前提下他们才进入了本文论述范围）。两者在技术制作与意蕴养成上，都凝练积淀出了无以超越的巅峰传统，而这往往难以用语言表述，只能靠特定场域情境中的心灵妙悟来参证抵达；所以这种古典传统的精髓，对二流艺术家来说，往往难以体会，从而否认其存在，然而在一流艺术家，这种精髓则心心相授一脉流传。这样的例证在中外艺术史中俯拾皆是，如张怀瓘《书断》评张芝书法云："精熟神妙，冠绝古今，则百世不易之法式，不可以智识，不可以勤求，若达士游乎沉默之乡，鸾凤翔乎大荒之野。"艺术乃"沉默之乡"，其高妙之境，不可以智识言说，只能悠然心会。邱振中干脆认为中国古典艺术，"在可观察、可分析的形式之外，存在一些隐蔽的目前尚不能加以观察和分析的形式构成细节，它们是'神'的载体，我们可以把这部分细节称为'微形式'。'微形式'可感而不可说"。又如瓦萨里在论述文艺复兴画家安托里奥·达·柯勒乔时指出：
"人们要用言辞讲述他作品中迷人的愉快感简直不可能。他画头发不按前
辈大师做作、生硬、干涩的精确方式，而是画得松软轻盈，质感很强，
那头发像金子一般，比真正的头发还要漂亮。"本雅明也曾分析过萦绕在
古典作品周围那种即之愈远、忽焉又近、无可言说的灵动光晕。英国画家
雷诺兹爵士由是认定老大师们的作品一定有某种秘不示人的技术，所以他
把一幅卡拉瓦乔的作品彻底层层洗刷，企图弄清其作画过程。可见中外艺
术史上确实存在一种无言契合的传统，这一传统在各自的传承谱系里，对
于它的嫡传艺术家来说，往往积淀成了一种不言自明的前提，然而众多艺
术史与艺术理论著作却反而忽略了这种难免暧昧却最闪亮的部位。

古典技术默会传统

那么古典默会传统落实在具体创作和作品中究竟呈现何种风规呢？通
过对古典大师真迹及其艺术札记的印证分析，本文以为这一默会传统，无
论中西皆可切分为两个层面内涵：技术默会传统和意蕴默会传统。先看
前者。

中国绘画离不开一副"笔墨"，尤其是文人画大兴以后，"谢赫六法"
之骨法用笔，就转化为笔墨，笔墨在作品中的地位被提到了无以复加的高
度；在古典传统中，无论何种题材、何种构图，笔墨的质量最终决定了
一幅中国画的艺术品级高下。著名书画收藏家、书法鉴定大师王季迁先生
指出，一流艺术家的笔墨，如同一流歌唱家的音色，绝不会混淆，倪瓒简
练已极但圆味十足的笔墨，绝不会类同沈周仿倪但粗重过之的笔墨，在与
学生徐小虎的心传授受中，他甚至强描述之，好的笔墨是，"当重心在笔

墨的中心时，就会产生好笔墨的效果，就像在舞蹈中，舞者不跌出重心之外。在笔墨中，不管是一条线或是染的一大笔，不论笔墨是宽是窄、重或轻、湿或干，只要重心妥当地安置在笔的活动中心之内，就达到了我所说的好笔墨的主要条件"。他还指出，重心如何在笔的活动中，"事实上不可能在口头上说明，它完全是身体的、肌肉的，包含了压力与平衡的一种动作，那就是为什么我们说只有有过这种经验的人，才看得出并了解笔的特质"。书画鉴定大师谢稚柳先生谙熟古典传统精义，他同样言明，每种笔墨，都有自身的态与势、情与意，这往往是一个画家个性风格的不移表征，如同属李成画派的郭熙与王诜，外在风貌上极易混同，然谢稚柳指出："郭的用笔，是壮健，气势雄厚，它的特征是圆笔中锋而富于凝重。王的用笔是爽利，气格俊俏，特别显示露着圆笔尖锋的特性。"由上可见，中国绘画的"笔墨"，确然存在，且微妙生动，难以言语形容，只有深入堂奥的个中之人，才能默会体认。

这里稍作引申点明的是，无论何种笔性，若要在作品中使用成功，都必得共有一种特点，即王季迁所指出的，无论中锋还是侧锋，行笔过程中，笔的重心，必须保持在笔墨内；而从与空间关系而言，则中国书法和绘画都把一张白纸（或绢）当成内容饱满、激荡生发的气之空间，一点一画入纸，就宛如投石入水，在空际中产生激荡的张力；张力越大，笔性就越厚，越圆，越有立体感，正如邱振中在分析王羲之的《初月帖》时指出，"假使我们不把作品中的点画当作线，而是当作各种形状的块面来观察，便可以发现这些块面形状都比较复杂。块面的边线是一些复杂的曲线和折线的组合。曲线遒美流转，折线劲健挺拔。同时点画具有强烈的雕塑感，墨色似乎有从点画边线往外溢出的趋势，沉着而饱满。这种丰富性、立体感都得之于笔毫锥面的频频变动。作品每一点画都像是飘扬在空中的

317

绸带，它的不同侧面交叠着、扭结着，同时呈现在我们眼前。它仿佛不再是一根扁平的物体，它产生了体积。这一段的侧面暗示着另一段侧面占有的空间"。实质上，这种空际中的立体感，与下文论述西方古典艺术造型传统注重对负空间的把握，是一致的——这一点，中国古典艺术中潜在影响极大，有很多大师点到此点，但未有深入阐明。

由是，书画鉴定中的谢稚柳派，就提出了鉴定的金规则"标准水平"："它是抽象的，又是形象的；说它是抽象的，因为'标准水平'并不是一件或几件具体作品，而是时代性、地区性、个性的一个综合体；说它是形象的，是因为'标准水平'并不是不可捉摸的、玄虚的，而是相当形象的，只是这一形象凭鉴家由实践的颖悟——只可意会，不可言传，所以当一件待鉴定的作品大体达到或略为超出了作为比较依据的'标准水平'，它就是真的；远远达不到或远远超出了作为比较依据的'标准水平'，它就是伪的……这'标准水平'有时是已知的，有时则是未知的，但推想起来却是应该如此的；对已知'标准水平'的综合，需要实践的颖悟，对未知的，但推想起来应该如此的'标准水平'的确认，更需要实践的颖悟。"比如上海博物馆馆藏的赵孟頫《洞庭东山图》待鉴时与赵氏已确认的各种风格形式无一吻合，但谢稚柳提出："在元代，除了赵孟頫，又有哪一个画家的创作能达到这样的水平？"其为赵氏真迹，遂成定论。值得注意的是，谢稚柳本身是画家，在与张大千、徐悲鸿交游中，接触了大量唐宋绘画真迹（包括敦煌壁画），临摹琢磨，人物由唐入手，山水由宋入手，对古典画派的千般风貌、万种笔墨，一一比较研究，默会于心，所以以谢氏鉴定学派为例推证，中国古典艺术中，确实有一技术默会的传统，它是古典传统的最高技术要求，只可与会人道，难与昧者言。

西方古典艺术传统中，同样也存在着默会的造型技术规则，如靳尚谊就多次谈到，他是在国外观摩了大量古典原作后，才逐步悟到，画人体要画到能把轮廓线转入画布里面才算接近古典艺术真义；王洪义（其导师全显光，二十世纪五六十年代在莱比锡艺术学院深造，深得西方古典绘画造型训练真髓）也多次提到他当年画人体素描真正进境飞跃，是悟到能画出看不见的东西，即人体或物体隐含的"势""力"。无论是"转到背后"，还是"看不见"，都要求一副整体看待物体体量与空间关系的目光。伦勃朗曾认为一个优秀的画家，要有能够画出一个篮子周围空气与一个鸟笼周围空气之不同的技艺，实质就是说要能把握物体体量与周围空间的交互关系，空间也要看成一种负的体积，这一点对于西方古典造型训练几乎是不言自明的前提。全显光在《素描求索》中一开始就阐明，"实实在在的形体占有一定的空间，我们叫它实体，或叫正形体，实体以外的空间，我们叫它虚体，或叫负形体……绘画不仅要对正形研究，也要同时研究负形，正负形之间的关系。有时在正形中有序合理，而在负形中杂乱无章，因而不能产生美感"，所以他强调这样的造型观念"当你在画正形时，同时也创造了负形"。

那么这一造型的默会传统究竟如何在技术规则上落实呢？一言以蔽之，在正负空间的张力交互关系中，培养纯正的形感、体积感。"一方面是在素描或雕塑造型时，想象每一笔、每一刀都是手在缓缓地，丝毫不遗地抚摸对象表面，而绝不是概念化的所谓边线，同时感觉内部的骨骼肌肉自里向外突起生长的压力，不放过任何一道皱纹、静脉和凹凸。这在西方艺术教学中叫'Contour Drawing'。Contour 就是等高线，一方面把体积看成一整块（A lump），仿佛是从一个中心逐渐增长变大，可以把一个环绕着它的圆筒顶起、顶破的有生命的团块、完整、饱满而又实在。"这在英国当代著名艺术大师奥尔巴赫的艺术中可以得到印证：他的素描老师邦勃格是德加的隔代嫡传；他的老师自始至终要求他培养"一种形的品位"，激励他们去"确定对量块的感受，实打实地去抓住一个由重力定位的活人的分量、扭转和身姿；去锻造一个纪念品"。这实质是要能转到画布背后，从360°角度去把握和表现突向各个方向既相互牵连又相互冲突的力，"你发现你只要感受到体积，你就已能流露出体积感了"，故而默会了这一规则后的奥尔巴赫，其素描大气、浑圆、结实，流溢着真正古典艺术的精神气质。

这一"形的品位"的养成，最重要的是恢复并培养视觉的触觉感。在西方文化传统中，如英国哲学家伯克利主教就认为，人是在经过触觉和其他感官的相当长的尝试后，才开始把视觉与物质世界的阅历联系起来；美国著名绘画鉴定大师贝伦森甚至认为绘画作品的"触觉值"——画面造型的体量、质地刺激观者引起触觉想象的程度——根本上决定了作品的艺术价值，他满怀激情地分析马萨乔在布兰卡奇礼拜堂的壁画时说，"我一直发现它们对我的触觉意识刺激强烈，我感到我可以触摸到每一个画像，以及它对我的碰触而产生结实的阻力，因此我觉得我不得不非常努力地使它移动，我觉得我可以绕着它行走"。所以邦勃格教育奥尔巴赫时反复灌输，"眼睛是一个愚蠢的器官"，眼睛印象需要其他感官来辅助，特别需要触觉：描述性绘画所需要的是连血带肉的结实感，它是一块一块摸出来的。无独有偶，哲学家德勒兹在分析培根绘画时指出，培根在塞尚之后，自觉上溯古埃及艺术，探索了一种具有触摸能力的视觉，取代纯视觉，在抽象与具象间找到了第三条道路，拯救了形象在二十世纪的命运。这一视觉形式在巴洛克与哥特式时代曾经偶尔达到，但后来最终失落了。显然，可以说从埃及的原始艺术家，到文艺复兴初期的弗朗切斯卡，到盛期的米开朗琪罗，再到巴洛克时代的伦勃朗，再到现代的德加、布朗库西、莫迪里阿尼、马蒂斯、亨利·摩尔，其纯正的"形感品位"薪火代传，尽管它在后现代喧嚣声浪中很显沉默，然而仍闪烁着不可掩抑的光芒，供少数有心人默然心会。

古典意蕴默会传统

古典技术默会传统背后必然立定着一个宏大的意蕴背景，对这一境界的承纳与拓发，决定着艺术最终所能达到的高度，而这一意蕴境界，无论中西往往更需要默会以之。

与中国画笔墨服从造型的技术需要契合，古典意蕴境界即是寻求谢赫所谓"气韵生动"，张彦远在《历代名画记》中申论之："古之画，或能移其形似而尚其骨气。以形似之外求其画，此难可与俗人道也。今之画，纵得形似而气韵不生，以气韵求其画，则形似在其间矣。上古之画，迹简意淡而雅正，顾陆之流是也；中古之画，细密精致而臻丽，展郑之流是也；近代之画，焕烂而求备。"可见气韵生动在不同时代呈现出不同风貌，或雅正、或臻丽、或焕烂，都显发出一种堂堂正正的气派，且不会逾越不脱形似、形神兼备求气韵的总体古典原则。郭若虚云"气韵非师"，虽则非师，然对其默会以之，证于古典艺术史，无外乎两个条件：在艺术家，则要求严重以肃，恪勤以周的真诚创作态度，而绝非逞才使气沽名钓誉的狂肆虚华；在作品，则都呈现出一种中和典雅的开阔气象，如唐人物之雍容焕烂、宋山水之庄严厚重、元山水之苍润逸洁。

那么古典传统中的文人画呢？当代著名文人画家王孟奇教授曾提点笔者，文人画固然求笔墨，但是在轻重快慢浓淡枯湿的技术背后，即是要求文化人格向笔墨的全部投注，绝对的人品即画品，笔墨背后荡漾着不可言说的文化意蕴。所以在他看来，八大画境要高于石涛画境，前者峻洁，后者火辣，证之作品也恰恰如此，八大笔墨收敛精微笔笔精到，石涛放肆粗毛时现败笔。这一观点其实在石涛《画语录》中有论述："不可雕凿，不可沉泥，不可牵连，不可脱节，不可无理。在于墨海中立定精神，笔锋下决出生活，尺幅上换去毛骨，混沌里放出光明。纵使笔不笔，墨不墨，画不画，自有我在。"可惜，石涛创作未能完美践履这一精神传统，反过来也证明文人画背后依然有来自文人格全副供养的超诣精神意蕴。不颖悟它，自觉承纳它，如何称得上文人画大师呢？

　　西方古典绘画对纯正形感的追求，也正是为了以之营造企及一种庄严明净、透入人性和神性深层的古典意蕴。著名艺术史家德沃夏克曾指出过丢勒《启示录》中的这种意蕴，"不受重力影响的卷曲的线从黑暗背景中浮现出来，光芒云彩汹涌无际，使我们返回内心，将我们引入到迥异于感性认知法则支配的、另一个真理统治的世界，一个超越尘俗的神性世界"。英国皇家美术学院院长雷诺兹也曾在《艺术讲演录》中如是说："对于伟大的作品来说，美和单纯的观念具有如此重大的作用，以致掌握了它们的画家几乎再没有什么东西可学了，的确，应该牢记的是，观念的崇高超越一切可见的事物甚至于完美的形态之上，还应该牢记，艺术以其理智的崇高而使它所表现的形象显得生气勃勃，庄严高贵，因而焕发出富于哲理的智慧或崇高的精神，从而感人至深。"为了企及这样的境界（由于雷诺兹的学院派背景，这里境界主要指古典境界），他主张画家要有广阔的知识背景，并努力扩展理解力，再借助古今最好的诗歌激发想象力。总之，一切都是为了培养一颗能心会这古典艺术意蕴的博大心灵。中国当代古典主义油画家杨飞云谈到古典绘画时指出，"古典绘画不是一种风格，也不是区别于别的风貌的样式，更不是现在人们所认识的一种细腻、写实、漂亮、唯美的那个表面。古典绘画是经典，是人类绘画史上的高峰。尽管样式严谨精微，却具有开阔宏大的内容，具象写实的外貌却表现出超然升腾的灵性之美，非常人性的表征却又承载着非常神性的大境界；那切实可触摸的质素却能唤起人们崇高的理想和信心"。所以我们不难理解拉斐尔甜美图式背后纯净宁静的人性力量，丢勒古板严谨的人像中透出的倔强的灵魂激情，乃至伦勃朗清澈不见底的朴素温柔。一个艺术家即使技术再完美，如果说从来无从心会这样一种古典意蕴，并且被它震撼、打动、裹卷，那么他将永远创造不出一流的作品。

由以上论述可知，古典艺术的默会传统，有三个层面的特征：一非语言，语言为分别智，是知识和概念的判分，无以抵达艺术生命的真境，所以主要依赖口传心授；二玄心体味，建基在长期大量反复的技术"动作"操练上，而生发出来的恍然心会；三整体豁通，一旦参透则左右逢源一通百通，有"柳暗花明又一村"的豁然明朗之感，但一般需要点化。而这种默会传统，有其独特的教育文化语境，即亲亲授受的古典教育语境，这一点，在艺术教育史上，中西皆然。

亲亲授受的古典教育语境

默会传统主要存身于亲亲授受的古典教育语境，这一语境指工匠的师徒（父子）授受方式与文人艺术家非学院教育的师生（父子）授受方式。这两种教育方式呈现三大特点：师徒、父子或师生间的强烈情感牵恋与威权认同（以往诸多论者都过于强调师徒间的功利性关系而忽略这点，事实上这是艺术史上各种风格流派形成的最重要因由）；打通各个艺术门类因材施教的全能训练（在中国画，即壁画、卷轴皆擅，山水花鸟、人物全能；在西方则指绘画、雕塑、建筑通能）；临摹重于写生。尽管中西方古典艺术时代都有一个工匠向文人艺术家的明显转变，但这三大特点始终薪火代传；也正是区别于现当代学院教育的这三大特色，使得艺术家在长期训练实践中容易默会古典艺术的精义，这点中西皆然。

上古至元，中国艺术有一个漫长的工匠时代，甲骨、钟鼎、石鼓、碑碣，几乎都是书工书写；大量的佛道壁画、墓葬壁画几乎全部是大师与画工合作的结果（当时大师也是画工），《历代名画记》多处记载吴道子的壁画由"工人布色"，又载王维指挥工人布色。一般大型壁画由师傅起稿勾线，徒工依线填彩，师徒间技艺传统主要通过传移模写的方式进行。所谓模写就是把师傅画稿在皮、绢、纸上进行同样大小的复制，形成粉本；传移则是指把粉本放大到正式的创作媒材（如绢本或墙壁）上。《墨子·非乐上》云："非以刻镂华文章之色以为不美也。"工匠的艺术制作极讲究技术法度的刻镂之工，诸多匠工终其一生"不闲过一日"，"十日一山，五日一水"，把所有热情才智都投注在技艺的修炼提升中，所以他们无论大幅巨幛或案头卷轴皆游刃有余，"善山水者，亦兼长人物；善人物者，亦兼长山水；善花卉者，亦兼长人物或山水"（郑午昌），故而工匠艺术的黄金时代唐代，人物画就有被鲁迅论为"线描空实明快，色彩辉煌灿烂"的卓越成就。古典艺术生命脉流就这样在他们这种师徒授受间代代流润传承，郑午昌先生对此只眼独具："我国艺苑，自古以奕世守业，显扬家学为荣誉，故多血族相承，未见有大流派之树立，其所谓一代宗匠者，往往父子兄弟，先后济美，此种一门风雅，父作子述之家族化之艺术，在我国画史上，颇多其例：晋之戴氏，宋之陆氏，梁之张氏，隋之郑氏，皆为父子兄弟自相师承成一家风。及乎唐代，此例益多。顾我国绘画之分门别派，互相竞争者，实启端于唐。故自家族化之艺苑外，而师弟衣钵相传为宗派者，实多有之。如阎氏、如李氏等，皆系父子相承，自成家法；而吴氏、王氏等，则系师弟相传，特立门户。至唐中期以后，习画者往往专事一艺，得以鸣世，无借于父子师弟之相师承，自有声价于艺苑，则风气又一变矣。"可见，无论父子相传，还是师弟相传都不脱亲亲授受的古典教育模式。

宋代文人画兴起，至元代蔚为大观，工匠逐步退出艺苑主流，师徒授受（父子）的教育方式随之演变为师生授受，事实上其精神气质依然一脉相承，如都讲究亲身参与因材施教的口传心授，都注重造型能力的扎实训练，都有意营造情感相亲的学习创造氛围，等等。这在文人画两位大师赵孟頫、董其昌身上就有明显体现：赵孟頫与吴兴画派、元四家诗书画往来，如切如磋，一灯心传；董其昌与清初正统"四王"，与野逸"四僧"，谆谆教诲，如琢如磨，传南宗法韵。要特别指出的是，在中国艺术史上，这种默会传统的心传，往往还有一个重要前提，即对古代名作之真迹的鉴藏、临摹，如吴门画派宗师沈周，有一卷王蒙精品《太白山图》，秘藏三十年，绝不轻易示人，但得知得意门生吴麟想通过临摹此卷，学习王蒙笔法，他便毫不犹豫地拿出来，让其临摹；沈周的这一遗风，又为其学生文征明承续，文征明学生陆师道，就曾在赵孟坚《墨兰图》后题跋，曰："往于衡山先生（文征明）处，见湖州集贤竹枝（赵孟頫）、日观（温日观）葡萄。先生指示笔法，率与篆籀草书合。"正是如此这般，代代艺术精英在老师口传心授下，对古代名作真迹，亲身临摹琢磨，中国文脉的默会传统，才得以千年不绝。遗憾的是，这两种教育传统，伴随上个世纪美术学校兴起、兴盛而日益凋敝，所以郎绍君先生专门就上世纪著名国画大师做一统计，结论是：绝大多数都不是美术学院或中国画系培养出来的，

"学校的中国画教育至今没有培养出吴昌硕、齐白石、黄宾虹、潘天寿、张大千、傅抱石、吴湖帆这样的大画家，是不容置辩的事实"。

西方工匠时代，艺术学徒的训练主要由行会承担，许多著名艺术家如乔托、马萨乔、波提切利等年轻时，都在行会画坊中学习过；达·芬奇年轻时曾入韦罗基奥的画坊学画，并为其做了多年助手。行会画坊艺术教育有独特的方式，佛罗伦萨画家琴尼尼1437年左右写的《艺术手册》记载，一个艺徒要从师傅那里学到基本绘画技艺大约要十三年时间：第一年是不断的钢笔、粉笔、碳条或排刷的绘画练习；再六年掌握制作颜料和嵌板的技巧，还要学会压缩尺寸和磨石膏粉，上画布、打底子、镀金抛光、钻孔压模；再六年专攻湿板画和镶板画，学会起稿上色，修饰上光等。整个学习过程中艺徒严格服从师傅管理教育，在口授和临摹两种主要教育方式中，练就一身过硬的本领。这些本领甚至包括对调色板的使用的学习，曹意强先生曾十分精彩地分析过老大师们调色板上的色彩并置如何影响了他们的艺术风格。

文艺复兴盛期，随着社会财富激增，整个社会对艺术需求也大大增加，加上王公贵族对艺术的鼎力赞助，以及艺术家自觉将科学方法融入创作，借力科学精神、人文精神，提升自身地位，昔日工匠逐步摇身而为创造天才。行会画坊所提供的艺术教育由此遭到了质疑，现代意义上的学院于十五世纪的佛罗伦萨应运而生。学院教育注重理论研究与艺术创造并重，将行会画坊教育转为工作室制：画室中以有影响的艺术家为主导，根据学生各自情况，因材施教者，从专业技能、文化识见、治学态度、人格魅力多个方面濡染感召学生。其造型教学的基本程序是：先临摹名家素描，再临摹古代浮雕，再画模特儿。这种严格的训练程序及亲亲授受的学习氛围，极易引领学生心会古典传统的诸多"秘诀"。事实上这种以著名艺术家为核心的工作室制度，造就了众多西方艺术大师，乃至不同风格的艺术流派。遗憾的是，由于十九世纪晚期浪漫主义、印象派等前卫思潮对其挑战质疑，这一古典教育形式日益式微，成为艺术史上的明日黄花。在中国，则伴随苏式教育体系一统天下（中央美院虽然在二十世纪五十年代已经设立工作室，但工作室的古典精神要义未能贯彻），这一传统几乎绝迹，负面遗响至今不绝如缕。

古典默会传统缘何失落

毫无疑问，伴随着古典教育文化语境的失落，古典传统的精华（由于其默会性）在当代已经无可换回地失落了，在当代中国的艺术界尤其如此。如果稍稍深入问询，我们可以发现主要有两大因素助推了它的衰亡：其一，原作原位已然失去；其二，技术理性泛滥。

机械复制时代到数字化时代，原作被掩盖、遮蔽、取代，各种五光十色的图像复制品、数字影像产品充斥世界；然而不管它们有多么精美，从其光滑外表上根本无法看到原作（油画）表现性强烈的各种笔触、造型线条光影的微妙转折、色彩细腻闪烁的掩映搭配；而且这些图像极其忽略画框与画面相互构成关系，大多生硬裁割出中心画面；尤其对于中国卷轴来说，画心所赖以处身的天头、隔水、诗塘、拖尾往往被删节了，以致许多国画系学生都认为国画形制原本如此。作品原位的失落也是一大问题，西方许多伟大作品很多是宗教壁画，与教堂建筑、雕塑乃至仪式氛围极其契合；中国画即使是案头卷轴，据巫鸿研究，许多皆是从屏风上拆配下来，它们原本有着明显精密的"厅堂"文化语境，更无须说众多宗教礼仪绘画了。复制品、数字影视图像则绝大数是粗暴地将作品拔离原位，于是如同本雅明所说，环绕在原作原位周围的"灵韵"便消失殆尽了。因此对于无缘领受原作原位魅力灵韵，以画照片和石膏像为主的众多艺术家来说，当然谈不上对古典传统精华的默会与发扬了。

技术理性的泛滥是导致古典默会传统消亡的另一重要原因。随着现代性百年进展，整个西方社会知识结构不断专业化、细分化，技术理性全面渗透和掌控了艺术教育领域，其危害有二：第一，灌输式、填鸭式单向实用性教育模式消解了古典师徒、师生授受的情感牵系，老师与学生除了知识生产与消费关系外，变得毫不相干，艺术最赖以存身的情感基石被生硬抽离了；第二，技术理性渗透教学过程，为了简洁可控、高效实用，从而要求教学都能用语言清晰阐明，由此建立起易教易学的程式化教学模式。然而如上所论，古典艺术传统精华，无论技术制作，还是意蕴凝练，都难以一一言传，只能在艰苦的操作实践中默默心会。可想而知这样的教学模式怎会有默会传统的容身之处，典型如在中国高扬西方古典主义的徐悲鸿，他把西方古典传统化约为《新七法》：位置得宜、比例正确、黑白分明、动态或姿态天然、轻重和谐、性格毕现、传神阿堵。再到契斯恰柯夫精密无比、亦步亦趋素描教学体系对新中国艺术教育的全面控制，其局面更是江河日下了。在这个意义上，我们反思五十年艺术教育再也未能塑造出世所公认的大师，可谓意味深长。

（原载于《东吴学术》2016 年第 4 期，
曾获教育部第四届全国高等学校艺术教育科研论文比赛一等奖）

代跋　曲折尽致与宏开新业
——我的艺术批评与研究观

从事艺术批评，我对自己的根本要求是，我希望我的每一篇批评，都能够尽量贴着作品来写，我一直都记得沈从文先生教汪曾祺写小说，说"你要贴着人物来写"，我在我的批评实践中，一直追随与恪守这个原则。现在我们批评界，有种风气很不好，很多批评家乐于引用各种文化、哲学的时髦理论，用很多看似复杂的大词、难词、畏词，实则空洞无物，不知所云，离批评的艺术作品与艺术创作很远。实际上，艺术跟其他的人文学科，区别非常明显，有很多微妙的地方，这些微妙的东西，用一些非常直接而僵硬的词，往往把握不了，所以我写过一篇文章叫《论艺术的微妙与艺术学的曲折》，我希望我的批评与理论能够尽可能"随物宛转，与心徘徊"；其实在哲学史上，我觉得像黑格尔的概念，哪怕是"绝对理念"这样极度抽象的词，如果了解其在人类历史中通过辩证法自我否定、自我扬弃、自我升华的成长过程，你就会发现这个概念如此具体，如此曲折，如此富有阐释力。

我们今天很多的艺术理论往往失去了这样的曲折性，有两个原因：其一，我们不能深入作品与创作，对其本身有一个真切与体贴的把握、理解；其二，我们的批评对语言，尤其是中国语言本身，很隔膜，没有一种体贴感，不能够曲尽其妙；中国一流的艺术批评大师，像古代的刘熙载，当代的谢稚柳、熊秉明先生，他们既懂作品，又懂语言，两端深入，他们的批评与作品如此贴洽，一字都不能移易，如谢稚柳讲文征明的艺术"木强少味"，真是不刊之论，我希望我的批评能够逐步达到这样的境界。要特别指出，中国艺术史上，画家、书法家、诗人，就同时是理论家，所以中国古典艺术理论，一边是理论，一边对应着唯一真切鲜活的艺术经验，今天我们讲理论的时候，往往把唯一对应的艺术经验剥离了，所以理论在那些毫无艺术经验的"纯批评家""纯理论家"那里，就变得抽象、空洞而无所不包了。

艺术批评往上凝练升华，就是艺术理论、艺术哲学。一个批评家如果还有点学术抱负的话，可以利用艺术作品、艺术创作这些鲜活生动的批评材料，兴发与建构一些基础理论，像二十世纪以来的西方思想大家海德格尔、梅洛-庞蒂等都是借助艺术来入思与起兴，进行了原创性的理论构建；我们这次课，像王一川老师讲"兴味蕴藉"，也是试图借助古典诗学理论，来构建自己的批评体系，都是些好例子。我自己常常问自己：除了写一些具体的艺术批评，我还能不能在我们中国的当代艺术学里面，尤其是基础理论方面，有一些根本性的突破与建构呢？我自己有一些思考与努力，比如说"手"，我们经典艺术创造理论，谈创造，只谈传统、造化与心源三个要素，但从来都不会谈手、手感及手在创作当中的意义。实际上，有经验的艺术家，在艺术创造的高潮中，往往会萌生"神欲止而手欲行"的体验，而作品成功与否我们也经常用是否有手感来度量；可是，中外艺术创造理论中，一直没有"手"的应有位置。那么，手在艺术创造中究竟有何重要意义呢？我曾借镜知觉现象学的相关理论，结合艺术史具体创作经验和作品，提出"以手为先的场域化艺术创造论"，试图对这一问题进行回答。自认为我的这个努力，对艺术学基础理论拓展，还是有贡献的。

艺术批评往下积淀流贯，就成了艺术史。艺术批评、艺术史、艺术理论，是艺术学的基本构架。在艺术史这方面，由于意识形态的原因、学术话语权力的原因、地缘文化传播权力的原因等，当代艺术史基本是被主流学术界操控，很多艺术现象、艺术家得不到理性的反思与评价，所以有一些真正有创造力与学术价值的艺术家被忽略，"被失踪"，打捞这些失踪者，重写当代艺术史，是艺术史的重要议题。这方面，当然我现在也在努力，我写了一本《孤往雄心：发现"德国学派"艺术大师全显光》，用了十年时间，去打捞与重新评价一个"被失踪"的艺术大家全显光。这样的谱系，像丰子恺、吴大羽、关良、吕凤子、罗尔纯、刘自鸣、王云五等，都很值得深入研究。一个一个，扎扎实实，这些个案做好了，当代艺术史的面目，就自然变了。另外，还有一个最根本的问题，我们现在的艺术史写作，基本上是时代背景＋作家＋作品，艺术史内在的生命流变历程，没有被清理与揭示出来，也就是艺术史没有艺术史哲学观。艺术史有没有一个内在的"艺术意志"（李格尔语）呢？我认为中国艺术史是有"艺术意志"的，中国艺术史像西方艺术史一样，有一个成长的生命过程，这个艺术意志如果能掌握揭示，一线穿珠地落实到中国艺术史上，将会刷新中国艺术史的写作。所以从批评家，到艺术史家，到艺术理论的学者，我们这个班的同学，很可能会有这样的学术抱负。

艺术批评、艺术史、艺术理论，所有学问，对我而言，最终落脚于对一个艺术学人的品格熏染与陶铸。我自己的期待，希望能够通过多年研究、实践，做到学品通和艺品通。我们做了这么多理论，我们接触了这么多好的作品，我们有幸经历了人类文明中这么多激动人心的创造，这些，对我们的情感、智慧与人格有什么意义呢？对我们的人生有什么意义呢？

事实上，今天我们艺术学界看到的所有艺术批评与研究，全部是体制化的写作，在那些文章里面看不到你的感情、你的才华、你的人格。

我一直坚信有一种智慧，来自情感，来自艺品通达的厚实人生，这种智慧，甚至要高于来自书本的知性智慧，这种智慧在中国国学、艺术学的一流大家那里，触目皆是，俯首可拾。像王国维先生，我很小的时候，就读他的《人间词话》，他很欣赏欧阳修。很多人欣赏欧阳修，是欣赏他的潇洒；他欣赏欧阳修，是欣赏其表面的潇洒、内心的执着，欧词是"洒落中有沉着之致"。他欣赏辛弃疾，也是豪放当中有沉郁之概，有英雄气概也有儿女情长，所以他自己肯定也是那样的人，你读他的《人间词》，就可印证，他的投湖，其实很可理解，很不意外，至少我是很能够理解他的。我们今天的作品，我们今天的批评与研究，包括我自己，有时候都难免充斥着一大堆概念，但是这堆概念跟我的生命有什么关系呢？没有关系的，艺术与生命剥离了，这不是艺术与学术的好境界。今后，我期待通过我的艺术与学术，来涵养与升华我的人格，丰富与引领我的人生。我们在这几个月的学习中，就感受到叶朗先生、王一川老师这样正大中和、宽厚笃实的人格气质，我也希望能涵养这样的气质；通过一生的学习与研究，文品得到滋润，学品得到陶冶，人品得到升华，人生能够指向"高远的境界"（叶朗语）。

（在 2016 年 10 月 22 日北京大学艺术学院与中国文艺评论家协会主办、国家艺术基金支持的"全国高级文艺评论人才研修项目"结业研讨会上的发言）